高职高专"十三五"物流类专业系列规划教材

物流金融业务操作与管理

主　编　王阳军

副主编　吴　艳　胡利利

西安交通大学出版社
XI'AN JIAOTONG UNIVERSITY PRESS

国家一级出版社
全国百佳图书出版单位

内 容 提 要

　　本书系统地介绍了物流金融的基本理论和业务模式，内容的设置以物流金融业务模式为主线，共分为九个学习情境，包括物流金融概述、物流结算融资业务操作与管理、质押融资业务模式操作与管理、信用担保物流金融业务模式操作与管理、物流金融综合业务模式操作与管理、物流保险业务操作、物流金融业务的运作风险与防范、供应链金融服务和物流金融服务创新等。在每个学习情境后均安排了对应的技能训练项目和思考练习，便于学生理解和掌握所学内容，体现了较强的实践性。

　　本教材适合高等职业技术学院物流管理、物流金融专业及其他相关专业使用，可作为中职、本科等层次相关专业人才培养参考用书，也适合物流金融行业从业人员的学习参考使用。

前 言
Foreword

随着我国经济和电子商务高速发展,物流金融作为物流行业与金融行业联合推出的增值服务,也得到了快速的发展。为更好地适应并促进物流金融的发展及高等院校特别是高职院校的教学需要,我们编写了《物流金融业务操作与管理》一书。

本教材在编写思路上,强调以物流金融基本理论为指导,以物流金融业务模式为主线,以物流金融业务为出发点,以典型企业为核心,在岗位技能分析的基础上设置教学内容和实训环节。在内容的选择上,删繁就简,本着"必须""够用""精干"的原则对授课知识进行筛选与整合。

本教材采用学习情境、学习单元的编写形式,学习单元中设计有知识链接、案例、情境小结、实训项目、思考与练习等内容,尤其是设计的可执行的详细实训方案,有利于高职高专校内实训及工学结合的开展。

在教材的编写过程中,走访了众多的物流企业和金融企业,了解了行业的特点和实际需求,并得到了中国外运长航湖南分公司、中国远洋海运集团有限公司、湖南星沙物流投资有限公司、中国建设银行和华夏银行等企业的支持,在此表示由衷的感谢。

本教材由湖南工程职业技术学院王阳军、吴艳、胡利利、罗勇,东莞职业技术学院黄林和湖南铁路科技职业技术学院陈春晓共同编写完成,其中情境一由陈春晓完成,情境二由黄林完成,情境三、情境四、情境五由王阳军完成,情境六由胡利利完成,情境七由罗勇完成,情境八、情境九由吴艳完成。在编写过程中,参阅了大量同行、专家的有关著作、教材及案例,在此表示感谢。

物流金融理论与方法,当前还在不断发展和创新之中,虽然我们为编写《物流金融业务操作与管理》一书付出了艰辛的努力,但由于编者自身水平有限,不妥之处在所难免,敬请各位专家和使用者批评指正,以帮助我们不断完善教材的内容,做到与时俱进,保持其先进性与实用性。

编者

2016 年 11 月

目 录
Contents

学习情境一
物流金融概述

学习单元一　物流金融含义与产生动因

随着物流业的不断发展,物流服务逐渐向价值链的其他环节延伸,如提供采购、销售、交易、电子商务、金融等衍生服务,可以说物流衍生服务是物流企业发展的高级阶段。

物流金融服务是物流衍生服务的重要组成部分,是物流与资金流结合的产物。近年来物流金融在我国发展迅速,成为物流企业和金融企业拓展发展空间、增强竞争力的重要领域,"物流、资金流和信息流结合"也从概念变成了现实,而物流金融真正被金融机构、贷款企业和供应链核心企业接受还只有几年的时间。目前从事物流金融的金融机构、物流企业、供应链核心企业和贷款企业主要依靠借鉴国外的经验来开展相关业务,在物流金融运营和管理方面还处于摸索和不断调整阶段。

一、物流的基本概念与作用

1. 物流的基本概念

物流的概念最早是在美国形成的,起源于20世纪30年代,原意为"实物分配"或"货物配送"。1963年被引入日本,日文意思是"物的流通"。20世纪70年代后,日本的"物流"一词逐渐取代了"物的流通"。

中国的"物流"一词是从日文资料引进来的外来词,源于日文资料中对"Logistics"一词的翻译——物流。中国的物流术语标准将物流定义为:物流是物品从供应地向接收地的实体流动过程中,根据实际需要,将运输、储存、采购、装卸搬运、包装、流通加工、配送、信息处理等功能有机结合起来实现用户要求的过程。从定义中可以看出物流的七大基本职能为:运输职能、仓储职能、配送职能、包装职能、装卸搬运职能、流通加工职能、信息处理职能。

2. 物流的作用

物流的作用,概要地说,包括服务商流、保障生产和方便生活三个方面。

(1)服务商流。

在商流活动中,商品所有权在购销合同签订的那一刻,便由供方转移到需方,而商品实体并没有因此而移动。除了非实物交割的期货交易,一般的商流都必须伴随相应的物流过程,即按照需方(购方)的需要将商品实体由供方(卖方)以适当方式、途径向需方转移。在这整个流通过程中,物流实际上是以商流的后继者和服务者的姿态出现的。没有物流的作用,一般情况下,商流活动都会退化为一纸空文。电子商务的发展需要物流的支持,就是这个道理。

（2）保障生产。

从原材料的采购开始，便要求有相应的物流活动，将所采购的原材料到位，否则，整个生产过程便成了无米之炊；在生产的各工艺流程之间，也需要原材料、半成品的物流过程，实现生产的流动性。就整个生产过程而言，实际上就是系列化的物流活动。合理化的物流，通过降低运输费用而降低成本，通过优化库存结构而减少资金占压，通过强化管理进而提高效率等方面的作用，促进整个社会经济水平的提高。

（3）方便生活。

实际上，生活的每一个环节，都有物流的存在。通过国际间的运输，可以让世界名牌出现在不同肤色的人身上；通过先进的储藏技术，可以让新鲜的果蔬在任何季节亮相；搬家公司周到的服务，可以让人们轻松地乔迁新居；多种形式的行李托运业务，可以让人们在旅途中享受舒适的情趣。

二、金融的基本含义与作用

1. 金融的基本含义

金融是货币流通和信用活动以及与之相联系的经济活动的总称，具体内容可概括为货币的发行与回笼，存款的吸收与付出，贷款的发放与回收，金银、外汇的买卖，有价证券的发行与转让，保险、信托、国内、国际的货币结算等。

从事金融活动的机构主要有银行和非银行金融机构。非银行金融机构包括信托投资公司、保险公司、证券公司，还有信用合作社、财务公司、金融租赁公司以及证券、金银、外汇交易所等。我国现行金融体系如图 1-1 所示。

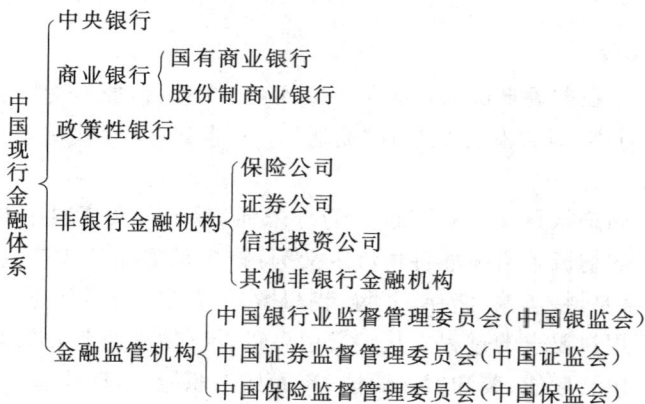

图 1-1 我国现行金融体系

2. 金融的作用

金融隶属于第三产业，亦即服务业，在市场经济体制中具有非常重要的作用。

（1）有利于提高社会资金使用效率。

开放金融市场能有效地从社会各个角落中吸收游资和闲散资金，形成根据货币供求状况在各部门、各地区之间重新分配资金的机制。另外，在资金市场上，资金在追逐利益中自由流动，因而必然流向经济效益高的部门。资金在市场上的融通，也有利于发挥资金的规模效益，而且资金融通能及时满足商品生产和商品流通变化的需要,有效地促进全社会生产要素的合理配置。

(2)有利于企业成为自主经营、自负盈亏的商品生产者。

资金是重要的生产要素,如果没有金融市场,企业就不可能具有对资金的筹集和运用的权力,也就没有对生产要素的选择和运用的权力;同时,金融市场还可以加强对企业的信用约束,增强企业的投资风险观念和时间价值观念,完善企业的自我约束机制,促进企业自主经营和自负盈亏。

(3)有利于市场机制功能的发挥。

完整的市场机制是以价值规律、供求规律等客观规律为基础,通过供求变动、价格变动、资金融通以及利率升降等要素作用的总和而形成的一种综合的客观调节过程。培育和完善金融市场,资金可以顺利流动,信贷机制才能发挥调节作用,利率对企业经济活动才能起自发的调节作用,才能使市场机制发挥作用。

(4)有利于于全国统一市场的形成和发育。

金融市场是现代市场体系中最活跃、最有渗透力的因素。它是商品交易和生产要素交换的媒介,使资金在部门、地区、经济单位间流动,因而也是打破封闭、分割,促进全国统一市场形成和发展的有力工具。

三、物流金融的基本含义及作用

1. 物流金融的基本含义

物流和金融同属第三产业的核心内容,两者的结合更好地为客户提供一体化的服务解决方案,为我国经济的发展和转型提供有力的保障。物流金融是一个全新的概念,结合前文分析的物流和金融的基本概念,物流金融是指在物流运营过程中,与物流相关的企业通过金融市场和金融机构,运用金融工具使物流产生的价值得以增值的融资和结算的服务活动。物流金融的具体内容包括发生在物流过程中的各种贷款、投资、信托、租赁、抵押、贴现、保险、结算、有价证券的发行与交易、收购兼并与资产重组、咨询、担保以及金融机构所办理的各类涉及物流业的中间业务等。

物流金融是一种创新型的第三方物流服务产品,它为金融机构、供应链企业以及第三方物流服务提供商之间的紧密合作提供了良好的平台,使得合作能达到"共赢"的效果。它为物流产业提供资金融通、结算、保险等服务的金融业务,伴随着物流产业的发展而产生。

对物流金融概念的理解应包含以下几点:

(1)物流金融涉及金融机构、物流企业、资金需求客户等供应链上的经营主体,进行物流金融能够使物流企业、金融机构、资金需求商等各方受益,实现共赢,增强供应链整体竞争力。

(2)物流金融是一个新兴的领域,涉及物流业、金融业及保险业等行业,运用金融工具使物流产生价值增值的融资活动。

(3)物流金融是金融资本与物流商业资本的结合,是物流业金融的表现形式,物流金融服务就是物流衍生服务的重要组成部分,是物流与资金流结合的产物。

四、物流金融的产生背景与动因

物流金融是物流与金融相结合的产品,其不仅能提高第三方物流企业的服务能力和经营利润,而且可以协助企业拓展融资渠道,降低融资成本,提高资本的使用效率。物流金融服务将开国内物流业界之先河,是第三方物流服务的一次革命。其产生的背景和动因有以下几个方面:

(一)中小企业的发展需求

1. 中小企业在供应链中的作用

(1)中小企业的灵活性和创新性是不可替代的。

任何大型企业都是从中小企业发展、壮大起来的,而大型企业又会逐渐被新兴的中小企业所替代。中小企业存在的意义体现在以下几点:首先,为某一产业链不断输送新鲜血液,使我国的经济产业能持续保持创新动力。其次,中小企业虽然整体上的竞争能力不如大型企业,但部分中小企业有优势产品,在某一领域能够处于优势地位。在整个产业链中,大型企业和中小企业可根据不同优势,优化分工,精诚合作,扩大产业链效益,以实现最大的社会效益。最后,中小企业作为国民经济不可或缺的重要组成部分,在创造就业岗位、提高市场效率、开展科研创新等方面也发挥了重要作用。

(2)供应链竞争需要中小企业的参与。

21世纪经济竞争的形式,不再局限于企业和企业之间的竞争,已经扩展到供应链与供应链之间的竞争。那些具有独特优势的中小型企业,将成为大型企业客户追逐的对象。供应链的竞争必须要提升中小企业的竞争力,而中小企业竞争力的提升又必须解决当前的融资难题。中小企业要在弱肉强食、劣者出局的动态稳定的供应链中树立比较竞争优势,稳固自身在供应链中既有的成员地位并不断强化进而把握主动,必须以解决融资困难为前提。

2. 中小企业的融资困境

据调查资料显示,我国中小企业长期以来保持健康、快速发展,并已成为我国国民经济保持平稳发展的重要基础及构建和谐社会的重要力量。随着世界经济发展处于下行阶段,我国经济进入转型时期,市场竞争的日益激烈以及中小企业数量的不断增加,融资困境成为我国中小企业的常态,也是阻碍其发展的最为重要的原因。中小企业,尤其是民营企业主要靠自有资金完成初始资本积累,大多数企业只能通过内部资金完成对外投资及偿还债务,难以获得流动资金和技术改造、基本建设所需的资金。企业规模扩大后,内部资金无法满足发展需求,从而只能依靠外部资金。中小企业融资难的问题影响和制约着其进一步发展,而造成中小企业贷款融资难的原因主要有以下五点:

(1)缺乏政策的扶持。

一段时期以来,国家的扶持政策一直倾向大企业,而扶持中小企业的力度不够,这是造成我国中小企业融资难的历史原因,虽然我国央行通过窗口指导,对全国性商业银行在原有信贷规模基础上调增5%,对地方性商业银行调增10%,并要求这部分额度必须用于中小企业、农业或地震灾区。虽然这些政策有较强的针对性和操作性,但长期来看,仅靠增加贷款很难从根本上解决中小企业的融资难题。

(2)缺乏专门服务于中小企业的金融机构。

国外大部分国家都针对中小企业的金融支持而设立了专门的金融管理机构,但是目前我国的中小企业分属于各级政府和主管部门,当前的金融体系尚没有成立针对中小企业的金融机构,从而导致针对中小企业的融资服务供给不足。

(3)中小企业经营稳定性差。

中小企业规模小,稳定性差,易受经济环境、税收政策、行业变化等的影响。这对于以营利和稳健为经营目的的银行来说,自然不会也不愿意承受较大的风险贷款给中小企业,这在一定程度上堵塞了中小企业的融资通道。

(4)中小企业可供抵押的资产不足。

金融机构在向中小企业提供贷款时,虽然难以获得贷款决策所需的信息,但可以从企业所提供的抵押品或者第三方担保中获得关于企业未来偿还能力的信息和保证,从而做出贷款决策,并且抵押有助于解决逆向选择问题。但由于中小企业规模小,缺乏可供担保的固定资产,所能用于抵押的资产相对十分匮乏。因此商业银行不愿意对中小企业放贷,这加大了中小企业的融资难度。

(5)中小企业信用等级低。

中国中小企业的素质普遍不高,企业的技术创新能力较弱,缺乏竞争力,市场风险高。中小企业大多为私营企业或合伙企业,管理水平落后,经营风险大,财务制度不健全,信用观念差,信息不透明,部分中小企业利用虚置债务主体、假借破产之名、低估资产、逃避监督等各种方式逃、废、赖银行债务。这些行为进一步加大了银行贷款的风险,相应地也降低了银行向中小企业增加贷款投放的信心。

知识链接

中小企业含义与特征

1. 中小企业的含义

中小企业(small and medium enterprises),又称中小型企业,它是与所处行业的大企业相比人员规模、资产规模与经营规模都比较小的经济单位。可见,中小企业是一个相对且动态的概念。首先,体现在规模的相对性上,中小企业是指与较大企业相比规模较小的企业或单位。其次,体现在时间的动态性上,不同历史时期,不同国家、地区和行业对中小企业有不同的定义。总而言之,世界主要经济体主要从质和量两个方面对中小企业进行界定。质指企业的独立性、所有权、经营权等能反映企业经营本质的一些特征;量则指销售额、员工人数等能够反映企业规模的一些指标。

2. 中小企业的特征

中小企业主要有以下四个特征:

(1)生产或销售规模较小。中小企业相对大型企业而言,自由资本金少,信用水平低,筹集资金的能力也较弱。由于资金等因素的限制,中小企业缺乏科研创新能力,技术发展滞后,产品质量与生产能力都无法与大型企业竞争,企业发展受到严重限制。

(2)数量多,分布广。由于中小企业投入资金少,企业规模小,经营和管理难度都较小。因此,在全球范围内,中小企业在数量上都占有绝对优势,企业经营范围也几乎涉及了社会生活的各个方面。

（3）经营方式多种多样。中小企业规模较小，运用方式灵活多样。再加上其运营范围广，经营项目丰富，在发生经济变化时，能快速做出应对。

（4）破产率高。由于企业规模小，中小企业抵御危机的能力与大型企业相比较，也多有不足。据统计，我国中小企业的平均寿命约为 3 年，生存 3 年以上的企业不足 10％。

(二)第三方物流企业服务创新需求

我国物流企业提供的服务同质化越来越严重，靠低价来吸引客户，导致物流企业的利润越来越薄，使得企业缺乏可持续发展的能力，所以物流企业纷纷拓展服务内容，如物流咨询、物流规划、物流金融等增值服务，通过增值服务带动传统业务如仓储、运输、配送业务量的提升。

（1）业务创新和利润增长点的需要。

第三方物流企业通过与银行和核心企业合作，在提供运输、仓储和配送等物流服务的同时，也为银行和中小企业提供监管和信用担保等附加服务，在扩大自身业务服务范围的同时通过收取监管费和担保费等，找到新利润增长点。此外，金融业与物流业的结合强大了物流企业的资金实力。

（2）为中小企业融资问题和银行业务创新提供便利。

中小企业通过核心企业和第三方物流企业作为担保，避免了企业信用机制、管理水平、企业能力等方面带来的融资难问题；银行通过物流企业和核心企业给中小企业作担保，避免中小企业资金监管、资金安全和营运能力等风险问题，在解决中小企业融资问题的同时对银行自身业务创新创造了空间。第三方物流企业的物流金融服务可以帮助中小企业建立信用机制，也可以帮助银行实现业务扩展，使其成为物流金融服务的关键一方。

知识链接

第三方物流企业服务的创新

据统计，欧美国家第三方物流公司近 30 项第三方物流服务项目中，仅有 15％的公司的服务项目低于 10 种，而 66％以上的公司服务项目高于 20 种。另据美国科尔尼管理咨询公司的一份分析报告显示，单独提供运输服务的第三方物流企业的利润率为 5％，单独提供仓储服务的利润率为 3.9％，而提供综合性一体化服务的利润率可达 10.5％。这些物流企业除了提供传统的运输、仓储、装卸、搬运、包装、流通加工、配送、信息服务之外，还涉足了货品的采购、销售、结算、订单处理、数据传输、产品安装、分担风险、融资等诸多服务内容，其服务一体化的趋势已经十分明显。

传统的第三方物流企业的服务内容往往局限于运输、配送、仓管等领域，容易造成同质竞争，只有立足于服务创新才是第三方物流企业持续发展的根基。第三方物流企业需要找准自身的资源和能力优势，认真解读与供应链上下游企业的战略关系，并紧跟物流外包和信息技术发展的浪潮，从而为客户提供有价值的延伸服务、一体化服务、增值服务和特色服务，并获得持久性竞争优势。

(三)银行等金融机构的发展需求

我国金融体系对民营资本、外资银行的门槛越来越低，并且金融服务产品的越来越丰富，对传统银行等金融机构冲击非常大，银行过去的简单靠"存贷差"过日子的美好时光将一去不返，面对激烈的竞争环境，银行等金融机构也需要靠金融服务的创新拓展客户源，创造新的利润来源点,而数量庞大的中小企业就成为其追逐的主要目标客户源。而前面分析到由于中小企业的信用、规模和抵押物等问题,中小企业很难直接从银行贷款融资,所以以供应链中核心企业或物流企业为担保,以中小企业将要采购的或生产出的或准备销售的原材料或货物作为质押物进行质押融资的方式逐步普及开来。

银行的主营业务是金融服务,和中小企业对接不紧密导致信息不对称,不能对企业财务以外的其他行为作出有效的评价,同时也缺乏对质押物的市场分析、预测、评价的能力,所以专门负责中小企业质押物流通作业的物流企业有必要参与进来,发挥各自的优势,由各方联合为供应链中的中小企业提供融资服务。

(四)供应链"共赢"目标实现的要求

现代物流金融业务是一个商业银行、物流企业和企业三方共同参与的过程,是一个"三赢"的过程,这也是物流金融业务发展的最直接的动力。现代物沇是多产业、多领域和多种技术的有机融合体,而供应链又是由许多的"节点"组成的,其运作需要物流企业向它的上游和下游寻找服务对象,通过与它们建立战略合作伙伴关系,实现各自优势互补,提高其整体竞争力。物流水平的低下,一个重要的原因是没有推进物流、商流、资金流和信息流的一体化。企业大量的库存意味着流动资金被占用,资金运作效率降低,可能影响企业其他交易活动。因而,供应链上的企业想尽办法降低库存。然而企业所采用的方法往往是让其上游或下游企业来承担,对于整个供应链来说库存并未减少,只是发生了转移。大量的资金搁置在供应链全过程的各个环节中,这既影响了供应链的顺利运转,又导致了物流运作的资金成本提高。物流金融就是将供应链的核心企业和上下游企业、银行及物流企业联系在一起,跳出了单个企业的传统局限,利用金融工具盘活这部分资金。对于供应链上其他企业、银行和物流企业来说均受益。

(1)对商业银行而言,可以扩大和稳固客户群,树立自己的竞争优势,开辟新的利润来源渠道,也有利于吸收由此业务引发的派生存款,可以渗透到企业的资金链,为企业提供全方位的金融服务,也扩大了商业银行的业务范围;物流金融业务为商业银行完善结算支付工具、提高中间业务的收入创造了机会,商业银行在发展该业务的同时,也开发了新的客户群,培育了潜在的优质客户。另外,商业银行在质押贷款业务中,物流企业作为第三方,可以提供库存商品的信息和物资监管,降低了信息不对称所带来的风险,并且帮助质押贷款双方很好地解决了质押物价值的评估、拍卖等难题,降低了质物评估过程产生的高昂费用。

(2)对于物流企业来讲,通过与银行合作,创造了一个跨行业、相互交叉发展的新业务领域,为同质化经营向差异化经营的转变提供了可能。物流企业通过物流金融业务深入金融业,提高了自身的盈利水平,通过物流金融业务,物流企业结识了新客户,拓展了新市场,延伸了服务链,拓展了服务内容。商业银行为物流企业提供质押融资业务,一方面增加了物流企业高附加值产品,提升了物流企业综合价值,吸引了众多客户。另一方面,物流企业作为银行和客户都相互信任的第三方,能够更好地融入到客户的商品产销供应链中去,加强了物流企业与银行的协作关系。

(3)对于融资企业而言,物流企业以其专业的物流知识和丰富的实际操作经验,帮助融资企业策划物流方案和运作物流项目,提供海陆空多式联运、仓储、搬运、装卸、配送、集装箱运输等各种物流服务物流公司全方位负责企业的供应、生产、销售及废弃物流,为其打造供应链一体化流程的业务,有效降低企业的物流成本,发掘企业第三利润源使企业专注于核心业务,提高核心竞争力。

因此,通过物流金融业务的开展使得参与业务的三方都获得了切实的利益,真正达到"三赢"的效果。这种多方获益、相互促进、共同发展的模式,保证了该业务的持续发展和持久生命力。从整个社会流通的角度来看,极大地提高了全社会生产流通的效率和规模,促进了经济的发展。

五、物流金融作用

发展物流金融业务对中小企业、物流企业和银行等金融机构具有十分积极的作用,具体体现在以下几方面。

1. 拓展中小企业融资渠道

(1)开辟了中小企业融资新途径。在传统融资模式下,中小企业只能以固定资产作为抵押物来获得银行贷款。但大部分中小企业缺少固定资产,难以获得银行贷款。有了物流金融,企业可将原材料、半成品、产成品等作为融资的质押物和抵押物,盘活了大量的流动资产,将流动资产转变成可流动的资金。

(2)降低了中小企业的融资成本。成本决定了企业的效益和发展。一般中小企业很难获得银行的贷款,为了发展,往往只能选择担保贷款或者民间借贷。担保贷款需拿贷款额的 10%~20% 作保证金存入银行,如果担保贷款 100 万元,实际可用资金只有 80 万元到 90 万元左右,另外还要收取 3%~4% 的担保费和其他费用,同时还要提供反担保保证,很多中小企业难以达到担保贷款的条件。而民间借贷的年利率在 20%~30% 之间,甚至还更高,中小企业的产值利润率一般在 8%~20% 之间,民间借贷是非常不可取的借贷方式,同时存在巨大的法律风险。物流金融融资,手续简便、速度快捷、风险可控、成本较低,年监管费仅在 1‰~2% 之间。

(3)可促进中小企业可持续发展。中小企业要做大,就需要大量的资金支持。选择物流金融融资,发展所需的资金就可以得到保证。企业在发展壮大中,原材料、半成品、产成品等也在不断增加,企业则可持续不断地获得更多的融资。这一良性融资模式,能为企业可持续发展提供源源不断动力。

2. 拓展物流企业服务空间

通过与银行合作,监管客户在银行质押贷款的商品,一方面增加了配套功能,增加了高附加值产品,提升了企业综合价值和竞争力,稳定和吸引了众多客户;另一方面,物流企业作为银行和客户都相互信任的第三方,可以更好地融入到客户的商品产销供应链中去,同时也加强了与银行的同盟关系。

3. 拓展银行等金融机构的利润空间

通过物流金融服务,银行等金融机构可以扩大和稳固客户群,树立自己的竞争优势,开辟新的利润来源,也有利于吸收由此业务引发的派生存款。银行在质押贷款业务中,物流企业作为第三方可以提供库存商品充分的信息和可靠的物资监管,降低了信息不对称带来的风险,并且帮助质押贷款双方良好地解决了质物价值的评估、拍卖等难题,降低了质物评估过程产生的高昂的费用,使银行有可能对中小企业发放频度高、数额小的贷款。

六、物流金融在企业经营过程中的三大职能

1. 物流融资职能

该项职能体现在物流工作整个过程中,包括采购、生产、加工、仓储、运输、装卸、配送直至

到达需求方手中。由于物流业务地理范围广阔,需要巨大的基础设施投资,单个企业难以形成规模经济,必然需要银行、资本市场、政府财政的大量资金支持。1993 年,美国的商业物流投入是 6700 亿美元,相当于美国当年 GDP 的 11%。高资金的投入促进了美国高效率的物流发展,物流现代化又极大地刺激了美国经济。这都离不开美国财政金融对基础设施建设的鼎力相助。而我国的统计数据表明,1991—2002 年物流行业固定资产投资额从 325.8 亿元上升到 3568.8 亿元,增长了 10 倍,年均递增 24.3%。

研究高速发展的物流产业,总结物流融资运作的规律也有利于金融业提高经营绩效和促进物流业的稳健发展。物流融资业务主要包括:商业银行贷款融资,这是物流企业最主要的融资方式;证券市场融资,物流企业可以争取公司股票或债券的发行,也可通过参股、控股上市公司方式实现融资;开拓实物型、技术型融资业务,实物型租赁和技术参股,特别是与物流经营相关的大型耐用设备租赁和关联技术合作,是物流企业可以优先考虑的项目;票据性融资收益,商业票据的贴现可以使物流企业获得必要的资金来源。另外,商业贷款以外的其他金融授信业务,如银行承兑汇票、支票、信用证、保函等也是适合现代物流企业发展的融资业务;物流发展基金和风险基金,可以是已经上市的、面向公众筹资的投资基金,也可以是未上市的投资基金,其资金来源主要由财政补贴和企业的多元化投资组成;争取境外资金和政府财政的战略投资亦为可取之策。

2. 物流结算功能

为物流业服务的金融机构面临大量的结算和支付等中间业务。为了实现 B2B、B2C 的流程,诞生了现代物流,物流的发展方向就是满足不同批量、不同规格、不同地区的需求。随着物流业的顾客扩展到全国乃至世界范围,金融服务也就随之延伸到全国和世界范围。如果没有金融结算及资金划转等服务措施的配套,物流企业的成本无法降低,中小企业就会对现代物流服务望而却步;大型物流企业会对订单较小、运输距离较远、服务要求较多的产品失去兴趣,物流的灵活性、多样化、个性化的发展优势就会丧失;对于客户而言,如果网上下单不能获得应有的服务,物流的价值将大打折扣。我国现行的结算方式主要有支票、汇兑、委托收款、托收承付、银行汇票、商业汇票、银行本票和信用卡等八种代表性的结算工具,另外还有多种的结算服务可供选择,如信用证、国际保理等。每一种方式都有自身的特点:银行承兑汇票由于有银行作为付款人,付款保证性强,具有融资功能,但同时票据的流转环节多,查询难度大;商业承兑汇票是由付款人或收款人签发,付款的保证程度视企业的信誉高低而定;本票是由出票银行签发,支票则由出票单位签发,都适合在同城使用;信用卡属于电子支付工具,方便、灵活、快捷,但是该结算方式受银行网络的限制;汇兑是异地结算的主要方式,适用于付款人主动付款;委托收款是收款人委托开户银行收款的结算,同城、异地结算都可以使用,属于商业信用,保付性较差;托收承付要求购销双方必须签订购销合同约定,现实中经常发生付款争议;国内信用证通过银行传递,手续严密,具有融资功能,但是手续繁琐,手续费用也比较高。物流企业选择这种方式的时候要兼顾安全性、时效性和经济性。

物流企业在异地结算方式的选择:如果是一次性交易,宜采用先收款后发货或一手钱一手货的方式,如现金、信汇、电汇、自带票汇等方式;经常往来的客户,可先发货后收款,采用汇款、异地托收承付、委托银行收款等方式。

3. 物流保险职能

物流业的责任风险几乎伴随着业务范围的全程:运输过程、装卸搬运过程、仓储过程、流通加工过程、包装过程、配送过程和信息服务过程。物流保险作为物流金融的重要组成部分,提供一个涵盖物流链条各个环节的完整的保险解决方案,努力帮助物流公司防范风险。

针对这个具有巨大潜力的市场,保险公司应整合相关险种,为物流企业量身设计各种新的保险组合产品,如物流综合责任保险,使保险对象可以扩大到物流产业任何一个环节,如物流公司、货运代理公司、运输公司、承运人、转运场、码头和车站等。

物流公司的责任较传统的运输承运人大得多,服务的内涵和外延远比运输服务要广,并且不同的服务受不同的法律制约。但是国际国内都还没有关于物流服务的专门法律,因此,物流保险作为针对物流企业定制和设计的金融产品,能极大地简化物流业的复杂环境,为物流业的拓展提供保障。

学习单元二　物流金融发展现状及存在的主要问题

一、物流金融在我国的发展现状

中国物流金融市场正处于需求旺盛时期,无论是国内企业,还是外资公司,都想抓住此业务的发展时机。作为发展中国家,中国国内的物流金融服务是伴随着现代第三方物流企业而产生的。国内物流金融服务的推动者主要是第三方物流公司和银行等金融机构。

在国内的实践中,中国物资储运总公司(以下简称中储)从1999年开始从事金融物流部分业务。物流金融给中储带来了新的发展机遇,并在所有子公司进行推广。主要利用其遍布全国的仓储网络,为客户提供融资服务。货主把货物存储在仓库中,然后凭借仓储公司开具的货物仓储凭证——仓单向银行质押申请贷款,银行根据货物的价值向货主企业提供一定比例的贷款,同时由仓储公司代理监管货物。通过这一服务,中储不仅稳固了原有的客户关系,还吸引了许多新的客户。目前,这一业务已成为中储新的经济增长点。中储为近500家企业提供质押融资监管服务,质押融资规模累计达亿元。

与中储主要利用仓库监管不同,中国外运股份有限公司(以下简称中国外运)开发了对运输途中货物的监管。不再只是仓库中的货物可以作为银行贷款抵押物,在运输途中的货物也可以作为抵押物,为生产制造企业资金周转提供最大程度的方便。前不久,中国工商银行与中国外运正式启动全面合作,旨在共建物流金融服务平台,联合研发物流金融新产品。

2005年深圳发展银行先后与中国对外贸易运输集团总公司、中国物资储运总公司和中国远洋物流有限公司签署了战略合作协议,三大物流公司发挥在货物运输、仓储、质物监管等方面专长,深发展基于货权控制、物流与资金流封闭运作给予企业授信支持,为广大中小企业提供创新性的物流金融服务。另外,深发展目前还与大连、天津、深圳、青岛、湛江等港口以及多家第三方物流公司签约合作,并和多家担保公司建立战略合作关系,积极推动物流金融发展。此外,中国工商银行、中国建设银行、中国交通银行等也纷纷与物流企业签署战略合作协议,共同推出各种形式的物流金融服务。

面对中国巨大的市场需求,一些国际金融机构和物流企业也纷纷瞄准这一市场,积极开展物流金融业务。如花旗银行通过与第三方物流企业的合作,向我国企业提供资金支持,解决了我国企业在海外市场进口原材料时遇到的融资困难问题。这表明花旗银行的这一金融服务不仅仅停留在抵押、贷款阶段,而是从整个供应链的角度帮助企业,从而实现多方共赢。

2007年11月27日,第一家在我国开展物流金融业务的国际性物流快递公司——国际物流业巨头UPS宣布,旗下的资本公司将与上海浦东发展银行、深圳发展银行和招商银行合作,共同开展物流金融业务。

总体看来,与国外相比,国内现阶段开展的物流金融业务流程还不够规范,覆盖范围较窄,没有建立起和银行、企业之间的战略联盟。因此,我国在今后开展物流金融服务业务过程中,对业务流程、服务体系构建、风险的防范等具体措施还需进一步的研究和规范。

知识链接

国内金融机构竞相开展物流金融

2002年,深圳发展银行天津分行与中储开始合作仓单质押业务,业务合作集中在南昌分公司。2005年,中储与深圳发展银行签订战略性框架协议,奠定中储与深圳发展银行合作的基础。自2005年5月开始,深圳发展银行天津分行与中储新港分公司开展业务合作,涉及品种包括钢坯、卷板、带钢、纸品、铁矿砂等,区域包括天津、河北。

广东发展银行通过中国远洋物流有限公司、中国外运股份有限公司和中国物资储运总公司等物流公司,已与一汽贸易总公司、诺基亚(中国)投资有限公司等大型企业(集团)公司进行全面的物流银行业务合作,支持200多家经销商和10000名终端用户,带来存款近20亿元。

中国建设银行推出了物流金融产品,包括信贷业务、结算类及中间业务和现金管理类业务;商业银行为客户提供的融资服务逐步从"单一融资"向"全流程融资"转变;四大国有银行、上海浦东发展银行、中信银行、深圳发展银行、华夏银行等都开展了物流银行业务,银行提供的金融服务也已经辐射到企业的上下游客户和供、产、运、销各个环节。例如:

中国工商银行主要物流金融业务名称是"财智融通、供应商融资、钢/油贸通";

中国农业银行是"仓单质押、出口退税贷";

中国银行是"融付/融信/融易/融货/通易达、订单融资";

中国建设银行是"保理、动产质押、收款/订单/仓单/保单融资、保兑/现货/海陆仓、融货通";

交通银行是"蕴通财富";

中信银行是"银贸通、保理、出口退税贷";

中国光大银行是"保理、保兑仓、应收/应付账款/阳光融资、1+N链式";

华夏银行是"现金新干线、共赢链";

广东发展银行是"保理、收款/动产/仓单质押、动产抵押、厂商/厂厂银、厂商银储";

深圳发展银行是"标准仓单/动产质押、保理、未来提货权/进口全程货权、池融资";

招商银行是"银关通、点金物流金融";

上海浦东发展银行是"供应链融资";

中国民生银行是"仓单/动产质押、保理"。

业务类型上,根据银行主要公开信息,主要有资产(替代采购、信用证担保)、资本(仓单、结算、授信)模式等。早有物流金融初级产品,如信用证担保、代收垫付等,物流金融迅速发展后,这些业务被赋予了新的定义和活力,质押几乎是所有银行共有的业务。

业务层次上,大部分银行多是传统的贸易融资和代收垫付、质押监管业务。

业务特色上,各银行也在特色化业务,主推业务和倾向区域都有不同,有些银行定位发达新兴物流金融中心,如天津滨海新区;有些却着力于中西部。但六多数银行业务特色不是很明显,未来银行要考虑差异化策略,避免同质竞争的后果。

业务管理上,各类物流金融业务管理与国外物流金融发展存在较大的差距,业务的规范化、标准化、统一化方面有待改进。

二、物流金融发展存在的主要问题

(一)物流金融中风险问题

1. 质押物风险

风险主要由质物价格变化与金融汇率波动引起所导致的质物变现的能力变化使得质物保值能力变化而导致的风险。做好对于质物价格评估至关重要,只有做好评估才能控制好物流金融的风险。一般来说,商品的市价具有波动性。特别在是商品价格大幅波动时,借款人就会有无法按时还贷的风险,银行只能通过变卖质押物来收回自己的资金,但是一般这样银行都会遭受损失。

2. 管理风险

目前,物流企业作为质押物的评估机构,如果发生不能按时还贷的风险,那么物流企业势必要承担评估不当的责任,其与相关银行的合作就一定会受到影响。而我国物流企业管理与监督机制不够完善,员工普遍素质不够高,员工在操作中发生作弊以及失误与管理层决策发生失误,这些问题势必会影响到对仓单与质押物进行客观准确的评估,进而对物流企业带来负面影响。

3. 运营风险

我国的物流金融推动者往往是物流企业,因此产销的供应链必须要多元化,扩大其服务范围,但是这也无形增加了运营的风险。同时我国的物流企业发展尚不成熟,处于粗放型的阶段。物流企业还要与银行、客户供销商接触并且还要进行仓储、运输,这些都会为物流企业带来运营风险。

4. 法律风险

法律风险主要是相关法律对于质押物所有权与合同条款。中国的相关法律——《中华人民共和国合同法》与《中华人民共和国担保法》中对于物流金融相关条款的规定还不完善,同时又没有其他文件可以参考,所以出现了问题也没有完善的法律可依靠,这就导致了问题常发但是不好解决。

5. 信用风险

信用风险包括货物合法性与客户的诚信,货物的合法性无法得到保障,那么将会出现问题,该货物就不能够变现,同时客户诚信度是个未知数,使得物流企业无法真实了解客户的详细的信息,无法对于客户作出准确的评估,增大自身的风险。

(二)物流金融的业务模式问题

我国物流金融现在开展的业务最普遍的是现货质押,大多数物流企业是将质押物一经质押就不再变动,直到质押期满,但是在现实中这种静态的情况不常发生,因为现在的企业要不断地生产、采购原料、出货,由于生产、采购与出货是个动态的过程,质押物在进出库的时候很容易造成发生差错与损坏。另外,随着物流金融不断地发展,物流企业的仓储已经不够了,会出现串货现象,这样会使得客户对于企业的满意度下降,使得企业的信用度降低。

(三)物流金融的业务流程问题

物流企业都会面临仓单风险,防止虚假的仓单造成企业损失是各个物流企业风险控制的重中之重。第三方物流企业在仓单的实际操作过程中,入库单的可信度不一样也会给质押管理带来相应的困难。

针对我国目前的情况来说,大部分的物流企业规模小、信用度低、管理与抗风险能力差,由于资本与规模的限制,大多数企业管理制度、员工素质、信息系统应用水平等尚未达到可以运作物流金融的水平,况且只有有能力与条件的物流企业才可以成为第三方中介人,因为只有这些企业才能够做到公平公正,才能使得物流金融得到可靠地保障,真正作为银企之间的桥梁与纽带,也只有这样才会在最大程度上限制物流金融业务的随意扩大。因为物流企业信息化程度相对较低,使得企业无法再最短的时间获得银企之间的可用信息,这就在无形之中加大了信息不对等的风险。同时,物流企业无法获得市场的准确信息,也会使得质押物的风险加大。甚至现在部分物流企业尚处于人工作业水平,而且人员素质很低下,不免会形成管理与操作的风险。

学习单元三　现代物流金融运作模式简介

现有的物流运行模式归纳起来主要包括以下几种:代客结算服务模式、质押融资模式、信用担保模式和综合运作模式。这几种模式各有各的特点,有着不同的使用空间。

一、代客结算服务模式

1.垫付货款模式

垫付货款模式是指"银行质押贷款业务",在货物运输过程中,发货人将市场畅销、价格波动幅度小、处于正常贸易流转状态的产品作抵押转移给银行,银行根据市场情况按一定比例提供融资。当提货人向银行偿还货款后,银行便向物流供应商发出放货指令,将货物所有权还给提货人。如果提货人不能在规定的期间内向银行偿还货款,银行有权在国内外市场上拍卖掌握在银行手中的货物或者要求发货人承担回购义务。

2.代收货款模式

代收货款业务是物流企业为客户提供传递实物的同时,帮助发货人向买方收取货款。代收货款模式是物流金融的初级阶段,从盈利来看,它直接带来的利益属于物流企业事实上在向发货人交货之前,有一个资金沉淀期,等于物流企业获得了一笔不要付息的资金。同时发货人和买方获得的是方便快捷的服务。

3.替代采购模式

替代采购模式是第三方物流企业代替采购方向供应商采购货物并获得货物的所有权,第三方物流企业将货物运输到指定仓库,采购方向第三方物流企业交纳一定保证金,后获取相应数量的货物,直至全部货物释放结清货款的服务模式。除了供应商与借款企业签订的购销合同之外,第三方物流企业还应该与供应商签订物流服务合同,在该合同中供应商应无条件承担回购义务。替代采购服务业务是供应商与第三方物流企业签订《委托配送和委托收款合同》,第三方物流企业向采购方送货上门同时根据合同代收货款,每周或者每月第三方物流企业与供应商结清货款。

二、质押模式

1.仓单质押模式

仓单质押是指融资企业把质押品存储在物流企业的仓库中,然后凭借物流企业开具的仓单向银行申请贷款,银行根据质押品的价值和其他相关因素向融资企业提供一定比例的贷款。这一过程中,物流企业负责监管和储存质押品。贷款期内进行正常销售时,货款全额划入监管账户,银行按照双方约定到账金额开具分提单给借贷企业,物流企业按约定要求核实后发货。在仓单质押模式中,对于物流企业而言,开展仓单质押业务一方面增加配套服务功能,提高仓储的附加值,提升了企业综合价值和竞争力,稳定和吸引众多客户进驻市场开展经营业务;另一方面物流企业作为银行和客户都信任的第三方,可以更好地融入客户的商品产销供应链中,同时也加强了与银行的同盟关系。对银行而言,既降低了信贷风险,拓展市场和客户,形成新的利润增长点,又增加了收益。对融资企业而言,破解了资金问题,实现了企业正常运营,并且降低了融资成本。

2.存货质押

存货质押模式就是客户把商品存储在物流企业仓库中,然后可以凭仓库开具的商品仓储凭证——存货向银行申请贷款,银行根据商品的价值向客户提供一定比例的贷款,同时,委托仓库代理监管质押物。这一模式的特点有以下几方面:

(1)属于权利质押,存货出具方须保证存货所有权的真实性、有效性、唯一性;

(2)此类业务适用于质物不流动、整进整出的业务;

(3)监管方不负责价值,只负责存货注明的仓储物的数量,由银行对存货价值进行评估和确认;

(4)对仓储企业的资质要求高;

(5)如果使用存货部分提货,要收回原先出具的存货再重新出具仓储凭证;

(6)如客户违约,由银行对货物进行处置。

三、信用担保模式

1.统一授信模式

在达到一定的业务规模和实力后,第三方物流企业可以进行自身信用的再造和提高,把银行对众多融资企业分散的授信,转变为对自身的统一授信。即银行直接把贷款额度授权给物流企业,则由物流企业根据客户的需求和条件进行质押贷款和最终结算。物流企业向银行按企业信用担保管理的有关规定提供信用担保,并直接利用这些信贷额度向相关企业提供灵活的质押贷款业务,银行通常上不参与质押贷款项目的具体运作。这种方式简化了一些繁琐、复杂的环节,使客户能更便捷地获得融资。这有利于银行提高对质押贷款全过程监控的能力,降低贷款风险,也使物流企业能更加直接有效地把握和控制物流、资金流、信息流,并利用这一特色服务的优势,吸引更多的客户,提高仓储资源的利用率,促进包装、流通加工、配送等物流功能和服务的发挥,为借款企业提供便捷易行的贷款融资、仓储管理、运输、配送等一体化服务。开展统一授信方式下的质押融资业务,第三方物流企业需承担更大的信贷责任和风险,因而,也就对物流企业提出更高的要求,即必须具备更好的信用,企业资产和业务规模达到更高的水平,综合物流服务能力更强,市场信息和物流管理信息系统更完善,商品和货物的评估和处理能力更强。这样物流企业才能取得银行更高的信用评估和授信额度,才能更好地控制风险,顺利地开展这项业务。

统一授信就是银行把贷款额度直接授权给物流企业,再由物流企业根据客户的需求和条件进行质押贷款和最终结算。物流企业按企业信用担保管理的有关规定和要求向借款企业提供信用担保,并直接利用这些信贷额度向借款企业提供灵活的质押贷款业务,银行则基本上不参与质押贷款项目的具体运作。

2. 信用证担保模式

信用证担保贷款属于贸易融资担保中的一种,是指企业在进口时银行为企业提供一定期限的贷款额度,即在这个额度内企业可以通过银行向国外出口商一次性或分批开立付款信用证。银行为了降低风险和增加第二还款来源,企业为了能顺利取得贷款,他们会委托物流企业作为担保公司为每笔信用证项下的金额授信。为预防企业不能按时偿还信用证项下的贷款金额,担保公司在提供反担保时会要求进口企业将其信用证项下的进口货物进行质押,以确保在企业不能按期还款时可以出售质押货物以偿还银行贷款。

信用证担保贷款中采购商在没有其他抵质押物品或担保的情况下,通过物流企业从银行获得授信,利用少量保证金扩大采购规模,在商品价格上涨的情况下获得杠杆收益,有可能因为信用证方式一次性大量采购从商品卖方处获得较高折扣,也可以提前锁定价格,防止涨价风险。

四、综合业务发展模式

1. 订单融资业务模式

订单融资的内涵是指供应商在接到核心企业订单后,以该订单作为担保向银行等金融机构贷款,银行等金融机构评估该订单的价值和相应风险后向供应商提供一定额度的封闭融资,用于组织生产和备货。在融资企业实现订单的过程中,金融机构借助物流企业的帮助,对融资企业在采购、生产等环节中的资金流和物流进行全面监控,当融资企业完成订单后,下订单方将货款打到融资企业在银行的规定账户中,银行再将剩余资金(如有)返还给融资企业,银行对相关的物流和资金流进行封闭管理。

2. 保兑仓

保兑仓又称买方信贷,即银行在借款企业交纳一定的保证金后以开承兑汇票等形式,指定收票人为供货方,供货方在收到银行承兑汇票后以银行为收货人,按银行指定的仓库发货,货到仓库后转为仓单质押。保兑仓业务除了需要处于供应链中上游的生产商、下游的经销商融资企业和银行的参与外,还需要物流企业仓储监管方的参与,其主要负责对质押品的评估和监管。保兑仓模式能够加快经销商资金周转,弥补资金缺口,促进生产厂家商品销售,加快回款速度,并带动物流企业的监管、储运等业务,受到了各参与方的广泛欢迎,在钢材、汽车、家电、化肥、纸品、建材等大宗商品领域具有广阔的市场空间。随着保兑仓业务的进一步发展,这项业务可进一步延伸,一单业务可由一个仓库发展为多个仓库,由一个地区发展为多个地区,称之为多点保兑仓业务。

3.融通仓

融通仓是一个以质押物资仓管与监管、价值评估、公共仓储、物流配送、拍卖为核心的综合性第三方物流金融服务平台,它不仅为银行与企业间的合作构架新桥梁,也将良好地融入物流供应链体系之中,成为中小企业重要的第三方物流服务的提供者。在融通仓模式中,银行把贷款额度直接授权给物流企业,由物流企业根据客户的需求和条件进行质押贷款和最终结算。物流企业向银行提供符合相关规定的信用担保,并直接利用这些信贷额度向中小企业提供灵活的质押贷款业务,银行则通常上不参与质押贷款项目的具体运作。

融通仓直接同需要质押贷款的借款企业接触、沟通和谈判,并代表金融机构同贷款企业签订质押借款合同和仓储管理服务协议,向企业提供质押融资的同时,为企业寄存的质物提供仓储管理服务和监管服务,从而将申请贷款和质物仓储两项任务整合操作,提高质押贷款业务运作效率。目前借款企业在质物抵押期间可以不断进行补库和出库,企业出具的入库单或出库单只需经过融通仓的确认,借款人便可办理出入库。这中间省去了金融机构确认、通知、协调和处理等许多环节,缩短补库和出库操作的周期,在保证金融机构信贷安全的前提下,提高贷款企业产销供应链运作效率。

4.物流保理

物流保理又称应收账款承购,是指经销商以挂账、承兑交单等方式销售货物时,保理商购买销售代理商的应收账款,并向其提供资金融通、买方资信评估、销代账户管理、信用风险担保、账款催收等一系列服务的综合金融服务模式。

从保理业务的服务内容来说,物流保理业务与银行保理业务并无本质的区别,其经营的主体可以是银行或物流企业,使物流和资金流的联系更为密切,由此衍生出许多银行保理业务所不具备的优势。随着保理业务的迅速发展,物流企业开始认识到这一业务的巨大潜力和自身从事保理业务的潜在优势。

5.海陆仓

海陆仓业务模式是建立在真实的进出口贸易背景上,由传统的"仓单质押"融资模式发展成为综合"提单质押""在途货物质押"和"仓单质押"为一体的全程供应链融资模式,贯穿企业采购、生产及进出口贸易等过程,横跨商品流通的时间和空间,可以更大限度地满足供应链中各环节企业的融资需求。在实际运作过程中,物流企业受银行委托,采用多式联运、点线结合的方式,负责质物在境内外在途、异地实施监管服务操作,监管范围可以覆盖生产地到消费地,以及中间的海运和陆运全程过程,表现为"仓储监管""陆路运输监管""铁路运输监管""沿海运输监管"和"远洋运输监管"等环节的任意组合。

情境小结

本情境首先介绍了物流金融的基本含义与产生动因,然后介绍了目前物流金融在我国的发展现状和存在的问题,最后介绍了当前物流金融的几种主要运作模式。

实训项目

1.训练目标:通过对各大银行推出的物流金融服务产品调查,进一步了解物流金融服务产品的业务内容及业务流程。

2.训练内容:到各大银行官方网站,查找其所推出的有关物流金融服务产品,就某一种物流金融服务产品进行详细调查,包括融资企业申请资质、融资额度、与银行合作的指定的物流监管商、物流金融服务产品适用范围及业务流程等。

3.实施步骤:

(1)设计调查表格或调查提纲,借助于实地调研、网络、电话或者传真等手段同某银行联系,调查银行所推出的有关物流金融的服务产品包括的业务内容、业务流程等;

(2)以4~6人小组为单位进行操作,并确定组长为主要负责人;

(3)搜集资料,将各个环节操作流程、内容和工作要点填入下表,完成工作计划表;

序号	工作名称	工作内容	工作要点	责任人	完成日期

(4)组织展开讨论,确定所调查银行有关物流金融服务产品及实际操作流程;

(5)整理资料,撰写总结报告并制作PPT进行汇报。

4.检查评估:

能力		自评(10%)	小组互评(30%)	教师评价(60%)	合计
专业能力(60分)	1.调查结果的准确性(10分)				
	2.业务内容的准确性(10分)				
	3.业务流程操作的准确性(10分)				
	4.调查表格或调查提纲设计的合理性(10分)				
	5.总结报告的撰写或PPT制作(20分)				
方法能力(40分)	1.信息处理能力(10分)				
	2.表达能力(10分)				
	3.创新能力(10分)				
	4.团体协作能力(10分)				
综合评分					

思考与练习

1.简述物流金融的基本含义。

2.简述物流金融的产生背景与动因。

3.现代物流金融的服务模式有哪几种?

学习情境二
物流结算融资业务操作与管理

学习单元一　代收货款与垫付货款业务操作与管理

一、代收货款业务操作

(一)代收货款的含义及操作流程

一般由发货方(卖方)指定物流企业,由其承运货物,将其交付给收货方(买方),物流企业替卖方向买方收取货款,并在一定的期限内将货款划转给卖方。

代收货款业务为商户解决电视购物、网络购物交易中商品配送与资金结算不方便、不及时的难题,为买卖双方规避非面对面交易带来的信用风险。同时物流企业通过所收取的代收货款的间隔期,间接的实现了融资,代收货款是一种初级的物流金融服务。现代的代收货款业务将物流、资金流、信息流集于一体,让更多商户通过全国物流服务网络体系,享受以最快的速度回笼资金所带来的资金效率收益。随着目前我国电视购物和网络购物的普及和快速发展,对代收货款服务的需求也越来越多,目前开设代收货款服务的物流企业非常多,事实上其已经成为物流企业的一项常规性服务,其基本作业流程如图2-1所示。

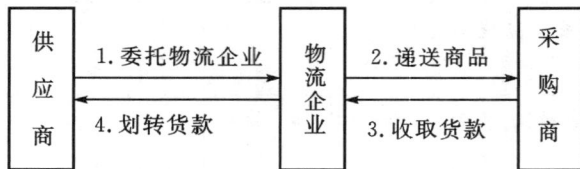

图2-1　代收货款业务流程图

(二)代收货款操作注意事项

(1)代收货款服务是指物流企业在向发货方提供现有物流服务的基础上,同时提供代发货人向收货方收取货款的服务,该服务属于物流服务中的附加业务。

(2)物流企业在提供代收货款服务的同时,向发货方收取一定的服务费。代收货款服务费的计算公式为:代收货款服务费＝代收货款金额×服务费率。

(3)为了规避风险,发货方应与有合作基础的物流企业签订《代收货款服务协议》。发货方委托物流企业的代收货款的产品,需保证在其正规、合法的经营范围内。

(4)发货方委托物流企业代收货款的情况下,物流企业将货物交付给收件人并由其签收,收取后,应按照收款凭证或运单所载金额收回货款。

(5)收件人在收货时:①收件人在付款前,有权拆开包装检验,但仅限于货物外观及数量的检验并视检,不提供任何形式的体验验货,包括手机不可插卡试用,服装、鞋类不可试穿,食品不可试尝试喝等,收方有权根据检验结果决定是否接受货物;②如收方在验货后决定拒绝接受货物或者拒绝付款的,物流企业将货物运返发货方时,发货方不得以收件人曾拆开包装或检验为由拒绝收回货物,亦不得以此为由主张货物派送延误、毁损、丢失或交易失败而追究物流企业的任何责任。

(6)返款周期。物流企业将收取的货款划转给发货人的时间间隔有以下几种形式:

①次周返款:即第一周周一到周五所产生的代收款,于第二周周三结算;第一周周六到第二周周五产生的代收款,于第三周周三结算,依此类推。

②隔周返款:第一周周一到周五所产生的代收款,于第三周周三结算;第一周周六到第二周周五产生的代收款,于第四周周三结算,依此类推。

③T+N返款:每天产生的代收款,于签收后第N个工作日结算,依此类推。

物流企业根据返款周期提前将代收货款、代收货款服务费的账务明细发给发货方核对,发货方收到后2个工作日内没有提出书面异议的,视为确认,乙方依照本协议将剩余代收货款返还给发货方,如对费用存有争议,双方可先行结算其中没有争议的部分金额,其他金额待双方确认后再行结算。返还代收货款不存在利息的支付。

二、垫付货款业务操作

垫付货款业务根据是否有金融机构参与又分两种模式,具体如下:

(一)由物流企业垫付货款的业务操作模式

由物流企业垫付货款的业务模式中,发货方与提货方首先签订《购销合同》,物流企业与发货方签订《物流服务合同》,并在合同中规定发货方无条件承担回购义务。

由物流企业垫付货款的业务模式的基本操作流程如图2-8所示:首先发货方委托物流企业配送货物,物流企业在承运货物时垫付扣除物流费用的部分或全部货款。当物流企业向提货方交货时,根据发货方的委托同时向提货方收取发货方的应收账款,一定期限后物流企业与发货方结清货款。这样既可以消除发货方资金积压的困扰,又可以缓解提货方的部分预付款压力。对物流企业而言,其盈利点是将客户与自己的利益紧密连在一起,能够巩固与上下游客户之间的合作关系。如在UPS的垫付货款服务业务中,当UFS为发货方承运一批货物时,UPS首先代提货方垫付一半货款;当提货方取货时则交付给UPS全部货款。如,一家纽约的时装公司向香港的服装供应商订购货物,UPS收到香港供应商交运的货物后,可以即时向其支付高达80%的货款;货物送交到纽约的收货方手中后,由UFS收取货款,再将余额向香港供应商付清。UPS开展垫付货款服务时,在与发货方进行资金结算之前有一个沉淀期,存在了一个资金流动的时间差。在此沉淀期内,UPS等于获得了一笔无息存款,可以利用这笔资金继续从事垫付货款服务或者贷款,服务对象仍为UPS的客户或者限于与快递业务相关的主体。在这里,这笔资金不仅充当交换的支付功能,而且具有了资本与资本流动的含义。

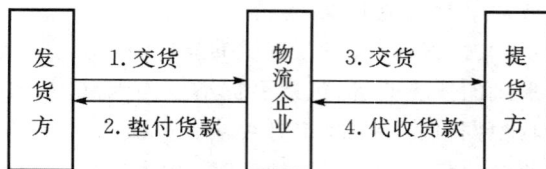

图 2-2　由物流企业垫付货款的业务模式流程

(二)由金融机构参与的垫付货款模式

如果物流企业没有雄厚的资金实力开展垫付货款业务就需要引入金融机构作为第四方。

金融机构参与的垫付货款模式的基本操作流程如图 2-3 所示:发货方委托物流企业配送货物,支付相关费用。在货物运输过程中,发货方将货权转移给金融机构,物流企业为金融机构提供货物的相关信息,金融机构根据市场情况按一定比例提供融资,为发货方垫付货款。当提货方向金融机构偿还货款后,金融机构为其开出提货单,并向物流企业发出放货指示,将货权还给提货方。如果提货方不能再规定的期间内向金融机构偿还货款,金融机构可以在市场上拍卖变现货物或者要求发货方无条件承担回购义务。

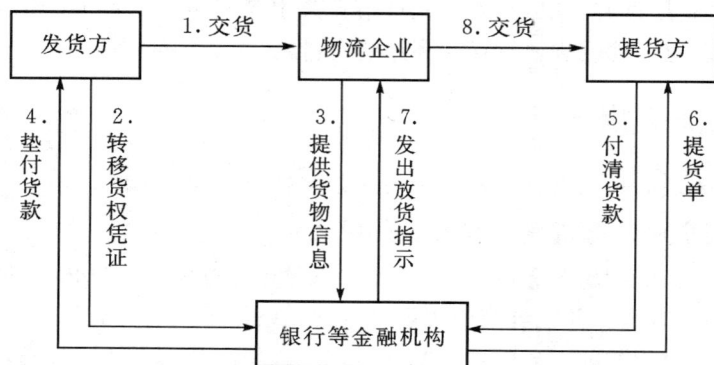

图 2-3　由金融机构垫付货款的业务模式流程

金融机构参与的垫付货款模式中,发货方实际是把货物质押给金融机构,货物的市场价格变动将直接影响到质押金额和金融机构的利益,所以在签订协议时应明确规定当货物市值发生波动下跌幅度达到贷款发放日市值的 10% 时,金融机构有权要求发货方在接到通知后三个工作日内,必须提前偿还部分货款以保证达到双方约定最高质押率的要求,否则金融机构有权自行处置质押货物,发货方应无条件向银行出具相应的增值税专用发票。

该模式中,物流企业扮演的角色:第一,金融机构为了控制风险,需要了解质押货物的规格、型号、质量、原价、净值、销售区域、承销商等信息,要查看货权凭证原件,辨别真伪,这些工作超出了其日常业务范畴,自行进行又需要较高的成本,这时物流企业可以利用自身的专业优势协助金融机构获得相关信息。第二,货物通常处于不断流动变化的状态,金融机构没有办法了解货物每天的进出变动情况,而维持一定的安全库存水平是金融机构提供融资的底线,如果物流企业能够掌握货物分销环节情况,向金融机构提供货物的流动信息,则可以很大程度上提高融资限额。而且在我国信息诚信体系尚未健全的情况下,商品销售的网点分布、单点销量、平均进货周期、结算信誉度等信息的获取在很大程度上依赖于处于第一线的物流企业,如果物流企业自身拥有完善的信息系统,就可以使整个货物流动和资金周转过程透明化,使金融机构、生产商随时得知货物的现有状况,更好地把握风险。

知识链接

支付宝接入 50 多家快递:可代收货款和运费

货到付款发现收货人不在,收快件时发件人恰好没有现金或零钱,这些麻烦的状况经常让一些快递员、物流公司感到头疼。随着越来越多快递、物流公司接入支付宝,这些问题也迎刃而解。

据了解,目前已经有 50 多家快递、宅配、电商企业和支付宝达成合作,共同推动物流行业"互联网+"转型升级,解决物流行业存在的信息不对称和便捷支付问题。

1.用支付宝收代收货款和运费

很多人以为网购就是下单付款然后等着快递将货送到家。事实上,有调查数据显示:30%的网购订单还是货到付款。这意味着不少快递员在送货的同时,还要收取货款。收款让很多快递员和快递、电商公司感到很棘手,一方面收来的钱有时候真假难辨,一旦遭遇假币,就要蒙受损失。另外一方面,手头零钱有限,找零也是很大的麻烦。

除了货到付款外,快递员还要收取运费,这其中的"痛点"和货到付款基本一致。在快递物流公司接入支付宝后,困扰快递员的这些问题都可以通过移动支付服务得到解决。快递员在收货款时完全不用担心收到假币,或者没有零钱。即便是收货人不在,也可以通过支付宝远程完成付款,在提高效率的同时大大降低了资金风险。

2.用支付宝可查件、预约寄件

实际上支付宝和快递公司之间的合作早已经悄然展开。打开支付宝中"我的快递",用户可查看自己快件的物流情况。此外,用户还可以在手机上完成货到付款、预约寄件等功能。在支付宝中添加快递公司的服务窗,能体验快递公司提供的更多个性化增值服务。目前,顺丰、EMS、四通一达等主流快递公司都已在支付宝开通服务窗。

据悉,目前物流企业,特别是加盟型物流企业,信息化水平急需提升。物流公司代收货款后,急需解决资金安全性和汇款速度的问题,避免站点老板卷款跑路,或者代收站点不及时给总部返款,造成发件站点无法向卖家返款的矛盾。

业内人士指出:支付宝不仅提供了支付渠道,提升工作效率,更重要的是为物流企业提供了一整套行业解决方案。

蚂蚁金服相关负责人表示:物流公司接入支付宝后,资金流和信息流可以完全打通,实现资金流、信息流、物流的完美融合。采用支付宝收款与其他收款渠道相比,资金到账更及时,可以实现实时到账。此外,也节省了物流公司的人力和运营成本,提升了物流行业的工作效率。和通过电话、网站接服务需求相比,快递物流等公司接入支付宝,同时在支付宝内开辟服务窗,相当于为用户增加了一个更为高效的线上服务场景。通过服务窗与用户互动,为用户提供增值服务,这显然为快递企业实现服务升级开辟了更广阔的前景。据了解,2014 年 4 月宅急送成为第一家在支付宝上线的物流公司。截至目前,支付宝共签约合作的快递、物流、电商公司共 50 多家,包括德邦、圆通、EMS、如风达、一号店、当当、酒仙网、速递易等不少在业内有相当影响力的企业。其中，国际物流公司 DHL 中国外运—敦豪、联邦快递 FEDEX 也均可使用支付宝收取运费。

三、垫资—代收货款综合业务模式

(一)垫资—代收货款业务运作流程

垫资—代收货款综合业务模式是指物流企业为发货方承运货物时先预付一定比例的货款（比如一半）给发货方，并且按约定取得货物的运输代理权，同时代理发货方收取货款，提货时一次性将货款付给物流企业的服务模式。物流企业在将余款付给发货方之前会有一个时间差，这样该部分资金在交付前就有一个沉淀期。其业务流程如图2-4所示。

图2-4 垫资—代收货款综合业务操作流程图

(1)物流公司依照供应商和采购方签订的购销合同，取得货物承运权；

(2)物流公司代采购方先预付一定比例货款，获得质物所有权；

(3)采购方支付物流公司所有货款并取得货物；

(4)物流公司在一定的期限后将剩余货款扣除服务费后支付给供应商。

在垫资—代收货款业务模式中，货款垫付率是各方控制风险的一个关键指标，对于供应商来说希望垫付率高，这样可以提前获取更多的货款，而对于物流企业或金融机构则希望确定合理的垫付率，在降低自身的风险的同时获取较高的收益。垫付率是指垫付货款金额与货物原值的比率，是物流企业提供垫资—代收货款业务模式时必须确定的指标，与存货质押融资业务中的质押率、折扣率、贷款额度具有类似的意义，垫付率的是否合适直接关系到物流企业开展垫资—代收货款业务模式的风险大小和收益大小。

不同垫资—代收货款业务模式的比较如表2-1所示。

表2-1 垫资—代收货款业务模式比较

	代收货款业务模式	由物流企业垫付货款的业务模式	由金融机构参与的垫付货款模式	垫资—代收货款综合业务模式
是否有金融机构参与	无	无	有	无
是否需要垫付货款	不需要垫付货款	由物流企业垫付货款	由金融机构垫付货款	由物流企业垫付货款
货物所有权是否发生转移	货物所有权未发生转移	货物所有权未发生转移	货物所有权转移给金融机构	货物所有权转移给物流企业
物流企业作用	承运货物和代收货款	承运货物垫付、代收货款	负责货物监管、核查货物信息	承运货物垫付、代收货款

	代收货款业务模式	由物流企业垫付货款的业务模式	由金融机构参与的垫付货款模式	垫资—代收货款综合业务模式
物流企业受益来源	物流服务费用和资金周转收益,收益有限	物流服务费用和资金周转收益	物流服务费和监管费	物流服务费用和资金周转收益
物流企业面临的风险来源	提货方的信用风险	发货方的信用风险	货物监管风险	提货方的信用风险

(二)垫资—代收货款业务模式下各方的益处

1.对于物流企业

(1)在这种物流金融模式下,物流公司除获得货物运输等传统的物流费用外,还因为延迟支付获得了一笔不用付息的资金,这笔资金可以用于向其他客户提供物流金融的贷款服务,从而获取额外的资本收益。

(2)物流公司通过为采购方垫资服务和为供应商的代收货款服务增强了对购销双方的吸引力,以特色服务扩大了对市场的占有,同时增加传统的物流服务业务量并获取新业务的收益。

2.对于供应商

供应商在货物交付物流公司运输时就获得一部分的预付款,可以直接投入生产经营,从而减少在途货物对资金的占用来提高运营效率。

3.对于采购方

采购方无须事先支付货款而只需在提货时结清,这样能减少采购方在同强势供应商交易中须支付预付款而给企业带来的资金压力,三方的利益都得到了保障。

(三)垫资—代收货款模式下各方的风险分析

1.物流公司面临的风险

在整个垫资—代收货款服务过程中物流公司的风险可以得到有效的控制。由于过程中货物一直在物流公司的控制之下,其事先向供应商支付的货款完全可以由在途货物得以保证,这样能有效避免供应商和采购方合伙欺诈的发生。而采购方须在提货时结清货款,这时物流公司的收益已能获得保证。

2.供应商面临的风险

供应商的风险在于是否选择了信用高的物流公司,在只获取一部分货款的前提下将货物交由物流公司承运可能承担风险,但这些风险在货运市场发达的今天能通过各种机制得以有效避免,物流公司在取得货款后能否按时将剩余货款交给供应商也存在风险,所以供应商必须选择有长期合作关系、信用良好的物流公司与其合作。

案例 2 - 1

快递企业代收货款骗局

随着物流行业的发展,由快递代收货款的现象已经成为了行业内的潜规则。虽然快递代收货款方便了交易的进行,但是其中存在的一些弊端也成为不法分子眼中赚钱的工具。

由快递公司代收货款引发的乱象层出不穷。快递加盟商往往在经营困境时携货款玩失踪,快递公司则挪用代收货款,不向货主交款;还有一些快递公司先向商家支付货款,将货物发往购买者才发现是假货,或者是迟迟收不到货;还有一些假冒快递公司,利用快递代收货款骗取钱财。近日,市民刘小姐就遇到这样一件窝心的事。刘小姐在某同城网站上看中一台iPhone4S手机,标价只有 2680 元,还支持分期付款。于是刘小姐便通过 QQ 与卖家联系交易事宜,定好首付 780 元,每月还款 152 元。卖家告诉刘小姐,公司在深圳,无法与刘小姐当面进行交易,需委托第三方快递公司作担保人,通过代收货款的方式进行交易。刘小姐虽然也听说过快递代收,不过之前都是下单时直接选择货到付款,在收到货后才当面交钱,而卖家让她先把首付款打给快递公司的情况她还是第一次碰到。卖家解释,分期付款的商品都是这种担保交易模式,签约的快递公司在各地区工商局都有备案可查,首付款是交给快递公司作为担保金的。于是刘小姐就向卖家的卡号汇去 800 元后联系对方发货,对方却称因付款金额与订单金额不符,导致财务无法登记进账,要求她重新正确支付订单上的 780 元后才能发货,并会将之前的 800 元退还给她。于是刘小姐又汇去了 780 元,卖家又让她先付 1100 元押金。一心想拿货的刘小姐再次掉入对方的圈套,前后三次付款 2680 元的她,此时连个手机的影子都没见到,再跟快递公司交涉发货时,对方又找了借口让她继续汇款,这时刘小姐才惊觉自己被骗。

正规快递代收货款的流程是:消费者货到付款,快递业务员收取货款后汇集到营业网点汇总,之后向总公司交付,接着总公司将代收的货款转给商家;若为分期付款情况,则到货记账,月末结账,再缴清上期的货款。因此建议,如果消费者对于代收货款的流程不太熟悉,就可能会让不法分子钻空子。在这里提醒广大的消费者在网购选择"快递代收"付款模式时,应认准正规可靠的快递公司官网,收到货物先验货再付款,切勿轻信先行付款的"快递代收"骗局。

(四)垫资—代收货款模式的监管策略

"垫资—代收货款"本身已经超出了物流业务的范畴,它是物流与金融高度相关的增值服务,是产业相互融合的发展趋势。因此,可以由国家发改委、银监会、人民银行、交通运输部、公安部、商务部、国家邮政局共同就"垫资—代收货款"业务制定《"垫资—代收货款"管理办法(规定)》,明确管理职责、设置从业门槛、管理规定、监管方式、违规处罚等。

1.明确管理和监管职责

垫资—代收货款涉及国家邮政局分管的快递服务及商务部分管的商品贸易和物流产业,它是物流、快递的增值服务,但其发展潜力却非常大,业务涉及金额也将非常巨大,因此,可将"代收货款"纳入国家金融监管的范畴。

2.设置"代收货款"从业准入门槛

鉴于"代收货款"被挪用极易引发群体性事件,建议从事"代收货款"的物流、快递企业应具备一定的资质。比如,企业注册资金 100 万元以上、具备完善的"代收货款"管理制度及信息化管理手段、从业人员无犯罪记录等条件,还须制定"代收货款"的返还时限、手续费得标准等。

3.建立从业保证金制度

像银行从业者缴纳"存款准备金"制度一样,规定凡是从事"代收货款"业务的物流、快递企业必须向银监会(人民银行)缴纳"代收货款"保证金,缴纳保证金的金额可以根据每个季度"代收货款"的多少进行浮动。

4.制定具有可操作性的管理规定、监管方式和违规处罚制度

主要是针对"代收货款"的操作流程、返还时间及信息化对接的监管做出相关的规定。对违规行为进行处罚、对严重违规者取消其开展"代收货款"业务的资格,直至追究刑事责任,以维护工商客户、消费者、物流和快递企业共同的合法权益。

5.建立"代收货款"保险制度

为了降低"代收货款"的意外风险,建议除了制定从业准入门槛和具体的代收货款监管措施外,还应借鉴"再保险制度"方式为"代收货款"的企业提供商业保险,降低物流、快递企业开展这项业务的经营风险。

垫资—代收货款服务模式中,物流公司作为物流金融服务的信贷方,将供应商及采购方看成一个整体,作为贷款企业。那么物流公司预支的货款可以看成是贷款,而交由物流公司承运的货物就是质押物,在货物交由采购方提货并付款之前存在采购方的违约风险,贷款的收益就是全额货款在沉淀期内的价值,由此可以将垫资—代收货款服务模式看成一般的存货质押贷款。

学习单元二 替代采购业务模式操作与管理

一、替代采购的业务模式

替代采购业务根据是否有金融机构参与分为物流企业主导的替代采购业务模式和金融机构参与的替代采购模式。

1.物流企业主导的替代采购模式

替代采购类似于集中采购,由物流企业将各个分散中小采购商的采购信息集中起来,中小采购商按比例支付一定的首付货款(如 30%)给物流企业,由物流企业跟供应商谈判,通过手中握有的批量订单获得一定的话语权,通过更低的采购成本采购商品,然后商品进入物流企业的仓库,中小采购商再向物流企业购买,其运作流程如图 2-5 所示。

图 2-5 替代采购业务操作流程示意图

物流企业主导的替代采购模式的业务流程:

(1)由第三方物流公司代替借款企业向供应商采购货品并获得货品所有权;

(2)第三方物流公司垫付扣除物流费用的部分或者全部货款;

(3)借款企业向物流公司提交保证金;

(4)物流公司根据借款企业提交保证金的比例释放货品;

(5)第三方物流公司与供应商结清货款。

在物流公司的采购过程中,如果物流公司的资金充足可以以现金支付采购货款,如果物流公司资金不足可以向供应商开具商业承兑汇票并按照借款企业指定的货物内容签订购销合同,物流公司同时负责货物运输、仓储、拍卖变现,并协助客户进行流通和销售。除了供应商与借款企业签订的购销合同之外,第三方物流公还应该与供应商签订物流服务合同,在该合同中供应商应无条承担回购义务。

2.金融机构参与的替代采购模式

该模式中金融机构参与进来,与物流企业合作,由物流企业负责具体的物流作业如采购、运输和仓储,而资金流则通过金融机构,由金融机构替采购商向供应商支付采购货款,具体操作流程如图2-6所示。

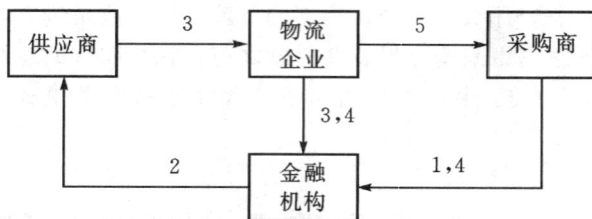

图2-6 金融机构参与的替代采购业务流程图

金融机构参与的替代采购模式的业务流程如下:
(1)采购商向金融机构支付一定比例的采购货款,一般为30%;
(2)金融机构向供应商支付全额货款;
(3)供应商将货物交给其指定的物流企业,由物流企业核对货物信息并告知金融机构;
(4)采购方向金融机构还款,金融机构通知物流企业按还款比例放货;
(5)物流企业按还款比例向采购商放货。

知识链接

商业承兑汇票

商业承兑汇票是由一个单位自己签发的,委托付款人在指定日期无条件支付确定的金额给收款人或者持票人的票据(见图2-7)。商业承兑汇票是由银行以外的付款人承兑。商业承兑汇票按交易双方约定,由销货企业或购货企业签发,但由购货企业承兑。

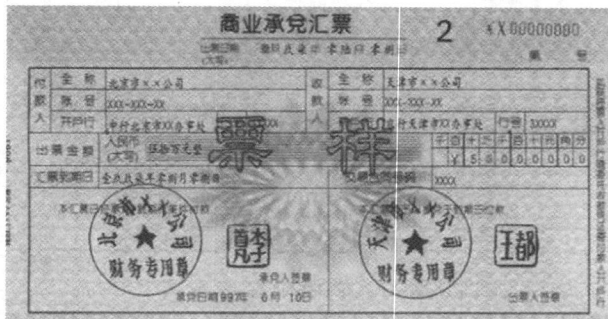

图2-7 商业承兑汇票票样

其特点如下：

(1)商业承兑汇票的付款期限,最长不超过 6 个月;

(2)商业承兑汇票的提示付款期限,自汇票到期日起 10 天;

(3)商业承兑汇票可以背书转让;

(4)商业承兑汇票的持票人需要资金时,可持未到期的商业承兑汇票向银行申请贴现;

(5)适用于同城或异地结算。

二、替代采购模式下各方的益处

第三方物流企业的加入,既可以消除供应商资金积压的困扰,又可以解决借款企业因资金不足而无法生产或无法扩大生产的困境,使两头的企业因为有物流公司的参与而解决各自的困难。

1.对于物流企业

通过开展此项业务,物流公司可以将客户与自己的利害关系连在一起,你中有我,我中有你,客户群的基础就会越来越稳固,有了更加稳定的客户源也就有了更加稳定的利润源。

对第三方物流公司而言,当物流公司代替借款企业向供应商采购货品时,物流企业首先代借款企业预付一半货款;当借款企业取货时则交付给物流企业全部货款。物流企业在将另一半货款交付给供应商之前,产生了一个资金运动的时间差,即这部分资金在交付前有一个沉淀期。在资金的这个沉淀期内,物流公司等于获得了一笔不用付息的资金。物流公司可以利用这一不用付息的资金从事贷款,而贷款对象仍为物流公司的客户或与物流公司业务相关的主体。在这里,这笔资金不仅充当交换的支付功能,而且具有了资本与资本运动的含义,而且这种资本的运动是紧密地服务于业务链的运动的。

2.对借款企业

此项业务的开展有效地解决了融资难的问题,利于企业长期稳定的发展。但另一方面,此项业务的开展,对借款企业来说,必须依赖第三方物流公司,由物流公司代替自己采购货品,那么就必须选择有一定实力的物流公司开展合作。虽然借款企业必须依赖第三方物流公司开展业务,但正是由于有第三方物流公司的参与,使借款企业的产、供、销活动没有后顾之忧,而且还能将有限的精力和资金投放在产品的生产和销售上,这也有利于此项业务的顺利实施。

3.对于供应商

通过此种模式,供应商可以批量销售商品,节省了与各分散的采购方的谈判成本和时间成本,有利于企业安排合理的生产和采购计划。

三、替代采购模式的主要风险分析

替代采购业务最大的威胁是货物的流通销售环节,也即商品的变现环节。那么,开展此项业务对商品品种就应该有所选择,必须选择那些市场销路好、价格相对稳定的商品。这样的话,即使因为借款企业本身的原因而导致商品无法顺利销售时,物流公司也能将库存商品按自己的销售渠道销售出去,从而将损失减到最小,并且物流公司还能在借款企业的销售过程中,协助借款企业进行销售。所以,站在供应链的角度考虑,要达到共赢,最重要的是合作的三方共同努力,将最终的商品销售出去变现,遇到困难能从供应链共赢的角度出发,而不是只考虑自身的利益。

案例 2-2

代采购助力企业加快成长

传统意义上的物流只是一个运输与保管过程,眼下,山东一些企业积极探索物流与金融的融合,用新的融资方式,来降低企业成本,提升物流业价值,不仅实现生产企业与物流企业的双赢,也为山东扩大动产质押融资规模提供了新模式。

据相关报道,临沂的华派克物流公司过去一直提供的是仓储服务,周边不少塑料加工企业采购的原料,都存放在那里。后来,华派克改变了模式:不再只是一个大仓库,现在由华派克统一采购原料,企业使用时,再从华派克的仓库中运走。由于该企业一次采购量比较大,所以具备一定的话语权。"我们以这个6094牌号为例,今天中石化在国内的出厂价,基本上是维持在(每吨)11900~12000元,而我们今天的销售价格是11550元,每吨就要低四五百块钱",该企业总经理说。不仅价格低,更重要的是企业资金占用少。和过去买原料要付全款相比,现在塑料加工企业只要拿出30%的采购款作为首付,其余的货款由银行垫付。当企业从华派克仓库领取原料时,领多少材料,还多少贷款。

华派克物流公司替代采购业务的对比如图2-8所示。

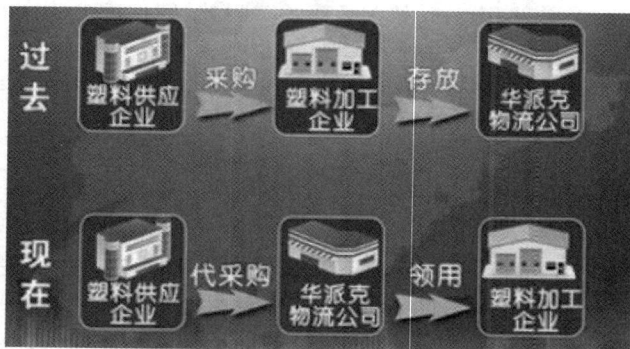

图2-8 华派克物流公司替代采购业务

临沂天勤塑业公司总经理表示,如果企业直接从银行贷款,因为没有抵押根本贷不出来。通过华派克这个平台,不仅贷出来了,而且是用基准利率贷出来的,资金成本很低。一个月就能个减少我们流动资金占用100多万。现在,已经有1000多家小微企业通过华派克采购原料,每个月塑料进出超过5万吨,每年为小微企业融资5亿元。

山东华派克物流公司总经理说:我们和企业实现了共赢,在降低它们成本的同时,也提高了我们自身的收益。每年能给企业带来增收5000多万元。和作为"担保人"的角色相比,物流企业"监管人"的作用更突出。因为流动快、监管难,原材料和产品等动产往往不是理想的抵押物,但它们大部分时间却都处于物流公司的监管下。在淄博保税物流园,这里的物流公司与银行合作,承担起第三方监管责任,为企业的动产抵押增加了安全保障。目前,淄博保税物流中心已经累计实现监管货值15亿美元。我们等于是建了一个信贷交易平台,银行和企业在这个平台上自由对接,就银行来讲,是由高风险业务变成了低风险业务,对企业来讲,是"死钱"变成"活钱",淄博保税物流有限公司副总经理这样表示。

最近几年,山东金融机构大力发展的动产质押业务,正让物流和金融的融合提速。2014年上半年,全省累计发放动产质押贷款超过200亿元,有效缓解了中小企业融资难题。

情境小结

本情境介绍了物流金融结算融资业务中的代收货款与垫付货款业务模式和替代采购业务模式,详细介绍了两种结算融资业务的操作流程并分析了操作过程中可能存在的风险,同时提出了风险的防范策略。

实训项目

1. 训练目标:通过调查电商企业和快递企业了解代收货款的业务内容及业务流程。

2. 训练内容:电商企业A将物流服务委托给快递企业B,同时由快递企业B代其向客户收取货款,并在一定的时间内将货款划转给电商企业A。请设计一份电商企业A与快递企业B的合作协议,内容涉及物流服务和代收货款等条款。

3. 实施步骤:

(1)借助于实地调研、网络、电话或者传真等手段调查了解电商企业的服务需求与快递企业的代收货款业务;

(2)以4～6人小组为单位进行操作,并确定组长为主要负责人;

(3)搜集资料,将各个环节操作流程、内容和工作要点填入下表,完成工作计划表;

序号	工作名称	工作内容	工作要点	责任人	完成日期

(4)组织展开讨论,设计合作协议;

(5)整理资料,撰写报告并制作PPT进行汇报。

4. 检查评估:

能力		自评（10%）	小组互评（30%）	教师评价（60%）	合计
专业能力（60分）	1. 调查结果的准确性(10分)				
	2. 业务内容的准确性(10分)				
	3. 业务流程操作的准确性(10分)				
	4. 调查表格或调查提纲设计的合理性(10分)				
	5. 总结报告的撰写或PPT制作(20分)				

	能力	自评 (10%)	小组互评 (30%)	教师评价 (60%)	合计
方法能力 (40分)	1.信息处理能力(10分)				
	2.表达能力(10分)				
	3.创新能力(10分)				
	4.团体协作能力(10分)				
	综合评分				

思考与练习

1. 简述垫资—代收货款业务运作流程。

2. 简述替代采购模式下各参与方的益处。

学习情境三
质押融资业务模式操作与管理

学习单元一 仓单质押融资业务模式操作

一、仓单

1.仓单的含义

仓单是指仓储保管人在与存货人签订仓储保管合同的基础上,按照行业惯例,以表面审查、外观查验为一般原则,对存货人所交付的仓储物品进行验收之后出具的记载仓储货物所有权的唯一合法的物权凭证,仓单持有人随时可以凭仓单直接向仓储方提取仓储货物。

2.仓单类型

(1)通用仓储仓单:用于普通仓储业务中的仓单。仓储物的出库单、入库单都视为仓单。

(2)金融仓储仓单:用于企业融资货物质押、货物转让、期货交割的仓单,与货物共同整进整出的仓单。

3. 仓单要素

仓单必备要素的内容及用语如表3-1所示。

表3-1 仓单必备要素的内容及用语

要素类型	序号	要素内容	可选择用语	填写要求
必备要素	(1)	"仓单"字样	仓单	
	(2)	凭证权利提示	凭单提货	
	(3)	仓单编号	编号、No.	
	(4)	仓单填发日期	填发日期	大写
	(5)	存货人名称	存货人	实名全称
	(6)	保管人名称	保管人、签发人	实名全称,可置于仓单顶部并使用保管人或签发人标志
	(7)	仓储物名称	名称、品种	
	(8)	仓储物数量	数量	

要素类型	序号	要素内容	可选择用语	填写要求
必备要素	（9）	仓储物计量单位	单位	宜采用 GB 3101、GB 3102 中规定的法定计量单位
	（10）	仓储物包装	包装	
	（11）	仓储场所	地址	
	（12）	保管人签章	保管人签章	

仓单可选要素的内容及用语如表 3－2 所示。

表 3－2　仓单可选要素的内容及用语

要素类型	序号	要素内容	可选择用语	填写说明
可选要素	（1）	存货人住所	住所	
	（2）	仓储物规格	规格、产地、生产厂家、生产日期、等级、含量	
	（3）	仓储物标记	标记、商标	
	（4）	仓储物价格	单价、金额、货值	
	（5）	储存期间	储存期、储存时间	
	（6）	仓储物损耗标准	损耗标准	
	（7）	仓储物保险金额	保险金额	
	（8）	仓储物保险期间	保险期间	
	（9）	仓储物保险人名称	保险人	
	（10）	货品编码	货品编码、商品编码	
	（11）	仓单经办人	经办、填发、记帐、复核	
	（12）	仓单被背书人	被背书人	采用电子化仓单的企业，应在系统内保留连续背书的记录，并可供查询确认
	（13）	仓单背书人签章	背书人签章	
	（14）	仓单背书保管人签章	保管人签章	
	（15）	仓单持有人提示取货签章	仓单持有人提示取货签章	
	（16）	仓单持有人证件号码	证件号码	
	（17）	仓储费率	仓储费率	
	（18）	"保兑"字样	保兑	应印制在正本提货联正面显著位置
	（19）	仓单保兑人签章	保兑人	实名全称
	（20）	关联仓储合同	关联合同号	
	（21）	附件	附件	粘贴在指定处，加盖骑缝章
	（22）	其他要素	根据业务需要选用	其他要素的选用与填写不应违反本标准要求

可选要素中序号为（12）（13）（14）（15）（16）（17）的项目应作为可转让、质押仓单的必选要素

4. 仓单生效的条件

（1）保管人须在仓单上签字或者盖章。

保管人在仓单上签字或者盖章表明保管人对收到存货人交付仓储物的事实进行确认。保管人未签字或者盖章的仓单说明保管人还没有收到存货人交付的仓储物，故该仓单不发生法律效力。当保管人为法人时，由其法定代表人或其授权的代理人及雇员签字；当保管人为其他经济组织时，由其主要负责人签字；当保管人为个体工商户时，由其经营者签字。盖章指加盖保管人单位公章。签字或者盖章由保管人选择其一即可。

（2）仓单须包括一定的法定必要记载事项。

依《中华人民共和国合同法》第 386 条的规定，仓单的法定必要记载事项共有八项，具体内容如下：

①存货人的名称或者姓名和住所。仓单是记名证券，因此应当记载存货人的名称或姓名和住所。

②仓储物的品种、数量、质量、包装、件数和标记。在仓单中，有关仓储物的有关事项必须记载，因为这些事项与当事人的权利义务直接相关。有关仓储物的事项包括仓储物的品种、数量、质量、包装、件数和标记等。这些事项应当记载准确、详细，以防止发生争议。

③仓储物的损耗标准。仓储物在储存过程中，由于自然因素和货物本身的自然性质可能发生损耗，如干燥、风化、挥发等，这就不可避免地会造成仓储物数量上的减少。对此，在仓单中应当明确规定仓储物的损耗标准，以免在返还仓储物时发生纠纷。

④储存场所。储存场所是存放仓储物的地方。仓单上应当明确载明储存场所，以便存货人或仓单持有人能够及时、准确地提取仓储物。同时，也便于确定债务的履行地点。

⑤储存期间。储存期间是保管人为存货人储存货物的起止时间。储存时间在仓储合同中十分重要，它不仅是保管人履行保管义务的起止时间，也是存货人或仓单持有人提取仓储物的时间界限。因此，仓单上应当明确储存期间。

⑥仓储费。仓储费是保管人为存货人提供仓储保管服务而获得的报酬。仓储合同是有偿合同，仓单上应当载明仓储费的有关事项，如数额、支付方式、支付地点、支付时间等。

⑦仓储物已经办理保险的，其保险金额、期间以及保险人的名称。如果存货人在交付仓储物时，已经就仓储物办理了财产保险，则应当将保险的有关情况告知保管人，由保管人在仓单上记载保险金额、保险期间以及保险公司的名称。

⑧填发人、填发地点和填发时间。保管人在填发仓单时，应当将自己的名称或姓名以及填发仓单的地点和时间记载于仓单上，以便确定当事人的权利义务。

其中：存货人的名称或者姓名和住所，仓储物的品种、数量、质量、包装、件数和标记，储存场所，填发人、填发地和填发日期四项为绝对必要记载事项，不记载则不发生相应的证券效力。其余四项属于相对必要记载事项，如当事人不记载则按法律的规定来处理。

仓单联数应为三联，包括会计记帐联、正本提货联和会计底卡联。常见的通用仓储仓单和金融仓储仓单（详见如下示样）。开展仓单质押融资模式中的仓单应指金融仓单。

通用仓储仓单正面（此仓单背面无内容）：

凭单提货

×××公司仓单

填发日期（大写）　　年　　月　　日　　　　　　NO._____

存货人：_____　　　　账号：_____

储存期：_____至_____　　　　仓库地址：_____

仓储物名称	规格	单位	数量	包装	体积	重量	备注
货值合计金额（大写）　　　　　　　　　　　　　　¥（小写）							

正本提货联

保管人（签章）

注：仓储物（已/未）办理保险，
保险金额¥_____元，
保险期限_____，保险人：_____。

记账：　　　　　　　复核：

----------------骑缝章加盖处----------------

（附件粘贴处）

金融仓储仓单正面：

凭单提货

×××公司仓单

填发日期（大写）　　年　　月　　日　　　　　NO. _____

存货人：_____　　　　账　号：_____

储存期：_____至_____　　仓库地址：_____

仓储物名称	规格	单位	数量	包装	标记	仓储费率	备注

货值合计金额（大写）　　　　　　　　　　　　　¥（小写）

正本提货联

保管人（签章）

保险期限_____，

记账：　　　　　　　　复核：

注：仓储物（已/未）办理保险，

保险金额¥_____元，

保险人：_____。

-----------骑缝章加盖处-----------------------------------

（附件粘贴处）

仓单背面：

被背书人	被背书人	被背书人
背书人签章 年　月　日	背书人签章 年　月　日	背书人签章 年　月　日
保管人签章 年　月　日	保管人签章 年　月　日	保管人签章 年　月　日

贴粘单处

持单人向公司　　　　　　　　身份证件名称：

提示取货签章：　　　　　　　号　　　码：

发 证 机 关：

二、质押

(一)质押的含义

质押是指债务人或第三人将其动产或有价证券、知识产权等权利凭证,移交债权人占有,作为债务人履行债务的担保。债务履行期届满,债务人不履行债务的,债权人有权依照法律规定,对质押的财产折价、拍卖、变卖或者行使证券权利、知识产权,以所得价款或者以依法取得的财产,使自己的债权优先受偿。

在质押法律关系中,主体是出质人、质权人,客体是动产和适于质押的权利,内容是指主体双方的权利义务。

(二)质押关系中的当事人

1.出质人

(1)债务人。债务人是指主债的当事人。一般情况下,先履行义务方在不能肯定对方也能完全履行义务时,可要求对方提供担保。质押是担保的一种,向主债的对方当事人提供担保的一方属于后履行义务或履行义务能力弱者,在质押关系中称之为债务人。

(2)第三人。第三人是与主债的债务人之间有长期或临时的合作关系,彼此订有提供动产质押协议。该协议中第三人是义务方,主债的债务人是受益人,当需要承担担保义务时,由第三人代为履行,第三人以其质物价值补偿债权人后,再请求债务人补偿质物的价值。第三人财产押合同的当事人通常涉及三人法律关系:主债法律关系、担保法律关系和追偿法律关系。

2. 质权人

质权人是指主债的一方当事人,由其先履行义务,或者履行义务的能力明显较对方强,所以称之为债权人;债权人接受对方提供的财产或权利质押,享有质押的担保权利,所以称为质权人。质权人在债务人不履行主债的义务时,有权以质物折价或者拍卖、变卖所得价款赔偿自己的损失。

3. 质物

质物是指出质人向质权人提供的担保财产。这些财产是民事诉讼法规定可以强制执行的动产,不包括房屋等建筑物和土地使用权,也不包括属于个人生活必需品。前者属于抵押担保范围,后者属于法律规定不可强制执行的财产。

(三)可质押的财产和权利

1. 可质押的财产

可质押的财产主要包括:民事诉讼法规定可以强制执行的动产,不包括房屋等建筑物和土地使用权,也不包括个人生活必需品。前者属于抵押担保范围,后者属于法律规定不可强制执行的财产。

2. 可质押的权利

《中华人民共和国担保法》第 75 条规定,以下权利可以质押:

(1)汇票、本票、支票、债券、存款单、仓单、提单;

(2)依法可以转让的股份、股票;

(3)依法可以转让的商标专用权、专利权、著作权中的财产权;

(4)依法可以质押的其他权利。

(四)质押的种类

按照质物种类不同,质押可分为动产质押和权利质押。

1. 动产质押的概念及法律性质

(1)动产质押的概念。

《中华人民共和国担保法》第 63 条规定,本法所称动产质押,是指债务人或者第三人将其动产移交债权人占有,将该动产作为债权的担保。债务人不履行债务时,债权人有权依照本法规定以该动产折价或者以拍卖、变卖该动产的价款优先受偿。

(2)动产质押的法律性质。

动产质押的法律性质具体如下:

①担保的财产是动产,动产在法律上的含义是指可以随意移动的有使用价值和市场价值的财产,不包括房屋等建筑物和土地使用权,也不包括各种有价证券和无形财产权利。

②质权人对质押财产(质物)只有占有权,没有使用权。

③质权人对质物没有所有权,但在满足担保条件时,有权处分质物,并以处分所得价款优先受偿。

2.权利质押的概念与特征

(1)权利质押的概念。

权利质押是指以权利为标的而设立的质押。权利质押与动产质押一样,成为质押的主要形式。

(2)权利质押的特征。

权利质押具有以下几大特点:

①作为质物的财产不是实体物,而是一种权利,出质人交付息只是一种权利凭证。

②作为质物的权利必须是可转让的财产权。

③权利质押的质物有限制,并非任何权利都可质押。

④有些权利质押合同的生效必须经过登记,否则无效。

(3)权利质押的客体。

权利质押的客体就是指可以充当权利质押合同标的财产,由于权利一般记载于一定的文件中,和登记在权威方监管的财产档案中,权利质押必须严格遵守法律的规定才能使权利质押的客体合法化,并使这些权利发挥积极的社会意义。

《中华人民共和国担保法》第75条规定,汇票、支票、本票、债券、存款单、仓单、提单可以质押,这七种单据都属于有价证券,分别由银行、公司等机构开出,只要到期就能变现成现金,或由持票人将票据所代表的财产提走。在未到期前,这些票据单证可以贴现或折价转让,持票人要提前获得资金就可能有一些利息损失。所以有些持票人不愿意贴现,也不愿意转让这些有价证券,而是采用质押形式将这些证券交付给债权人保管,并取得一定资金的效益。债权人因为拥有有价证券的占有权,其债权得到最充分的保障,也很愿意接受这种担保,这是最常见的权利质押。

知识链接

质押与抵押的区别

质押和抵押的根本区别在于是否转移担保财产的占有。

抵押不转移对抵押物的占管形态,仍由抵押人负责抵押物的保管;质押改变了质押物的占管形态,由质权人负责对质押物进行保管。一般来说,抵押物毁损或价值减少,由抵押人承担责任,质押物毁损或价值减少由质押权人承担责任。债权人对抵押物不具有直接处置权,需要与抵押人协商或通过起诉由法院判决后完成抵押物的处置;对质押物的处置不需要经过协商或法院判决,超过合同规定的时间质权人就可以处置。质押贷款与抵押贷款,道理是一样的。

三、仓单质押

(一)仓单质押的含义

仓单质押是以仓单为标的物而成立的一种质权。仓单质押作为一种新型的服务项目,为仓储企业拓展服务项目,开展多种经营提供了广阔的舞台,特别是在传统仓储企业向现代物流企业转型的过程中,仓单质押作为一种新型的业务应该得到广泛应用。

(二)仓单质押的性质

仓单质押为动产质押还是权利质押,学术上有不同的看法。从《中华人民共和国担保法》的规定看,仓单质押是规定在权利质押中的。《中华人民共和国担保法》第75条规定下列权利可以质押：

(1)汇票、支票、本票、债券、存款单、仓单、提单；

(2)依法可以转让的股份、股票；

(3)依法可以转让的商标专用权、专利权、著作权中的财产权；

(4)依法可以质押的其他权利。

由此可见，仓单质押应为权利质押的一种。根据《中华人民共和国合同法》第387条的规定，出质人背书并经保管人签字或盖章，可以转让提取仓储物的权利。在仓单质押中，提取仓储物的权利是仓单质押的标的权利。

(三)仓单质押的效力

1.仓单质押对质权人的效力

(1)仓单留置权。

仓单设质后，出质人应将仓单背书并交付给质权人占有。债务人未全部清偿以前，质权人有权留置仓单而拒绝返还之。依质权一般法理，质权人对标的物的占有乃质权的成立要件，而质权人以其对标的物的占有在债务人未为全部清偿之前，得留置该标的物，其目的在于迫使债务人从速清偿到期债务。

这种留置在动产质权表现得最为明显，因为动产质押的质权人直接占有设质动产，当债务人不能清偿到期债务时，质权人当然首先留置其所占有的动产，从而才能将该动产变价并优先受偿。而在仓单质押中，质权人占有的是出质人交付的仓单而并不是直接占有仓储物。但是，仓单是提取仓储物的凭证，因此仓单质押的质权人在债务人不能清偿到期债务时留置仓单，就可以凭其所占有的仓单向保管人请求提取仓储物而进行变价并优先受偿届期债权。

(2)质权保全权。

仓单设质后，如果因出质人的原因而使仓储物有所损失时，会危及质权人质权的实现，于此情形下，质权人有保全质权的权利。《中华人民共和国合同法》第388条规定："保管人根据存货人或者仓单持有人的要求，应当同意其检验仓储物或者提取样品。"第389条规定："保管人对入库仓储物发现有变质或者其他损坏的，应当及时通知存货人或者仓单持有人。"

从这两条规定并结合《中华人民共和国担保法》的有关规定，可以认为：仓单设质后，因质权人依法占有仓单，因此质权人有权依照《合同法》的有关规定向仓储物的保管人请求检验仓储物或者提取仓储物的样品，保管人不得拒绝，并且无须征得出质人的同意。质权人在检验仓储物或者提取仓储物的样品后，发现仓储物有毁损或者灭失之虞而将危害质权的，质权人得与出质人协商由出质人另行提供足额担保，或者由质权人提前实现质权，以此来保全自己的质权。

(3)质权实行权。

设定质权的目的在于担保特定债权能够顺利获得清偿，因此在担保债权到期而未能获得清偿时，质权人自有实现质权的权利，以此为到期债权不能获如期清偿的救济，从而实现质押担保的目的，这也是仓单质押担保权利人的最主要权能。仓单质押的质权实行权包括两项：一为仓储物的变价权，二为优先受偿权。

(4)质权人的义务。

质权人的义务主要包括保管仓单和返还仓单。在前者，因为仓单设质后，出质人要将仓单背书后交付给质权人占有,但质权人对仓单的占有,因有出质背书而取得的仅为质权,而非为仓储物的所有权。故而因质权人原因而致仓单丢失或者为其他第三人善意取得,就会使出质人受到损害,因此,质权人负有妥善保管仓单的义务。至于后者,乃为债务人履行了到期债务之后,质权担保的目的既已实现,仓单质押自无继续存在的必要和理出,质权人自当负有返还仓单的义务。

2.仓单质押对出质人的效力

仓单质押对出质人的效力主要表现为其对仓储物处分权受有限制。仓单作为一种物权证券,是提取仓储物的凭证,取得仓单意味着取得了仓储物的所有权。但仓单一经出质,质权人即占有出质人交付的仓单,此时质权人取得的并不是仓储物的所有权而仅为质权;对于出质人,因其暂时丧失了对仓单的占有,尽管其对仓储物依然享有所有权,但若想处分该仓储物,则势必会受到限制。出质人若想对仓储物进行处分,应当向质权人另行提供相应的担保,或者经质权人同意而取回仓单,从而实现自己对仓储物的处分权。在前者,表现为仓单质押消灭;在后者,表明质权人对债务人的信用持信任态度而自愿放弃自己债权的担保,法律自无强制的必要。如果此项处分权不受任何限制,则质权人势必陷入无从对质押担保标的物的交换价值进行支配的境地,从而该项权利质权的担保机能便因此而丧失殆尽。

3.仓单质押对保管人的效力

(1)保管人负有见单即交付仓储物的义务。

仓单是提取仓储物的凭证,仓单持有人可以凭借所持有的仓单向保管人请求交付仓储物,而保管人负有交付仓储物的义务。因而,在仓单质押中,当质权人的债权到期不能获清偿时,质权人便可以向保管人提示仓单请求提取仓储物,从而实现仓单质押担保。从此意义上讲,仓单质押的效力及于保管人。

(2)保管人享有救济权。

依合同法原理,仓单持有人提前提取仓储物的,保管人不减收仓储费。因此,质权人在实现质权时,尽管仓储期间尚未届满,保管人也不得拒绝交付仓储物。但是,如果出于质权人提前提取仓储物而尚有未支付的仓储费的,保管人得请求质权人支付未支付的仓储费。当然,质权人因此而为的支出应当在仓储物的变价之中扣除,由债务人最后负责。若质权实行时,仓储期间业已届满,保管人亦享有同样的救济权,由质权人先支付逾期仓储费,债务人最后予以补偿。

四、仓单质押融资

(一)仓单质押融资的含义

仓单质押融资是指申请人将其拥有完全所有权的货物存放在银行指定的仓储公司,并以仓储公司出具的仓单在银行进行质押作为融资担保,银行依据质押仓单向申请人办理贷款,用于经营与仓单货物同类商品专项贸易的短期信贷业务。

(二)仓单质押融资的特点

仓单质押融资的主要特点有以下几个方面:

(1)仓单质押融资与特定的生产贸易活动相联系,是一种自偿性贷款。一般地,贷款随货物的销售实现而收回,与具有固定期限的流动资金贷款、抵押贷款相比,周期短、安全性高、流动性强。

(2)适用范围广。仓单质押融资既适用于商品流通企业,也适用于各种生产企业,能够有效地解决企业融资担保难的问题。当企业缺乏合适的固定资产作抵押,又难以找到合适的保证人提供担保时,可用自有存货的仓单作为质押申请贷款。

(3)质押物受限制程度低。与固定资产抵押贷款不同,质押仓单项下货物受限制程度较低,货物允许周转,通常可以采取以银行存款置换仓单和以仓单置换仓单两种方式。质押物受限制程度低,对企业经营的影响也较小。

(4)仓单质押融资业务要求银行有较高的风险监控能力和操作技能。在仓单质押融资业务中,质押物的管控非常重要,由于银行一般不具有对实物商品的专业管理能力,就需要选择有实力、信誉高的专业仓储公司进行合作。同时,银行需要确认仓单是否是完全的货权凭证、银行在处理仓单时的合法地位、质押物物价值的评估等问题。

(三)仓单质押融资的操作流程及要点

1.仓单质押融资的操作流程

(1)货主(借款人)与银行签订《银企合作协议》《账户监管办议》。

(2)仓储企业、货主和银行签订《仓单质押监管协议》。

(3)仓储企业与银行签订《不可撤销的协助行使质押权保证书》。

(4)货主按照约定数量送货到指定的仓库,仓储企业接到通知后,经验货确认后开立专用金融仓单;货主当场对专用仓单作质押背书,由仓库签章后,货主交付银行提出仓单质押贷款申请。

(5)银行审核后,签署贷款合同和仓单质押合同,按照仓单价值的一定比例放款至货主在银行开立的监管账户。

(6)贷款期内实现正常销售时,货款全额划入监管账户,银行按约定根据到账金额开具分提单给货主,仓库按约定要求核实后发货;贷款到期归还后,余款可由货主(借款人)自行支配。

(7)银行划扣相应的保证金或收贷后签发《提货通知书》。

(8)物流监管方凭银行签发的《提货通知书》给予办理相关质押物的放行手续,同时签发《提货通知单回执》并送达银行。

仓单质押融资的基本操作流程如图 3-1 所示。

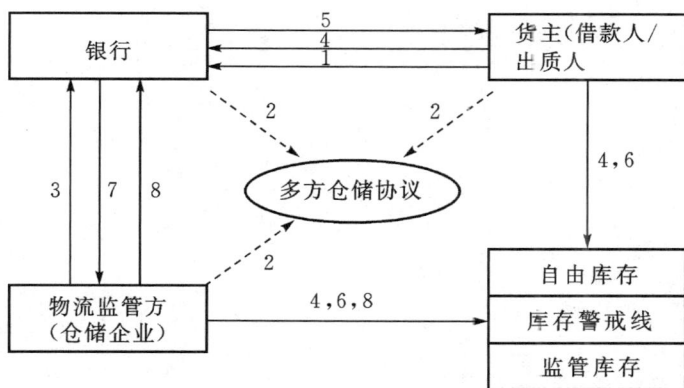

图 3-1 仓单质押融资操作流程图

其中所涉及的相关协议详见附录 1,保证书及提货通知书等示样如下:

不可撤销的协助行使质押权保证书

_____（质押权人）

为保证双方《仓储协议》的顺利履行及质押权人的权利能得到实现，我公司特向贵方承诺如下：

1. 保证仓单与商品存储情况相符、手续齐备，加强对质押货物的监管，发现仓储货物变质或损坏时及时通知贵方；

2. 质押期间无贵方同意不向借款人或任意第三人发货；

3. 我公司权利协助贵方行使质押权，不以存货方未付有关保管为由阻挠、干涉、妨碍贵方行使质押权；

4. 客户提货应在贵方的监管下采取仓单提货，见单即交付仓储货物；

5. 当贵方提出检验仓储物或提取样品时，我公司不得拒绝，将全力配合协助。

保证人：_____

追加质物/保证金通知书

编号：_____

致_____（出质人）：

截至本通知书出具之日，贵公司所提供的货物市场价格与仓单质押成立时货物的价格相比较跌幅大于5%，贵公司应在本通知书发出之日起五日内按照市价跌幅的比率向我行追加保证金或追加质物；若本通知书发出五个工作日内贵公司不能追加质物或者提供新的担保，或者发出通知后质物价格继续下跌，总跌幅超过10%且贵公司未追加质物或者提供新的担保的，视为贵公司在整个融资额度项下的违约，我行有权行使不安抗辩权、宣布融资额度提前到期，并要求贵公司提前偿还已使用额度。

质权人：（预留印鉴）_____ _____年___月___日

追加质物/保证金通知书（回执）

致：_____（质权人）

我公司已收到上述编号为_____的《追加质物/保证金通知书》。

出质人：（预留印鉴）_____ _____年___月___日

费用约定书

根据编号为_____《仓单质押监管合作协议》的约定,甲、乙、丙三方一致同意由乙方(出质人)承担丙方(保管人)对本协议项下货物实施监管而发生的全部费用。

收费标准为:_____

_____

支付时间为:_____

_____

支付方式为:_____

_____

乙方应按照约定按时全额支付丙方全部费用,否则丙方有权行使本协议下规定的权利。若乙方未能按照约定按时全额支付丙方费用,甲方(质权人)有义务督促乙方支付。

质权人:

_____ 年_____月_____日

出质人:

_____ 年_____月_____日

保管人:

_____ 年_____月_____日

印鉴式样

（三方当事人预留印鉴应准确完整填写）

甲方、乙方和丙方签发本协议所列附件的印鉴式样及相关约定如下：

甲方指定其工作人员_____（办公电话为：_____、移动电话为_____、传真电话为_____）为本协议项下柜关事务的联系人，通信地址及邮政编码为_____，其签名式样及甲方的印鉴式样为：

_____

乙方指定其工作人员_____（办公电话为：_____、移动电话为_____、传真电话为_____）为本协议项下相关事务的联系人，通信地址及邮政编码为_____，其签名式样及乙方的印鉴式样为：

_____

丙方指定其工作人员_____（办公电话为：_____、移动电话为_____、传真电话为_____）为本协议项下相关事务的联系人，通信地址及邮政编码为_____，其签名式样及丙方的印鉴式样为：

_____

提 货 通 知 书

编号：_____

_____ 公司（物流监管方）：

　　根据我行与贵公司及_____公司（购货商）签订的编号为_____的《仓单质押融资协议》及编号为_____《购销协议》约定，经本行审查，同意_____公司（购货商）向贵公司提取数量为_____的（商品）_____，其金额为（大写）_____，请贵公司予以审核按此金额为限（明细如下）办理发货手续。

　　到本次发货通知书（含本通知书）为止，本行通知贵公司向购货商发货的累计金额为（大写）_____。

货物明细：

名称	规格	重量	数量	金额	相关凭证号	备注

　　此次提货经办人为：_____，身份证号码为：_____。

_____银行

（预留印鉴）

有权签字人：

提货通知书收到确认函

编号：_____

_____银行：

我公司于____年____月____日收到贵行出具的编号为_____《购销协议》项下编号为_____的《提货通知书》，我公司审核后将按《提货通知书》中告之的_____元限额（明细如下）发货。

货物明细：

名 称	规 格	重 量	数 量	金 额	相关凭证号	备 注

特此确认。

_____公司

（预留印鉴）

有权签字人：

年　　月　　日

2.仓单质押融资业务操作要点

(1)仓单质押期间,如发生货物被查封、扣押或变质、毁损等情况,监管方(物流企业)应立即通知银行和贷款企业并采取有效措施防止损失扩大。

(2)监管方(物流企业)应无条件接受银行等金融机构对货物的勘验、检查、查询,在依法行使质权时,监管费(物流企业)承诺予以协助、配合并提供便利。

(3)未经银行等金融机构的书面同意,监管方(物流企业)不得以任何理由接受贷款企业对仓单的任何挂失、更改、注销等申请。

(4)应由贷款企业办理仓单项下货物的保险,保险费用由贷款企业负担;投保的被保险人为银行等金融机构,保险单和保险合同由银行等金融机构保管;投保的险种为企业财产一切险和其他必要的险种,投保的价值不得低于货物的价值,保险期限不得低于融资到期期限后三个月,并在偿清融资债务前连续办理保险;发生保险事故时,监管方(贷款企业)、贷款企业应当及时通知银行等金融机构;保险赔偿金直接用于偿还融资本息费用。

(5)当货物市场价格跌幅大于仓单质押监管协议规定的比例时,贷款企业应及时按照市价跌幅的比率追加保证金或追加质物;如贷款企业不能追加质物或者提供新的担保,或者发出通知后质物价格继续下跌,总跌幅超过仓单质押监管协议规定的比例时且贷款企业未追加质物或者提供新的担保的,视为贷款方在整个融资额度项下的违约,银行等金融机构有权行使不安抗辩权、宣布融资额度提前到期,并要求贷款方提前偿还已使用额度。

(6)在仓单质押融资模式中仓单项下货物的监管费、仓储费、运杂费、装卸费、检验费、印花税等因仓储保管和监管产生的相关费用一般由贷款企业承担。

(四)仓单质押融资业务运作的风险及防范

从仓单质押融资的操作程序中可以看出,仓库和银行、货主企业之间都存在着委托代理关系,一种是作为银行的代理人,监管货主企业在仓库中存储货物的种类、品种和数量等;另一种是作为货主企业的代理人管理仓库中货主企业的货物,包括管理货物的进出库,确保仓储货物的安全、防潮、防霉等。仓单质押融资存在诸如质物风险、仓单风险、客户(货主企业)资信风险和仓储企业风险,其具体内容和防范措施如下:

1.防范质物风险

(1)质押品的来源和品质的风险,选择客户要谨慎,要考察其业务能力和业务量及货物来源的合法性(走私货物和违禁物品有罚没风险),在滚动提取时提好补坏货风险,还有以次充好的质量风险。

(2)质押仓单项下的货物必须具备下列条件:

①所有权明晰;

②无形损耗小,不易变质,易于长期保管;

③市场价格稳定,波动小,不易过时;

④适应用途广,易变现;

⑤规格明确,便于计量;

⑥产品合格并符合国家有关标准。

(3)要加强对质押货物的监督管理。仓储企业在开展仓单质押业务时,一般要与银行等金融机构签订"不可撤销的协助行使质押权保证书",对质押货物的保管负责,丢失或损坏由仓库承担责任。因此,为了维护自身利益和履行对银行等金融机构的承诺,仓储企业要加强对质押货物的监管,保证仓单与货物货单一致,手续完备,货物完好无损。

(4)质物价格的确定可以根据以下多种方式判断:货物存放地的市场价;生产商与交易市场签订的代销暂定价;对于基础生产材料还可以根据互联网交易平台的报价确定。此外,还可通过分析该种货物三年来的市场价格波动情况来判定其价格折扣率。在质押合同中约定,当市价变化或者政府因素可能危及质权时,质权人可以要求出质人另行提供担保,或提前将仓单变现,优先受偿;为避免引起争议,建议在质押合同中明确约定质物下跌的具体幅度和标准,确定警戒线或处置线,质物处理前应通知出质人。

(5)如果仓单上为特定货物,应通过制定三方协议来约定不可抗力的范围,并要求企业办理相应的商业保险(企业财产一切险),指定担保公司为受益人。

(6)要选择权属清晰的商品作为质押商品。在实务操作中,部分借款企业存在代理加工或在加工过程中货物形态和属性发生变化的情况,担保公司要区分这类商品的权属存在一定的难度。一般应选择有相应进货发票、购销合同、付款凭证、质量保证书的原材料或印有借款企业自有商标的最终产成品作为质押商品。

2.控制仓单风险

仓单是唯一可质押的仓储权利凭证。出货单、存货单仅仅是仓库用于内部出入库管理的自制凭证,并不能排除仓储公司另行向存货人出具仓单的可能,故担保公司不宜接受以出货单、存货单等类似凭证进行的质押。因此,担保公司实践中要注意把握以下几方面。

(1)严格仓单质押条件。质押仓单必须具备下列条件:

①出具仓单的,原则上必须是具有一定资质的专业仓储公司;

②必须是出质人拥有完全所有权的货物的仓单,且记载内容完整。

(2)要严格审查仓单真实性、有效性、规范性,仓单上必须载明必要的记载事项,背书应明确、完整、连续。防范措施包括以下方面:

①统一规范仓单的印制、样式、类型、内容等;

②由借款企业、仓库预留印鉴(由担保公司专人当面认可)交担保公司;

③在仓单上和三方(银行等金融机构、借款企业、仓库)合作协议中明确仓单是提取仓储物的唯一凭证;

④由借款人和仓库保证仓单的真实性和有效性,否则因此产生的贷款资金风险由借款人负完全责任。

(3)加强对仓单的管理。虽然《中华人民共和国合同法》中规定了仓单上必须记载的内容:存货人的名称、住所、仓储物的品种、数量、质量、包装、件数和标记、损耗标准、储存场所、储存期间、仓储费、仓储货物保险情况、填发人、填发地点和填发时间。但目前仓单还是由各家仓库自己设计的,形式很不统一,因此要对仓单进行科学的管理,使用固定的格式,按制定方式印刷;同时派专人对仓单进行专人管理,保证仓单的真实性、唯一性和有效性。

(4)对于同一仓单项下的货物在不同时间提取的情况,要依据货主和担保公司共同签署的"专用仓单分提单"释放,同时按照仓单编号、日期、金额等要素登记明细台账,每释放一笔,就要在相应仓单下作销账纪录,直至销售完成为止。

3.防范客户(货主企业)资信风险

(1)要重点考察企业的经营能力。反映企业经营状况是否正常的最直接指标是主营业务的增长率,因此选择客户的主营业务增长率最好大于该行业的平均增长率。再者,考察客户的资产负债率,资产负债率控制在 50% 左右是财务状况稳健的表现,因此选择客户的资产负债率应小 50%。

(2)要重点考察企业的信用状况。除经济实力外,良好的信用是企业履约的必备条件。评估担保对象的信用状况主要依据担保对象的历史履约情况和履约意愿来判断,具体包括以下三个方面:

①应调查客户偿还债务的历史情况;

②分析客户在以往的履约中所表现的履约能力;

③应调查客户履约是处于自愿,还是被采取法律诉讼或其他行动的结果。凡有不良信用记录的,应杜绝与其合作。

4. 防范仓储企业风险

鉴于仓单质押贷款是以仓储企业出具的仓单为质押标的、仓单项下的货物出入库监控和保管均由仓储企业承担责任,该仓单质押贷款资金的安全很大程度上取决于对仓储企业风险的掌控。为此,对仓储企业的风险防范应把握以下几点:

(1)仓储企业应具有独立法人地位,独立承担民事责任,具备相应的资质条件;

(2)良好信誉和行业口碑,其串通借款人联合欺诈担保公司的道德风险和概率较小;

(3)仓储企业应具有较强的经济实力、具有一定偿付能力的专业仓储公司;

(4)仓储企业制度健全、管理规范,仓单管理科学严谨,所质押仓单项下的仓库管理员责任心强、作风过硬、业务能力强;

(5)仓储企业专业程度较高,具有较高的仓库管理水平和信息化水平、资产规模、具有在较大范围内对质押物进行严格监管的能力;

(6)与仓储企业签订的协议中约定,仓储企业对贷款企业留置权的行使,不应优先于质权。

案例 3-1

青岛港骗贷案始末

提到水域宽深的青岛港,业内常用四个字:口小腹大。这原本是用来形容其作为天然良港的优质特征,如今却很贴切地描述了当地发生的一宗骗贷丑闻。

在经过连日发酵后,当地大宗商品融资领域的仓单重复质押黑幕被逐一揭开。尽管传闻中背负着百亿风险敞口的十几家银行至今三缄其口,外界还是能从涉案企业的盘子观模管窥大概。"青岛港成了第二个上海钢贸圈。"此前在上海出现的钢贸信贷黑洞同样剑指仓单质押。曾是融资新宠的创新模式,为何一夜间沦为令人噤若寒蝉的银行败笔?细究之下,一条潜规则丛生的灰色利益链将银行业推向了危机深渊。

一女多嫁 银行只看出身

在香港上市的青岛港突然深陷风暴眼,被舆论视作一起有色金属融资骗贷案的事发地。始作俑者是拥有庞杂商业版图的青岛 A 公司掌舵人。东窗事发是因为 A 公司的全资子公司 B 矿业。它将一批矿石货品存于一家仓库,却"一女多嫁",从不同仓储公司处出具了仓单证明,并利用这些仓单去不同银行重复质押融得巨资。根据青岛银监局公开信息,盘子巨大的 A 公司在当地的金融授信额度就高达 148 亿元,外埠风险敞口仍在排查中。

而在业内人士眼中,仓单质押业务牵涉多头,流程上的大走捷径,也导致了风险淤积。"从标准流程看,从风险调查阶段到发放贷款阶段都有许多步骤,比方说前期要核实质押品的畅销程度、注意商品的保值性、核查存货仓库的规模和设备条件,后期要核实提货仓单正规与否,到工商局办理质押登记时,还要和贷款企业一起持仓单和进货发票办理,请工商部门一起进行评估,实行事前控制。"银行人士解释道,"但实际操作起来,银行考虑到成本和核查的难度,基本都是简化流程的"。

具体简化的方式包括筛选出一些地方政府可能为其背书的"红顶企业",而忽略了对质押品本身的充分调查。某银行从事质押品价值评估的资深人士坦言,现在银行的风险定价能力和管理技术仍然滞后,对质押贷款的违约率和违约损失率研究也不够深入,难以把握风险和收益之间的平衡,所以更依赖信用担保。

线团难解 黑色利益链错综

"常见的仓单质押是由银行统一授信给它认为靠谱的仓储公司,或者是仓储公司为企业寄存的货物提供反担保,不管哪一种,仓储公司都在港口充当着信用主体。"前述资深人士透露,"它是仓单质押业务的中间人和担保方,信用、管理水平对于维护银行和贷款企业的利益至关重要,但同时因为行业混乱度很高,非常容易结成利益同盟。"

上海国际金融学院院长、沪港金融高管联席会议理事长分析,尽管仓单质押是近几年才发展起来的银行业务,但已经迅速形成了一条利益链。"有的公司在正常运营的时候会打擦边球,通过重复质押增加融资额度,银行、仓储公司和贸易商之间是有一种潜规则的,尤其是一些银行为了追求业绩,对流动性比较好的企业放松审核。"

据了解,多数仓储公司管理粗放、设备陈旧,也未与银行联网,造成了监管脱节。有些物流企业虽然建立了仓储管理信息系统,但在客户企业资信信息集成、交换分析、业务流程监控方面仍达不到要求,尤其是在异地仓库监管的过程中,同一商品重复质押现象很常见。

"比如质押品出质后没有实施移库,仍然存放在原仓库中,就极易发生仓库重复开具仓单,使同一商品重复质押担保的情况。"一位国有银行授信业务部人士说,除了重复质押,还存在质押品被非法挪用的风险,"由于信息不对称,很难完全避免质押品未经质权人(即银行)同意而被转移,银行的质押权可能落空的情形"。

这条利益链上,银行信贷人士自身也遭遇了道德拷问。由于仓单质押贷款利率较高,部分银行信贷部同样滋生寻租。

而作为货物监管方的仓储企业除了收取传统的仓储费、货物出入库费用外,还可以拿到监管货物价值至少 0.1% 的监管费用,被许多仓储企业看作新的利润增长点。

仓储疑云 仓单格式五花八门

在青岛港曝光的骗贷案中,仓储公司角色敏感,但仍藏于公众视野背后。目前被媒体挖出的一家涉案公司是国际仓储巨头新加坡 C 集团,其为 B 矿业出具了仓单。

据公开资料,C 集团成立于 1970 年,1993 年在新加坡成功上市,2004 年被 D 集团收购并控股经营,是新加坡最大、最早的上市物流公司,在全球的主要港口城市设立的分支涵盖 40 多个国家、120 个港口和 1200 个内陆点,几乎覆盖了全球范围内的海运业务。

有分析认为,即使没有参与和贷款企业的"共谋",仓储企业至少也存在着巨大的管理漏洞。事实上,地位殊为重要的仓储业至今连正规的仓单格式都没有统一,就以金融创新之姿被广泛应用。

仓单是质押贷款和提货的凭证,是有价证券,也是物权证券,虽然《中华人民共和国合同法》中规定了仓单上必须记载的内容,但目前使用的仓单却是由各家仓库自行设计,形式很不统一,加大了银行辨识真伪和仓储企业仓单管理的难度。

因为还没有形成社会化的仓单市场,每个仓储企业开出的仓单格式、内容、合同条款彼此不统一,操作流程更是不尽相同,使仓单仅仅相当于存货凭证,不是真正意义上的有价证券,流通性非常差。

对仓储业研究颇深的一位机构分析员谏言,应该尽早建立标准仓单市场,作为在注册的标准仓库中统一的提货凭证,"实行标准仓单能够统一注册商品,统一注册运转,实现统一交割,这有利于构建统一的仓单系统"。

银行信息不共享 征信系统失效

"归根到底,这种重复质押的出现主要还是我们整个信用体系不严密,比如说一个企业到一家银行质押,只有这家银行知道,其他银行并不知道,一旦物品抵押多次,名义上银行对质押品有控制权,实质上却没有。"业界专家分析,这是因为整个银行系统的信息不对称,对客户信息的搜集、提供还不完善,存在瑕疵和不足。"整个征信系统还需要完善,企业和一家银行发生的所有交易,其他银行要能共享这些信息,虽然央行已经有了一个这样的征信系统,但只是针对信用贷款的,任何企业在一家银行发生的任何贷款,其他银行都可以查到,而质押的信息却是封闭的。"银行一方面无法通过联网信息直接获知质押品的信息,一方面又理所当然认为质押品可以提供偿还贷款的保障,导致疏于防范。

"企业信用和相关记录目前是分散在工商、税务各个不同部门中的,部门之间的信息不畅通,相当于'九龙治水'的状态,银行很难取得完整的信用记录进行有效的监督。"在银行授信业务部工作近10年的一位人员说,"最起码也应该建立统一的动产评估登记系统,结束割裂的局面,这里面就牵动着各个部门自身的利益,要有更高规格的牵头人来进行顶层设计"。

在制度安排有所改善之外,银行自己也应该增强风控意识,不能以为拿到一些简单的单据就自以为高枕无忧,这种粗放的认知模式本身是和现代商业风险意识脱节的。

五、标准仓单质押贷款业务

1.标准仓单质押贷款的含义

标准仓单质押贷款是指借款人以其自有的,经期货交易所注册的标准仓单为质押物向商业银行申请正常生产经营周转的短期流动资金贷款业务。

2.标准仓单质押贷款开展的现实需求

(1)标准仓单质押贷款是商业银行寻求新的利润增长点的内在需求。

首先,开展标准仓单质押贷款有利于商业银行规避经营风险。金融风险的存在将促进质押融资的发展,为改善信贷资产结构提供良好契机。其次,开展标准仓单质押贷款有利于商业银行拓展新的利润增长点。标准仓单具有流通性好、价值高的特点,因而,商业银行对期货市场标准仓单抱有很大的热情。

(2)仓单质押贷款业务是中小企业融资的新渠道。

长期以来由于规模较小,固定资产少,约有80%的中小企业存在贷款难和融资难的问题,探索仓单质押融资业务对帮助有产品的中小企业获得贷款。该业务打破了固定资产抵押贷款的传统思维,而且比传统的融资方式并不会大幅度增加企业融资成本。目前,标准质押产品一般要求价格稳定,变现方便,流动性强,符合要求的质押物涉及有色金属、钢材、化工产品和煤炭、非矿产品、粮食、塑料、棉花、橡胶、纸张、糖业等领域。中小企业急需资金周转、库存商品过多造成短期流动资金不足,用仓单质押贷款方式可解决了融资难的问题,盘活企业资金,增加了企业投资机会,深受中小企业的欢迎。

3.标准仓单质押贷款的特点

从本质上讲,标准仓单质押贷款属于仓单质押融资的一种,只是质押标的物为标准仓单而已。由于标准仓单本身的特点,以及在产品设计时考虑了市场需求因素而对传统操作模式有所调整,因此标准仓单质押贷款相对于非标准仓单质押贷款而言,更易控制风险,也更贴近市场。

具体来说,标准仓单质押贷款具有以下四大优势:

(1)安全性。

标准仓单是期货市场的产物,其标准化程度高,并由期货交易所对标准仓单的生成、流通、管理、市值评估、风险预警和对应商品的存储(对指定交割仓库的资格认定、日常管理)等进行严格的监管。银行可以直接利用或借鉴期货交易所这些规范的管理机制控制信贷资金风险。而且,期货交易所对标准仓单项下的商品品质有较高的要求,以及严格的质检系统,使得标准仓单具有很好的变现能力。因此,相对于普通仓单质押贷款而言,标准仓单质押贷款更具安全性。

此外,也可基本排除人们对标准仓单质押贷款存在的"信贷资金违规进入期货市场"的顾虑:一方面,在贷款资金用途上,已明确规定"贷款资金须用于企业的正常生产经营活动"。另一方面,根据期货交易所相关规则,标准仓单可以在期货交易所质押抵作保证金,且相对于银行质押贷款来说,其办理手续和相关费用更为简单和低廉,因此申贷客户不存在用信贷资金做期货交易的直接内在需求。

(2)时效性。

为了满足客户对贷款时效性的要求,对借款人核定可循环使用信用额度,以简化贷款审批程序,使借款人能够便捷地使用贷款。同时,考虑到标准仓单质押贷款风险的可控性,银行可适当降低对申请可循环使用信用的借款人的信用等级标准。

(3)实用性。

由于是短期流动资金贷款,若贷款到期时客户无法做到资金及时回笼,将使银行贷款面临逾期的风险。若客户在贷款未到期前,需要在期货交易所交割出货但又没有足够的资金赎回质押仓单时,银行可通过与该客户及其期货经纪公司签订《三方协议》的方式,先释放标准仓单,即将仓单解冻、恢复为流通状态,并委托期货经纪公司持标准仓单到期货交易所进行交割,然后由该期货经纪公司将交割回笼资金划入客户在银行开立的存款账户,优先用于归还银行的贷款本息。这样做,不但有利于更好地满足客户对银行短期流动资金贷款的切实市场需求,也有利于银行规避贷款逾期的风险。

由于上述委托期货经纪公司持单入场交割、划拨回笼货款的操作方式,完全是遵循期货交易规则——会员交易制度,即由会员(期货经纪公司)代理投资者入场(交易所)进行交易、交割,而相应的资金也是在交易所专用结算账户和会员(期货经纪公司)专用资金账户之间进行划转的。因此,第三方——期货经纪公司的引入,使得借款人无法直接控制质押仓单或交割回笼货款,从而可以有效规避上述"变通"方式,使银行面临阶段性质物失控的风险。

(4)联动性。

从某种意义上讲,标准仓单质押贷款的客户是银行与期货经纪公司共同的客户,该项贷款产品的推出,不但能够有效地拓展银行的市场领域,促进金融创新,而且还能吸引客户及其期货经纪公司将期货交易保证金账户转入银行,从而带动银行期货交易结算等中间业务的发展,提高综合竞争力。

4.标准仓单质押贷款风险及防范

(1)标准仓单质押贷款风险。

①期货市场价格波动。

仓单质押可以参照期货价格与现货价格办理。但是期货价格具有很强的波动性,受许多复杂因素影响,其走势未必能完全与现货市场的实际情况一致,由于期货价格包含一定持仓成本,往往偏高于现货价格。若以期货价格办理质押,则在确定质押比率或调整质押额度时,应考虑这个因素影响。若以现货价格办理质押,则应考虑现货市场的标的物与期货市场是否一致。若不一致,要依据现货市场的等级差对质押比率进行调整。如果银行在与借款人签署协议时参照价格不准,特别是价格偏高时,就会给银行留下风险隐患。

现货市场的价格变化直接引起仓单内涵价值的变化。质押贷款合同签订后,若仓单对应的商品价格出现大幅度下跌,而贷款合同未作任何调整,没有设立警戒线,就会出现仓单价值低于贷款本金的现象,这时风险就会随之而来。

银行通过仓单质押一次性放出的贷款在其资本金中所占的比例、在总贷款中所占的比例要按照有关贷款管理制度实施,严格控制。若所占的比例过高,一旦借款人出现经营、法律风险,很可能会对银行造成重大影响。

②缺乏相应惩罚措施。

借款人的资信状况在借贷关系中甚为重要,资信不良的借款人可能会给银行造成严重的后果。因为大部分客户以中小生产企业和商贸企业为主,其资质、信用状况直接影响贷款是否能顺利回收。譬如,借款人已经资不抵债、仓单作重复质押、假借别人的仓单或伪造仓单、伪造财务报表、贷款不按期归还等。银行开展标准仓单质押贷款业务的风险最终表现在标准仓单的无法兑现上。这种情况是:出质人的标准仓单无法变现,即当借款人与出质人、标准仓单受让人拒不履行偿还贷款义务又信用很差,此时贷款银行按照交易所的业务规则以及我国相关法律、法规的规定,又不能直接成为标准仓单的受让人,风险由此产生。

(2)标准仓单质押贷款风险防范。

①严格审查借款人的资格。

借款人近几年来要有良好的经营业绩,有健全的内部管理制度,各项指标符合贷款要求,资产流动性充足,高管人员和主要业务人员无重大不良记录和违规行为,无欠债不还记录。

②贷款项目的可行性。

贷款人要审查借款人的资金用途,是用于期货套保、套利、投机,还是用于其他经营业务。要根据资金投向判断贷款风险大小。

③借贷双方要取得期货经纪公司的协助。

借款人作为期货市场投资者,在期货经纪公司开有专门的保证金账户,其交易行为完全在期货经纪公司的掌控之下,尤其在贷款资金流入期货市场后,贷款人很难以实时了解借款人的资金使用状况。借款人是否拿贷款资金去作投机,是否有操纵市场的行为,是否有大盈大亏等,贷款人都需要与期货经纪公司经常保持联系和沟通,以便提前作出对策。一是借款人在资金不能按期归还时,需要期货经纪公司协助对仓单进行处理。目前由于法律上对银行等金融机构进入期货市场是限制的,贷款人不论是银行还是其他金融机构一般在期货市场没有交易席位或特别席位。二是当仓单价值出现变化,超过贷款合同约定的警戒线时,需要期货经纪公司及时告知贷款人,立即通知借款人不足质押物的价值缺口或提前偿还部分贷款。三是质押期间,仓单的仓储费用需要期货经纪公司向借款人代扣。

④无纸化仓单质押贷款应取得期货交易所的支持。

有纸化仓单,借款人可以随时拿去办理仓单质押贷款业务,质押后借款人就无法再转让、交割、提货或在交易所办理质押保证金业务。但是无纸化仓单在质押贷款后,若银行等贷款人不通知交易所予以冻结,借款人还可以照常进行转让、交割、提货或在交易所办理质押保证金业务,这就为贷款人增加许多不确定因素。因此,标准仓单质押贷款没有交易所的支持是行不通的。

我国物流企业仓单质押监管业务自开展以来,在实践中不断摸索,为适应不同的需求,从静态质押到动态质押,从库内质押到库外质押,从仓储单一环节的质押到供应链多环节的质押,在基本模式的基础上已形成了多样化的仓单质押监管模式,有效地实现了物流、商流、信息流和资金流的有机结合。

学习单元二　存货质押融资业务模式操作

一、存货质押融资业务的含义与特点

1.存货质押融资业务的含义

按照中华人民共和国国家标准《物流术语》(GB/T 183454－2006),存货质押融资是指需要融资的企业(即借方),将其拥有的存货作为质物,向资金提供企业(即贷方)出质,同时将质物转交给具有合法保管存货资格的物流企业(中介方)进行保管,以获得贷方贷款的业务活动,是物流企业参与下的动产质押业务。

2.存货质押融资业务的特点

对于有着融资需求的中小企业来说,不动产的缺乏使其难以获得银行的贷款。而在经济发达国家,存货质押融资业务已经开展得相当成熟。在美国等发达国家,70%的担保来自于以应收账款和存货为主的动产担保。存货质押融资是中小企业以原材料、半成品和产成品等存货作为质押向金融机构融资的业务。和传统银行贷款集中在不动产抵押或者第三方担保公司担保,存货质押融资是利用企业与上下游真实的贸易行为中的动产为质押从银行等金融机构获得贷款。根据我国最新出行的《物权法》,用作质押的存货范围已经得到很大程度的扩展。采购过程的原材料、生产阶段的半成品、销售阶段的产品、企业拥有的机械设备等都可以当做存货质押的担保物。在操作过程中,第三方物流企业作为监管方参与进来,银行、借款企业和物流企业签订三方合同,银行为中小企业提供短期贷款。

在我国,存货质押融资主要采取了委托监管模式和统一授信模式。根据存货质押融资模式图,存货的形态分为原材料、在制品、产成品三种状态,主要的存货质押融资模式有存货质押授信、融通仓、统一授信等。本单元重点介绍存货质押授信模式,其他业务操作模式在后面的学习情景中重点介绍。

二、存货质押授信业务模式类型

存货质押授信是存货融资中最基础的产品,也是当前银行应用最广泛的产品。它是指借款企业以自有或第三方合法拥有的动产作质押的授信产品。为了控制风险,一般银行需要第三方物流企业或监管机构对客户提供的存货质押的商品实行监管。存货质押授信分静态和动态两种。

1.静态存货质押授信业务

静态存货质押授信(非核定货值)要求比较苛刻,不允许客户以货易货,只能以款易货。而在现实的生产交易中,企业的货物流动比较频繁,静态质押授信会严重约束企业的正常运作。因此,静态质押授信往往很少使用,动态存货质押授信是银行采用的主要存货质押授信产品。

2.动态存货质押授信业务

相对于静态质押授信,动态质押授信(核定货值)就是对客户用来担保的存货价值设置一个界限,客户必须在生产经营的过程中,质押的存货价值不能低于这个界限,高于这个界限的存货客户可以自由使用。在这个模式下,客户既可以以货易货,也可以以款易货,日常生产经营活动受到的限制就小了很多。而且,一般企业在授信期间内不用追加保证金赎货,企业靠存货来融资的益处非常明显。

虽然存货的范围变广泛了,但银行出于风险的考虑和贷款的方便,对企业用来质押的存货品种还有一定的限制。银行倾向于质押货物的品类较为一致,比如钢管、钢材等,货物的价值比较容易核定,如有色金属、黑色金属、木材等。质押率方面,不同种类的存货、不同的银行都会设置不同的质押率。一般而言,原材料比较容易变现,质押率比较高,产成品虽然市场价值高,但相对来说不易变现,所以质押率会低一些。

三、存货质押授信业务模式操作流程

存货质押授信业务模式操作流程如图 3-3 所示:

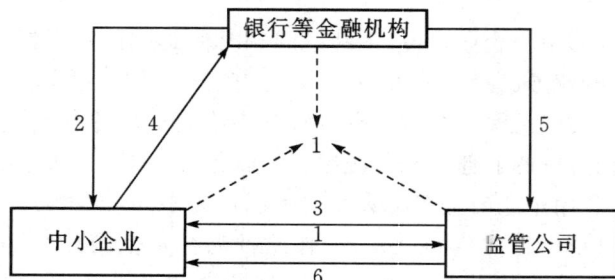

图 3-3　存货质押授信业务模式操作流程图

(1)中小企业、银行、监管公司签订三方《货物质押监管合作协议》后,中小企业将原材料和

产成品交付银行指定仓库(企业生产地仓库),由监管公司负责监管;

(2)银行确认质押物后,按设定质押率给企业以一定敞口授信额度;

(3)监管方审核最低限额,限额以上质押物可自由进出;

(4)所需质押物低于最低限额时,中小企业向银行缴纳保证金;

(5)银行则给贷款企业发提货单,并指示监管企业给客户发出相应数量的质物;

(6)监管人员验收贷款企业的提货单并根据银行指示发货。

有融资需求的企业在原材料采购阶段、生产阶段以及销售阶段都持有一定量的存货,企业可以将这些存货盘活,通过质押获得融资。这笔款项可直接投入生产运营,从而减少在途货物对资金的占用来提高运营效率。在该模式下,存货的质押地一般是在生产地。监管公司派员工在借款企业仓库监管。这种方式往往会产生很大的风险。借款企业可以用同一批货物向其他银行质押,产生重复质押的问题。而且如果企业经营不善,易会发生其债权人抢货的状况,从而给以货物为质押品给予融资的银行造成很大损失。

四、存货质押授信业务模式操作要点

(1)存货质押业务中,首笔货物入库出质时,银行等金融机构出具《接货通知书》送交监管单位,将质物出质的事实通知监管单位并由其代为接收质物,出质人同银行等金融机构须实地核对库存(核库)。监管单位须将质物与《接货通知书》核对,无误后办理接收入库手续,经办人员在监管单位将质物接收入库后,须要求出质人及仓储监管单位在《质物清单》上签章确认,作为监管单位已经代银行等金融机构接收、占有质物的凭据。

(2)借款人需提供足以证明质物权属及数量、质量、品质的资料和证明文件,如购销合同、增值税发票、报关单、货运单、质量合格证书、商检证明、完税证明等,并对上述资料的真实性、有效性进行尽职调查,对质物的权属进行辨别和确认。

(3)每次入库及出质时,需由银行等金融机构对质物进行核价,核价原则如下:

①按照购入价与市场价孰低的原则认定;

②购入价的认定以发票价为基础,可根据不同情况进行调整;

③购入价可以包括铁路运输、沿海运输或多式联运的运输费用;

④在产品按照生产成本价认定,也可以按照原料市场价与购入价孰低的方法认定。

核价后,价格专管员填制《质物价格审核确认单》,核定货值货物质押业务还须向借款人及监管单位出具《质物品种、价格确定/调整通知书》,同时向监管单位出具《质物最低价值通知书》。

(4)根据质物总价值及授信额度,确定质押率是否符合规定,或者根据最新《质物清单》中质物的总价值及授信审批决议中确定的质押率,计算出借款人的可用额度,用于对出质人办理融资业务时的控制额度。质押率=风险敞口/质物总价值×100%,其中风险敞口是指融资协议项下的主债权(含或有)总额减去保证金担保、存款单、银行承兑汇票质押部分后的余额。

(5)在授信有效期内的存货授信质押融资业务的授信额度可以循环使用。

(6)核定货物质押业务中,仓储监管单位保证无论出质人是否提货、换货,其所监管质物的价值不得低于协议中确定的质物最低价值。质物的最低价值须不低于借款人授信风险敞口与质押率的比值。

(7)质物价值超过确定的质物最低价值的,借款人就超出部分提货或换货时,无需补充保证金或偿还相应融资,可直接向监管单位办理提货或换货。

(8)质物市场价格较出质价格或最近一次调整的价格升幅超过一定比率,如 8%(应借款人要求)或跌幅超过 5%的,由银行等金融机构价格专管员填写《质物品种、价格确定/调整通知书》,送达给出质人和监管方。

(9)核库人员现场清点之前须事先通知监管单位,与监管单位进行账务核对,即将《查询通知书》《质物清单》进行一一核对。核对无误后,可进行清点或抽查,确保账实相符;核对有误的,应立即向上级报告,然后进行逐一清点。核库员每次核库后,需据实填写《核库报告书》,经监管单位确认后,最迟于次工作日交银行等金融机构负责人审核签字,待审核签字后按规定存档。

存货质押授信业务操作过程中的协议见附录 2,其单据示样如下:

接货通知书

编号：_____

致：_____（保管人）

依据贵公司与_____公司（出质人）、我行签订的编号为_____《存货质押监管合作协议》、出质人与我行签订的编号为_____《最高额货物质押合同》/《质押合同》，出质人拟将下列货物质押给我行，现通知贵公司代我行接收该货物。如贵公司确认实际收到的货物与下列货物一致，请贵公司在《质物清单》上签章确认。货物的规格、重量、数量以贵公司实际收到并签章确认的为准。

名称	规格	外观质量	包装	单价	重量	数量	生产厂家	凭证号	备注

质权人：__（预留印鉴）__ 银行

_____年_____月_____日

质 物 清 单

编号：_____

致：_____（质权人）

　　出质人将下表货物质押给贵行，并对质物的真实性、合法性负责。该质物交付给贵行后，作为编号为_____号《_____ 合同》项下债务的质押担保，本质物清单编号为_____号《最高额货物质押合同》/《质押合同》不可分割的附件。

　　出质人保证按照编号为_____《存货质押监管合作协议》的约定办理提货手续。

名称	规格	外观质量	包装	单价	重量	数量	生产厂家	凭证号	货位

出质人：（预留印鉴）_____　　_____年_____月_____日

　　保管人确认已收到编号为_____的《接货通知书》/《查询通知书》，并已代贵行接收、占有上表中的货物。保管人保证按照编号为_____《存货质押监管合作协议》的约定履行占有、监管的责任。

保管人（代质权人收货）：（预留印鉴）_____　　_____年_____月_____日_____时_____分

质物品种、价格确定/调整通知书

编号：＿＿＿＿＿＿＿＿

致：＿＿＿＿＿＿＿＿＿＿＿＿＿（保管人/出质人）

　　根据编号为＿＿＿＿＿＿＿＿＿＿号《存货质押监管合作协议》的规定，现将确定的质物品种和价格或者调整后的质物品种和价格通知给贵公司，请按照下表确定的质物品种和价格执行。

名称	规格	生产厂家	单价(元)

特此通知！

质权人：（预留印鉴）　　　　＿＿＿＿年＿＿＿＿月＿＿＿＿日

质物品种、价格确定/调整通知书（回执）

致：＿＿＿＿＿＿＿＿＿＿＿＿＿（质权人）

　　我公司业已收到编号为＿＿＿＿＿＿＿的《质物品种、价格确定/调整通知书》，本公司将按照《质物品种、价格确定/调整通知书》的内容及编号为＿＿＿＿＿＿＿＿＿＿号《存货质押监管合作协议》的规定对质物品种及单价进行调整。

保管人/出质人：（预留印鉴）　　　　＿＿＿＿年＿＿＿＿月＿＿＿＿日

质物最低价值通知书

编号：_____

致：_____（保管人）

　　自贵公司接到本通知书之日起，_____公司在我行的质物最低价值为_____万元，质物的单价以最新的《质物品种、价格确定/调整通知书》为准，请贵公司按照编号为_____号《存货质押监管合作协议》的约定执行。

质权人：（预留印鉴）　　　　　_____年_____月_____日

质物最低价值通知书（回执）

致：_____（质权人）

　　我公司业已收到编号为_____的《质物最低价值通知书》，本公司将严格按照该通知书的要求和编号为_____号《存货质押监管合作协议》的约定执行。

保管人：（预留印鉴）　　　　　_____年_____月_____日

五、存货质押授信业务运营风险分析与控制

存货质押授信业务运营风险分为准入体系风险、合约设计风险和执行过程风险三个部分，其具体内容与风险控制如下：

(一)准入体系风险控制

存货质押融资不同于其他商业贷款，在该业务中银行的风险首先来自于质押存货。由于存货质押融资的对象是缺少足够流动资金的中小企业，所以用于质押的存货一般是中小企业普遍拥有的动产，包括原材料、半成品和产成品。这些动产是融资企业作为获取银行贷款的担保物，是价值载体，同时也是风险载体。因此，银行开展存货质押融资面临的首要问题是质押存货的选择问题。除此之外，银行还面临对借款企业的选择问题，银行必须像进行其他类型商业贷款一样，对存货质押融资中的借方经济状况、资信程度进行分析以降低风险。但是在这种业务中，借方的还款来源是存货销售变现产生的现金流，而非通过投资运作产生的现金流，因此在对借款企业主体进行考核时应着重考察企业的销售水平、企业的运作周期、企业的诚信度以及监控的成本等方面的因素。

1.质押物的准入分析与控制

一般而言，在考虑某种质押物是否可行时，要考虑以下几个方面的因素，包括存货本身的属性、物流企业对借款企业存货的控制水平等。

现实中各种待选货物的属性纷繁复杂，但是与存货质押融资相关的存货属性主要可以归为四类，即法律属性、物流属性、流通属性、价值属性。

(1)法律属性。

任何一种贷款业务都需要在法律许可和规定范围内进行，因此质押物的法律属性是进行质押品选择时首要考察的品种。对于存货质押融资待选货物法律属性的考察主要依据《中华人民共和国物权法》《中华人民共和国担保法》中对物品抵押和质押制定的相关规定。对待选货物法律属性的判断分析主要包括：货物是否存在法律许可作为质押的品种范围之内；待选货物的所有权是否明确；质权是否单一，即是否存在货物担保给多个质权人的现象；待选货物作为质押品后，受偿的优先权如何确定等。

(2)物流属性。

贷款货物的物流属性，即货物在物流企业提供存货质押融资业务相关的物流服务中涉及的保管、存储、运输、清算等操作所涉及的待选货物的相关性质，主要包括对产品包装的合理性、产品质量的稳定性、产品的危险程度的考察；对产品可标准化的程度以及质量是否易于控制、测度的分析；对产品交易费用的高低和在存货处理过程中的损伤而带来的责任追究等方面的考虑。

(3)流通属性。

存货质押融资所考察待选货物的流通属性是指货物在市场上的需求、消耗量状况、待选货物的即期需求、潜在的需求转化为消费行为的能力以及商品的流通速度和变现能力等。

(4)价值属性。

质物的价值属性，是指质物在市场运行中体现出的，对存货融资收益产生重大影响的相关属性，主要包括质物价值量的大小和价格的波动情况。这两点都需要具体地量化分析和界定，

才能有效地降低业务风险。

2.借款企业的准入分析与控制

(1)借款企业的财务状况。

在存货质押融资中,首先,需要分析借款企业的资产负债率,一般而言,存货质押融资中,资产负债率要高于行业的平均水平,但作为金融机构必须清楚造成借款企业这一现象的真实原因。其次,也需要考虑借款企业的收入和现金流,借款企业一般都有不均衡稳定的收入和现金流,贷款方需要明确造成借款企业不稳定的收入和现金流的原因究竟是因为周期性定价的制约还是因为管理团队对市场反应调整太慢。最后,贷款方需要考虑借款企业的财务趋势,明确是否可以通过严密的监控来改变借款企业的财务平衡表,从而在提供借款企业必要信用的时候降低贷款的风险。

(2)借款企业的运作周期分析。

银行对于借款企业运作周期的了解有助于银行对企业的实际状况发放不同类型的贷款,同时降低了风险,保证了银行的收益。

(3)借款企业的行业分析。

借款企业的行业将影响借款企业的绩效和质押物价值。对于借款企业的行业分析需要考虑行业总体的利润水平、交易环境、技术变化、发展前景等因素,通过分析行业状况,一方面可以使贷款人更加准确地评估整体风险的大小,另一方面贷款人可以更好地分析借款企业财务状况和经营周期变化是否归因于普遍的行业因素,从而准确地把握企业的经营水平。

3.物流企业的准入分析与控制

在存货质押融资业务中,债权人需要对质押物资流通的仓储、运输、销售等环节进行有效的监控,这种监控是动态的,其目的是在贷款风险可控的基础上尽量满足借款企业运营的需要。因此,银行需要与物流企业进行合作。

在具体的存货质押融资业务中,银行对监管企业的动态管理流程通常包括调查筛选物流监管企业、日常检查、动态评估、预警应急等。其中,对物流企业进行准入分析,调查筛选出合适的物流企业最为关键。银行应根据物流企业的企业规模、资金实力、信誉情况、合作意愿、地域分布、监管技术水平等构建评估体系,并最终确定物流企业在存货质押融资业务中的监管资格。

(二)合约设计风险控制

贷款合约是约束借款方和贷款方行为的主要工具,也是存货质押融资顺利进行的法律保障。对存货质押融资合约设计风险进行控制,必须要充分地考虑具体业务的特征、流程和环境,同时注意以下事项:

1.合约条款的规范设计

一个完整的合约应该考虑到质物物流运营的整个流通环节,包括质物入库、质物保管、提货、质物追加、质权实现与合约终止,而与业务相关的资金流和信息流运作则是伴随质物的运营而发生的。

2.合约中关键风险控制点的设计

在合约设计中,有一些关键的风险点控制需要特别地关注,具体如下:

(1)关于质押物产权界定的问题。

在存货质押融资过程中,质押物产权界定是一个基本的问题,它包括所有权审核和质权审核两个方面。所有权审核是指审核物是否在法律上清晰地归出质人所有,而质权审核指审查物质是否能够在法律上允许质押,是否被担保给多个债权人,存在重复担保的现象。在合约中,必须正确地规定承担质物产权界定的责任人。其次,在合约中还必须正确地确定审核产权的方式。

(2)有关质物检验问题。

质物的检验是对商品实质内容的审查,也是合约设计中的关键风险点。在合约中,首先必须确定进行质物检验的责任人。首先,质物的检验机构应该具有法定的检验资质,应该对质物的检验具有专业的能力和知识,而物流企业也可以参与质物品质检验,并承担辅助的作用。其次,在合约中必须确定正确的检验方式。

(3)价格确定与动态控制问题。

在合约中如何正确地确定质物的市场价值并进行动态的控制也是一个关键的风险点。在合约中,主要应规定清楚以下问题:质物以什么价格为基准,应该采取什么价格,怎样动态地确定质物价格,怎么达成相关价格调整协议,价值波动如何防范,谁承担价格数据采集和监控的职责,应该采取什么样的价格风险防范机制,应该规定怎样的价格风险监控流程等。

此外,还有多点监管问题、贷款周期问题、违约责任问题、浮动质押问题、清算问题等也是合约设计的关键风险点,需要参与方根据业务的特点设计符合实际的合约条款,规定参与方的权利和义务才能有效地控制风险。

3.合约中关键风险点控制指标的设计

在合约中,还需要设计一些关键风险控制指标,这些指标包括质押率、贷款利率和贷款周期等。

(1)质押率。

质押率即贷款额与质押存货价值的比率指标。质押率的最终设定和商业模式、质押存货的特性、企业违约概率、监管方式以及贷款利率等密切相关,能够比较全面地反映存货质押融资的风险状况,因此成为存货质押融资风险控制的核心指标。

(2)贷款利率。

《新巴塞尔资本协议》要求银行满足资本充足率要求,以对其信用风险进行有效控制,这就使得存货质押融资对贷款利率的确定,亦即对贷款的定价需要从传统的净资产收益率量度的方法转化为基于风险调节资本的收益率计算方法,即RA-ROC方法。

(3)平仓线。

平仓线是指银行为防止质押品价格风险而设置的一个阈值。现实中,平仓线的制定是在确定质押率后通过经验再向上浮动一定比例,今后可以通过VAR模型确定存货质押模型的平仓线。

(4)盯市周期。

盯市周期是指质押人审计质押存货市场价值的周期。它是衡量银行监控贷款风险严密程度大小的一个重要指标。盯市周期与监管成本、监管能力和合作意愿等密切相关,合约制定时需要把握盯市周期和监管成本等的平衡。

(5)贷款周期。

存货质押贷款主要依靠存货的自偿性销售来偿还贷款,因此贷款周期与存货质押融资的风险也密切相关。贷款周期与借款企业的存货销售周期的不匹配很可能造成借款企业的违约拖延甚至道德风险,不利于借款企业的运营,从而实际上影响债权人的贷款安全,因此,在合约中必须根据借款企业的实际需要来确定贷款周期。

此外,还有警戒线、保证金比例、监管费用等也必须在业务合约中进行有效的界定。

(三)执行过程风险控制

在执行过程中,会出现宏观、行业以及供应链系统的风险,也会出现信用风险、质物变现风险以及操作风险这些非系统的风险。一般而言,对这些执行过程中的风险进行有效控制的策略包括四种:①规避风险,即自觉选择不会产生风险的业务活动;②接受风险,即当风险收益高于风险造成的损失并且能够得到有效控制时,作为贷款人可以接受相应风险;③分散和转移风险,即采取"把鸡蛋放在不同篮子里"的方法来分散和转移风险,通过将风险转移给第三方来降低存货质押融资业务的风险暴露;④缓释风险,即通过质物的有效应用并控制质物销售运营的过程来缓释存货质押融资的风险,提高贷款的违约回收率,减少违约损失。

1.对宏观、行业和供应链等系统风险控制

具体而言,针对宏观、行业和供应链等系统风险,一方面是建立监测机制,进行实时地监控与分析预测,以提前采取措施;另一方面是建立预警和应急预案,当系统发生危险时,迅速采取应急方案进行风险控制,防止贷款损失。而对于非系统风险,则要根据具体业务的状况来进行分析和控制,一方面,需要明确参与各方的权利和责任并严格按照合约进行运作;另一方面,对一些业务运营过程中的关键风险点,还必须采取有效的措施来进行控制。

2.对于存货质押融资信用风险的控制

对于存货质押融资信用风险的控制主要包括对借款企业信用风险的控制和对物流监管企业信用风险的控制两类。

(1)对借款企业信用风险的控制。需要银行和物流监管企业主要关注借款企业的财务和管理状况。银行和物流监管企业需要对运营企业在财务运作和运营管理上进行不定期的检查,对出现的问题要分析原因,一方面可以和借款企业共同解决问题,另一方面,当借款企业出现了严重违约现象,要迅速地控制借款企业的物流和资金运作,停止授信甚至冻结借款企业的其他资产。

(2)对物流企业信用风险的控制。首先,需要银行对物流企业的流动资金状况和合约执行状况进行密切关注,以防止物流企业的道德风险;其次,银行需随时对物流监管企业的工作水平进行抽查,合理地检查物流监管企业控制质物的情况,看物流监管企业的监管运作是否符合标准。

3.对于存货变现的风险控制

对于存货变现的风险控制主要包括存货价格风险控制、质物形态风险控制以及销售风险控制三大类。

(1)存货价格风险控制。首先,需要确定价格风险控制的责任人,由专业人员来收集存货价格的数据,监控价格趋势,并进行存货市场价格的预测和管理;其次,需要设置价格下降时的风险控制机制,设置价格风险控制指标,如警戒线和平仓线等;最后,在实际操作中,当存货价格下降到一定位置,或下降的幅度超过阀值时,监管方应当通过信息平台和信息沟通机制及时

地将信息传给质权人和直接操作人员,通过启动应急预案及时地进行预警和防范,通常可以要求借款企业补充保证金或货物,甚至强行平仓将质物变现,规避质物价格风险。

(2)质物形态风险控制。这主要是对质物的流动性、标准化、变现能力、质物易损程度及配套的保管条件等方面的风险进行控制。

(3)销售风险控制。需要质权人和物流监管企业密切关注借款企业在存货销售上的运营状况,主要考虑销售渠道和销售客户是否稳定,销售是否存在大幅度的下降,销售账期是否合理等方面的状况。

4. 对存货质押融资操作风险的控制

对存货质押融资操作风险的控制主要包括对合规风险、模式风险、流程风险以及具体操作风险四大类风险的控制。

(1)对合规风险的控制。首先要与相关的法律专业人士合作对业务中可能出现的法律问题进行分析,与行业专业技术人员合作对业务中的政策风险问题进行分析,这些问题主要包括质物产权问题、合约效力问题及违约清算问题等;其次是制定行规、特殊条款或进行模式创新等弥补法律和相关政策的不足;最后制定相应的组织保障机构和执行保障机构,以降低业务的合规风险。

(2)对模式风险的控制。主要注意关键风险点的控制,包括:选择合适的商业模式,选择合理的质押方式和监控强度,慎重考虑超额担保,充分考虑借款企业的需要和风险防范的要求来设置业务结算方式,充分考虑借款企业的需要和上下游贸易关系来保证贷款资金的正确使用,必要时提供个人担保、第三方担保和损害保险,设置合适的财务评估报告模式。

(3)对流程风险的控制。主要是建立物流信息系统、资金沉管理系统和报表输出系统等,实现业务流程的信息化和可视化,并通过流程再造,减少和改善流程环节,制定合适的风险控制流程和标准。

(4)对具体操作风险的控制。需要进行组织结构的再造,界定清晰的管理职能,使具体操作人员的权利职责能够统一,并用好的激励机制激励监管人员和操作人员的责任心,用好的培训机制提高操作人员的素质和水平。

学习单元三 质押监管企业资质评价

质押监管企业是指前文提到的仓储企业、物流企业和保管方。在仓单质押、存货质押等物流金融业务模式中是以银行等金融机构为主导,质押监管企业起到辅助和支持的作用。为了降低物流金融业务中的风险,商业银行等金融机构在业务准入时,通过设定一些准入条件或评估指标评价和选择质押监管企业,业务合作过程中会对质押监管企业的业务操作质量进行评价,本项目站在银行等金融机构的视角对质押监管企业的选择评价和管理进行介绍。

一、质押监管企业的含义

质押监管企业即仓储企业或物流企业,指经国家工商管理部门批准设立,具有相关专业资质,从事货物运输、保管及配送等服务的组织。

在以银行等金融机构为主导的仓单质押融资业务、存货质押融资业务等中,为了降低业务操作风险,商业银行等金融机构会设置一些准入条件或评估指标评价和选择质押监管企业。

二、银行等金融机构对质押监管企业的准入标准

银行等金融机构会根据质押监管企业的资质评价、资金实力、机构规模、信誉情况、地域分布等决定是否准入。

银行等金融机构对质押监管企业的一般准入标准如下:

(1)具备独立的法人资格和一定的违约责任赔偿能力,具有较强的资本实力和经营规模,分公司须取得总公司的明确授权后方可与合作的银行等金融机构开展物流金融业务;

(2)具有仓储经营资格,有固定经营场所或合法的仓储场院地,行业经验丰富,仓储经营年限在2年以上;

(3)同行业内资信声誉较高、有良好的经营业绩,商业信誉良好,无不良记录;

(4)具有较强的监管责任意识,合作意愿强、沟通渠道顺畅,能保证合作过程中质权人(银行等金融机构)对货物享有实际出入库控制权和处置权;

(5)具有完善的商品检验、化验制度和一定的质量检测技术及设备;防火防盗等安全条件及其他软、硬件条件符合货物的仓储要求;

(6)储运条件良好、硬件设施完备,物流、中转、进出装卸作业能力及储存规模较强;

(7)内部仓储管理制度健全、完善,出入库管理制度、内部控制制度和业务操作流程规范;有较完善的培训制度,经营管理人员及专业监管员工队伍相对稳定,仓库管理员专业经验丰富,对于所监管货物的属性、品质等辨别能力较强;

(8)对质押的货物需建立分账册或专门的账页,内部管理账册完备、清晰;

(9)原则上要求具有完整的质押物的应急预案;

(10)交通条件便利,能实施远程监控。

如监管企业存在以下情形,银行等金融机构则不选择与其合作:

(1)主要经营资产已经设定抵押或质押,或提供对外担保、连带负债超过自身净资产3倍的(不含仓储监管责任形成的连带负债);

(2)经营前景不稳定,存在较严重财务、经营问题的;

(3)涉及很可能需要赔付超过净资产50%的重大诉讼;

(4)曾有三次以上(含三次)不良资信记录或不良监管合作记录(包括其他银行);

(5)主营业务集中于某一客户,单一客户业务量占比超过50%,或前两大客户业务量占比超过80%的;

(6)有存在重大道德风险的迹象,或有较大道德风险隐患的;

(7)自有固定资产或自有资金少,违约赔偿责任能力较弱。

三、质押业务实施过程中监管企业不应有的行为

质押业务实施过程中监管企业不应有的行为如下:

(1)任何情况下不应开具虚假质物清单。

(2)不应与当事人中的任何一方恶意串通,损害其他当事人利益。

(3)不应私自转移、藏匿、出售质物。

（4）不应隐匿仓库及公司的重大事项变更，如或有负债、产权变更、负责人更换、诉讼案件等。

（5）不应挪用出质人借贷资金。禁止从事或变相从事担保、放贷等活动。

有上述行为中的一种，即需要停止其质押监管企业资格，受损的一方可以向公安部门报案或提起诉讼。

四、质押监管企业的资质评价

对质押监管企业资质进行评价，旨在甄别质押监管企业的经济实力、运营水平、信用状况和货物监管能力，掌握质押监管企业货物监管的工作流程和管理模式，限制进入和主动退出实力弱、管理不规范的质押监管企业，一般银行等金融机构会分别在业务准入时和业务合作过程中进行评价。银行等金融机构对质押监管企业资质等级进行评价，采用定性、定量标准和评分卡打分等方法。可按照质押监管企业的经营年限、管理资质、货物监管能力等因素的不同划分为不同等级资质。

银行等金融机构对质押监管企业的资质评价的流程一般为：调查了解有合作意愿的监管企业的基本信息，然后结合监管企业的基本信息，通过质押监管企业评分卡对其进行评分和评级，这个过程所涉及的监管企业基本信息表、质押监管企业评分卡表如表3-3、表3-4所示，然后确定监管企业的资质等级，如表3-5所示。

表3-3 监管机构基本情况表

监管机构名称		办公地址		
下属监管仓库名称及具体地址（可另附）	1. 名称：		地址：	
	2. 名称：		地址：	
	3. 名称：		地址：	
经营范围				
现主要业务及经营状况				
法定代表人		组织形式	所属集团	
注册资本（股本）		成立日期	企业规模	□大□中□小
是否为贸易企业		是否附带加工	其他经营项目	
仓库容量		露天堆场面积	吞吐能力（年）	
企业行业地位			行业信誉状况	
场地使用权情况			仓储收费标准	
仓库封闭形式				
人员出入库手续				
货物检、化验设施				
是否有质押融资监管的特别制度				

银行借款及对外担保情况				
历史资信记录				
已合作货押监管的银行及合作年限				
监管业务负责人		联系方式		

前五大客户（按业务收入金额）

客户名称	储运货物名称	年吞吐量	年均仓储量	年均业务收入	合作银行（如有）
1					
2					
3					
4					
5					

主要管理人员情况

姓名	职务	学历	本公司工作（从业）年限	姓名	职务	学历	本公司工作（从业）年限
1				6			
2				7			
3				8			
4				9			
5				10			

公司所有主要固定资产明细（可另附补充）

名称	数量	账面净值	估计现值	目前使用状况	已使用年限	权利凭证	是否抵押

其他核心资产明细（包括无形资产、长期投资、大额应收款项、大额存款等）（可另附补充）

名称	数量	账面净值	估计现值	目前使用状况	权利凭证	是否抵押	备注

表 3 - 4 质押监管企业评分卡

	项目	分值	实绩	得分	复核
管理指标	仓储监管专业经营年限	三年(含)以下 0 分,三年以上五年以下(含),2 分;五年以上,4 分;八年以上,5 分			
	资信记录和商业信誉	有不良资信纪录,-15 分;不详-5 分;无记录,2 分;资信一般,5 分;信用良好、信誉佳 8 分			
	有无完善、健全的内部管理和控制制度	管理制度不完整(或虽有制度,但执行不力形同虚设),-8~-13 分;管理制度比较完善、运作规范,3~7 分;管理严谨完善、运作高效规范,10 分			
	网络信息化管理水平	低或者无,0 分;功能一般,与手工操作结合,3 分;信息化程度高,管理运作两年以上,6 分			
	有无稳定的管理团队	一般,专业特长不明显,1 分;比较专业,基本稳定,4 分;专业团队、三年内基本稳定,5 分			
	有无完善的商品检、化验制度和设备	无相应制度、设备(或虽有,但形同虚设)-3 分;主要制度、设备完善,运行基本正常,2 分;制度、设备完善,运行规范,4 分			
	与其他银行的合作年限	一年以下(含),1 分;一年以上三年以下(含),3 分;三年以上 5 分			
	输出监管能力	很差,-8 分;较差,-3~-5 分;未曾输出监管,0 分;较强,2~6 分;强,10 分			
	与银行仓储监管合作经历	配合银行监管态度消极,-15 分;差错较多,-6 分;未曾合作,0 分;配合一般,偶有差错,2 分;比较积极配合银行监管,6 分;积极配合银行质押监管,无投诉,10 分			
	年利润总额	经营亏损,-10 分;50 万元以下(含),0 分;50 万元~200 万元(含),2 分;200 万元~500(含)万元,4 分;500 万元以上,6 分			

续表 3－4

	项目	分值	实绩	得分	复核
规模指标	年吞吐量	5万吨以下（含），2分；5万吨～20万吨（含），4分；20万吨以上6分			
	自有仓储场地经营规模	小于1000吨（含），0分；仓储量2万吨以下（含），2分；仓储量2万吨～5万吨（含），4分；5万吨～15万吨（含），6分；15万吨以上，8分			
	注册资本	100万元以下（含），0分；100万元～400万元（含），2分；400万元～1000万元（含），4分；1000万元以上，6分			
	企业规模	小型企业（人数100人以下，营业收入800万以下），1分；中型（人数100～500，营业收入800万元～12000万元），3分；大型企业（人数500以上，营业收入12000万以上），5分			
特殊加减分	海关保税监管仓、国家级大型港口	加5分			
	交易所指定交割仓库和地、市级以上国家物资储备仓库	加5分			
	异地仓库或异地仓储企业	减5分			
合计：					

表 3－5 物流金融监管机构资质等级标准

综合级别	基本要求	评分	备注
Ⅰ级	1.国内物流行业领先企业，信誉卓著，实力强大，监管能力强 2.设施齐全，管理和信息化手段先进，专业化程度高 3.注册资本不少于5000万元，净资产不低于15000万元 4.仓储经营年限至少为8年	95分以上	

综合级别	基本要求	评分	备注
Ⅱ级	1.区域物流行业领先企业,信誉优良 2.设施较齐全,管理方式和信息化较先进,专业化程度较高 3.注册资本不少于 1200 万元,净资产不低于5000 万元 4.仓储经营年限至少为 5 年	80 分以上	
Ⅲ级	1.区域内或当地骨干仓储企业,有一定规模实力、较高知名度和行业信誉 2.管理良好、经验丰富 3.仓储经营年限至少为 3 年	70 分以上	
Ⅳ级	当地有一定知名度,管理规范 原则上应有三方监管合作经验	60 分以上	

　　根据监管机构资质等级不同,银行等金融机构可以与其合作开展不同的业务操作模式。对于资质等级不同的监管企业,银行等金融机构的管理方式也会有差异,对Ⅰ级仓储机构的现场检查,每季度不少于两次,对Ⅱ级及Ⅲ级仓储机构,每月度不少于一次,Ⅳ级以下机构每月度至少检查两次。

情境小结

　　本情境详细介绍了质押融资业务模式中的仓单质押、标准仓单质押、存货质押等融资业务模式和质押监管企业的资质评价,分析了各质押融资模式下的业务操作流程和可能存在的风险,提出了风险的防范措施。针对质押监管企业结合实际操作案例设计了质押监管企业评分卡。

实训项目

广东省惠州市天龙油脂公司的标准仓单质押融资

　　一、企业基本情况

　　惠州市天龙油脂公司是广东省较大的油脂经销企业,公司年销售额突破 2 亿元,公司每年需要大量采购大豆,资金支出较大。

　　二、银行切入点分析

　　某银行经过分析后认为,惠州市天龙油脂公司为当地的龙头企业,资金运作能力较强,年销售规模较大,有较好的开发价值。大豆价值稳定,属于油脂加工的初级原材料,交易较为活跃,可以作为质押物。经过研究后,银行设计采用标准仓单质押方式融资。

　　三、银企合作情况

　　某国有银行惠州分行接受惠州市天龙油脂公司提出的用大豆标准仓单质押贷款的申请,授信金额为 700 万元银行承兑汇票。该行与郑州商品交易所一道,起草《仓单质押贷款担保协议书》,分别与借款人、经纪公司、担保回购方签订一式四份的《仓单质押贷款担保协议书》及一系列附属文件,对授信金额、期限、利率、质押率、标准仓单的质押冻结和解冻、保证金比率(不高于70%)、资金用途等均做了明确规定。标准仓单的质押价格以中国郑州粮食批发市场《中华粮网》公布的同期同品质的平均价格为准。为控制质押仓单所列商品价格波动或因交易所品质鉴定、注销再生成标准仓单而按期货合约标准重新检验带来的风险,协议规定了警戒线和处置线。

警戒线:指在质押标准仓单市值总和与贷款本息之比小于等于75%时,借款人在接到银行书面通知后七个工作日内,采取追加质押物、更换质押物或部分(或全部)归还贷款措施,否则银行有权宣布贷款提前到期。

处置线:在质押标准仓单市值总和与贷款本息之比小于等于70%时,银行有权宣布贷款提前到期,要求借款人立即偿还贷款本息,借款人不偿还,由担保回购方代其偿还。

根据背景资料:

1.结合案例设计标准仓单质押业务的流程。

2.结合案例说明标准仓单业务实施过程中的风险规避方法。

3.实施步骤:

(1)以4~6人小组为单位进行操作,并确定组长为主要负责人;

(2)搜集资料,将各个环节操作流程、内容和工作要点填入下表,完成工作计划表:

序号	工作名称	工作内容	工作要点	责任人	完成日期

(3)组织展开讨论,确定所调查有关标准仓单质押的案例及实际操作流程;

(4)整理资料,制作PPT进行汇报。

4.检查评估:

能力		自评(10%)	小组互评(30%)	教师评价(60%)	合计
专业能力(60分)	1.调查结果的准确性(10分)				
	2.业务内容的准确性(10分)				
	3.业务流程操作的准确性(10分)				
	4.调查表格或调查提纲设计的合理性(10分)				
	5.总结报告的撰写或PPT制作(20分)				

续表

能力		自评 （10%）	小组互评 （30%）	教师评价 （60%）	合计
方法能力 （40分）	1.信息处理能力（10分）				
	2.表达能力（10分）				
	3.创新能力（10分）				
	4.团体协作能力（10分）				
	综合评分				

思考与练习

1.简述仓单质押融资业务模式的操作流程及风险防范措施。

2.存货质押融资业务模式属于质押的哪一种（权利质押或动产质押）？简述存货质押融资业务模式的操作风险及方案措施。

学习情境四
信用担保物流金融业务模式操作与管理

学习单元一　基于统一授信担保的物流金融业务模式操作

一、统一授信的含义

统一授信是指银行作为一个整体,按照一定标准和程序,对单一客户统一确定授信额度,并加以集中统一控制的信用风险管理制度。统一授信项下业务品种包括贷款、商业汇票贴现、商业汇票承兑、保函等表内外授信业务,只要授信余额不超过对应的业务品种额度,在企业经营状况正常的前提下,企业可便捷地循环使用银行的授信资金,从而满足企业对金融服务快捷性和便利性的要求。为了有效地控制和管理物流与资金流的流动,物流企业与金融机构成为一个联合体是今后发展的趋势。

二、统一授信物流金融业务产生原因分析

传统的仓单质押业务模式和存货质押授信模式是由商业银行主导的,主要的协议关系体现在货主企业和商业银行之间,质押货物品种、数量等方面的选择都是由银行相关部门来实现的,而以仓储企业为代表的物流企业所处的是从属地位,主要作用是按照货主企业和银行的要求进行简单的运输和仓储管理工作,产生的增值效益有限。在这样的三方关系条件下,传统的仓单质押模式存在许多弊端,主要表现在以下几个方面:

(1)不能合理地作出质押品的选择。作为质押品的货物需要满足许多的要求,并不是所有的货物都可以作为质押商品的。因为商品在某段时间的价格和质量都是会随时发生变化的,也就是说会有一定程度的风险。而对于商品的市场和价格进行有效的评估并不是商业银行的主营业务,没有也不可能组织专业的人员来对质押品的市场和质量做出动态的分析和预测。因此,质押品的选择方面存在巨大的风险。

(2)不能激发物流企业的积极性,存在物流企业内部的风险。物流企业在传统的仓单质押业务模式和存货质押业务模式中主要承担的是质押货物运输和监管的责任,创造出额外的价值有限,一方面是物流企业不会派出专门的队伍来协助货主和商业银行完成仓单质押业务的履行。另一方面是物流企业可能会与货主企业勾结,开出不合格的仓单来骗取银行的贷款。这在传统的仓单质押业务模式中是无法很好控制的。

(3)无法控制客户企业的资信风险。客户的业务能力、业务量及商品来源的合法性等诸多

方面对于仓库来说多存在潜在的风险,控制这些风险需要商业银行派出专门的小组对客户进行详尽的调查,而现阶段商业银行无法满足这样的要求,所以以商业银行为主导的传统的仓单质押业务模式无法控制客户的资信风险。

通过对传统的仓单质押业务模式的业务流程及种种弊端进行分析,现阶段传统的仓单质押业务模式已经无法满足现实中小企业的融资需求,需要创新一种新的物流金融业务模式来满足现实中企业的融资需求。统一授信业务模式作为一种以物流企业为主导的物流金融创新模式可以克服传统仓单质押的弊端,满足现阶段中小企业的融资需求。

三、统一授信业务模式分析

1.统一授信业务模式的定义

统一授信业务模式指的是商业银行根据物流企业的资信情况、业务规模、商业运作状况等多方面的信息进行综合评价,以一定的资产为抵押,将一定额度的信用资金授予物流企业;物流企业根据各货主企业对资金的需求情况,对货主企业的具体状况进行调查研究,对于符合融资要求的货主企业根据其提供的质押货物、商业订单等为其提供一定资金支持的一种新的物流金融业务模式。商业银行不参与仓单质押或存货质押的具体操作过程。

2.统一授信业务模式的流程分析

统一授信业务模式是物流金融的一种创新模式,与传统的物流金融业务模式不同,它是以物流企业为主体的物流金融模式。其运作流程是:商业银行根据物流企业的资信情况、业务规模、商业运作状况、行业主导力量等多方面的综合考虑,签订《银企合作协议》及《抵押贷款协议》,以一定的资产为抵押,将一定额度的信用资金授予物流企业;然后由物流企业综合考察货主企业状况,与货主企业签订《质押贷款协议》,在货主企业提供一定货物、商业订单质押的情况下,为货主企业提供一定的资金支持;货主企业根据签订的相关协议与合同,分批次向物流公司质押货物并分期偿还贷款。

统一授信业务模式运作流程如图4-1所示。

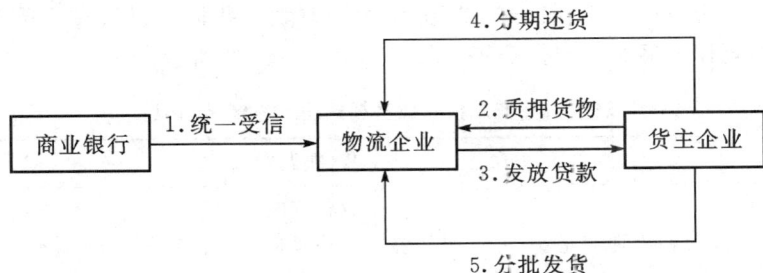

图4-1 统一授信业务模式运作流程图

3.统一授信业务模式操作要点

(1)首先银行为了控制风险需要选择一些规模较大、收益较好、有实力的第三方物流企业,并以其固定资产如库房等进行抵押,给予其一定的信贷额度,物流企业对银行的贷款承担无限责任。

(2)由物流企业负责评价和选择合适的需要融资的中小企业,并确定其需要融资的额度,具体贷款业务、质押业务只需中小企业对物流企业对接。质押物的置换和提取只需第三方物流同意即可,缩短了中小企业的提货、贷款周期。

(3)第三方物流会在控制风险的基础上,结合考虑银行授予的信贷额度和其自身库房容量限制等条件选择能使其所获收益最大化的中小企业。

四、统一授信业务模式与传统仓单质押业务模式比较

统一授信业务模式与传统仓单质押业务模式比较分析如表4-1所示。

表4-1　统一授信业务模式与传统仓单质押业务模式的对比分析表

传统仓单质押业务模式	统一授信业务模式
不能合理作出质押品的选择	物流企业可以提高质押贷款的效率
不能激发物流企业的积极性	物流企业提升服务能力,开辟利润空间
银行无法控制客户企业的资信风险	可以提高银行的监管,优化流程,降低风险

由表4-1可以看出,与传统的仓单质押业务模式相比,统一授信业务模式存在以下几个方面的优点:

(1)物流企业将申请贷款和质物、仓储两项任务整合操作,提高质押贷款业务运作效率;

(2)减少原先质押贷款中一些繁琐的环节,提高贷款企业产销供应链运作效率;

(3)有利于银行提高对质押贷款全过程监控的能力,更加灵活地开展质押贷款服务,优化质押贷款的业务流程和工作环节,降低贷款的风险;

(4)物流企业可以通过提高物流综合服务能力,开辟更广的利润空间,赢得更多的潜在客户。

五、统一授信业务模式的SWOT分析

与物流企业共同开展的统一授信业务是对银行—企业困境的破解。虽然仓单具有金融价值,但是在银行—企业信息不对称的情况下,如果银行直接与借款人开展仓单质押业务,由于信息不对称造成的逆向选择及道德风险使得仓单质押业务难以有效展开。但是如有物流企业作为主导参与到统一授信工作中来,情况将大为改观。我们可以通过SWOT分析来分析银行与物流企业合作开展统一授信业务的优缺点,如表4-2所示。

表4-2　统一授信业务模式的SWOT分析表

S(优点)	W(缺点)
银行方面: 将本部分以外的业务转移给物流企业,可以加强统一监控、降低风险;也可以降低运作成本 物流企业方面: 提供了新的增值服务,创造新的利润增长点;有利于控制供应链的风险	银行方面: 无法对整个现金流进行全程监察 物流企业方面: 需要有一定规模的仓库等硬件设施 必须要有仓管、监管、价值评估、配送等综合服务能力,对工作人员的素质要求更高
O(机会)	T(威胁)
互利合作,可以降低资金链的整体风险	出现物流企业的道德风险

接下来对表 4-2 进行说明:

(1)物流企业的加入是对银行—企业信息不对称的一定程度上的解决。企业的产权、经营权存在着分立、合并、兼并、重组、托管、联营等交易,但是作为实际商品的流通渠道是比较固定的。作为企业需要将沉淀的资金盘活,想通过仓单质押的方式来融资,那么作为银行就需要了解质物的规格、型号、质量、原价和净值、销售区域、承销商等,要察看权力凭证原件,辨别真伪。这些工作超出了金融机构的业务范围,那么掌控着企业物流的机构应当成为最直接、最有效力的发言者,因而与物流企业合作来开展仓单质押业务就成为必然。

(2)物流企业的参与增加了银行零售业务的批量,降低了银行的运作成本。目前的资金流运作过程非常繁琐,特别中小企业单笔的业务量较小,从而运营的成本相对较高,这时如果有第三方物流企业加入进来,可集聚业务量,同时分担银行的部分业务及成本,就可提高整个流程的效率。

(3)统一授信业务的开展可大大提高第三方物流企业在供应链中的号召力。物流企业对于库存及流通的区域的变动,可以通过库存管理、配送管理做到了如指掌,所以为客户提供金融担保服务就应成为一项物流增值服务的项目,不仅为自己带来新的利润增长点,也可以提高企业对客户的吸引力。

六、统一授信业务模式实践中的风险分析

尽管统一授信业务模式克服了传统授信业务模式的不足,但现阶段开展统一授信业务模式仍然存在一些风险和威胁,因此统一授信在实践运作中要制定一套风险评价体系来识别风险。

(一)客户的信用风险

信用风险是物流金融业务实施过程中最主要的风险,其形成的因素十分复杂,主要体现在以下四个方面:

1. 信托责任缺失

由于物流企业充当了商业银行的信托责任人,因而银行可能就会相应地降低对信用风险的管理和控制。但物流企业专业性和责任度上的不稳定造成的信托责任缺失,可能会使银行盲目相信面上的数据而陷入隐蔽的信用风险之中。作为制造企业和银行之间的"粘合剂",物流企业一方面可能会为拉拢自己的客户而向银行提供虚假数据,这种粉饰可能会给银行造成误导;另一方面,制造企业和物流企业间的信息不对称同样存在,而且由于专业性不如银行,因而这种不对称可能会更加严重,形成物流企业与银行同时蒙在鼓里的状况。

2. 风险指标失灵

长期以来,商业银行为了更好地实施贷款风险五级分类法,主要采用借款人经营及资信情况,借款人财务状况,项目进展情况及项目能力,宏观经济、市场、行业情况,还款保证情况,银行贷款管理情况,保障还款的法律责任等七大量化指标。但随着物流金融业务的实现,其参与主体的多元性及各主体角色的再定位,尤其是商业银行将部分的审贷职能转嫁给物流企业以后,以上七大贷款风险评级的量化指标很有可能失灵,因为在这里面缺乏对物流企业在其中的中介作用及它与商业银行、制造企业三者的内部相关性等因素的考虑。

知识链接

贷款质量的五级分类

1998 年以前,中国商业银行的贷款分类办法基本上是沿袭财政部 1993 年颁布的《金融保险企业财务制度》中的规定,把贷款划分为正常、逾期、呆滞、呆账四种类型,后三种合称为不良贷款,在我国简称"一逾两呆"。逾期贷款是指逾期未还的贷款,只要超过一天即为逾期;呆滞是指逾期两年或虽未满两年但经营停止、项目下马的贷款;呆账是指按照财政部有关规定确定已无法收回,需要冲销呆账准备金的贷款。中国商业银行的呆账贷款大部分已形成应该注销而未能注销的历史遗留问题。

这种分类方法简单易行,在当时的企业制度和财务制度下,的确发挥了重要的作用。但是,随着经济改革的逐步深入,这种办法的弊端逐渐显露,已经不能适应经济发展和金融改革的需要了。比如未到期的贷款,无论是否事实上有问题,都视为正常,显然标准不明。再比如,把逾期一天的贷款即归为不良贷款似乎又太严格了。另外这种方法是一种事后管理方式,只有超过贷款期限,才会在银行的账上表现为不良贷款。因此,它对于改善银行贷款质量、提前对问题贷款采取一定的保护措施,常常是无能为力的。所以随着不良贷款问题的突出,这类分类方法也到了非改不可的地步。1998 年 5 月,中国人民银行参照国际惯例,结合中国国情,制定了《贷款分类指导原则》,要求商业银行依据借款人的实际还款能力进行贷款质量的五级分类,即按风险程度将贷款划分为五类,即正常、关注、次级、可疑、损失,后三种为不良贷款。

1. 正常贷款

正常贷款指借款人能够履行合同,一直能正常还本付息,不存在任何影响贷款本息及时全额偿还的消极因素,银行对借款人按时足额偿还贷款本息有充分把握。贷款损失的概率为 0。

2. 关注贷款

关注贷款指尽管借款人目前有能力偿还贷款本息,但存在一些可能对偿还产生不利影响的因素,如这些因素继续下去,借款人的偿还能力受到影响。贷款损失的概率不会超过 5%。

3. 次级贷款

次级贷款指借款人的还款能力出现明显问题,完全依靠其正常营业收入无法足额偿还贷款本息,需要通过处分资产或对外融资乃至执行抵押担保来还款付息。贷款损失的概率在 30%～50%。

4. 可疑贷款

可疑贷款指借款人无法足额偿还贷款本息,即使执行抵押或担保,也肯定要造成一部分损失,只是因为存在借款人重组、兼并、合并、抵押物处理和未决诉讼等待定因素,损失金额的多少还不能确定。贷款损失的概率在 50%～75%。

5. 损失贷款

损失贷款损失贷款指借款人已无偿还本息的可能,无论采取什么措施和履行什么程序,贷款都注定要损失了,或者虽然能收回极少部分,但其价值也是微乎其微。从银行的角度看,也没有意义和必要再将其作为银行资产在账目上保留下来。对于这类贷款在履行了必要的法律程序之后应立即予以注销,其贷款损失的概率在 75%～100%。

3.数据信息低效

尽管物流企业作为第三方介入融资过程,向商业银行提供制造企业货物的详细数据,但是这些数据的准确性和可靠性漏洞依然存在。信用风险管理所需的数据信息应该由基础数据(主要是制造企业的流动资产信息)、中间数据和分析结果三部分组成。中间数据是对基础数据的识别和分类,通过对这些流动资产的信息进行具体的处理,找到对银行放贷过程中风险控制有帮助的中间数据。而分析结果则是在中间数据基础上的风险分析。可见,物流企业做的只是最原始的数据搜集工作,这些数据的来源和有效性都还是个问号,商业银行在数据处理方面的问题依然很大,不可小视。

4.信用环境软约束不完善

信用风险的存在一向都与社会的金融生态密切相关,而经济领域至今还没有树立起诚信光荣、无信可耻的社会信用环境,也没有严厉的失信惩罚。这就使得统一授信这一项全新的金融业务在实施过程中缺乏社会信用保障,也就是说当它踏入社会金融生态圈之后,信用坍塌后的多米诺骨牌效应也会导致这种失衡现象渐渐地在物流金融业务中出现,进而成为了另一项信用风险的缘起。

(二)质押货物本身的风险

1.质押货物的合法性

在出质人进行货物质押时,第三方物流企业要严格考核该货物是否合法,是否为走私货物,是否为合法渠道得到的货物。即融资企业应该具有相应的物权,避免有争议的、无法行使质权的或者通过走私等非法途径取得的物品成为质物。

2.质押货物的市场风险

在买方市场时代,产品的更新换代速度越来越快;另外,质押商品的品牌或质量如出现重大负面影响事件,也会严重影响其销售。为控制该风险,银行必须考虑选取产品销售趋势好、市场占有率高、实力强、品牌知名度高的生产商合作。

3.质押货物的变现风险

银行在处置质物时,可能出现质物变现价值低于银行授信敞口余额或无法变现。为控制该风险,银行应建立对质押商品销售情况、价格变化趋势的监控机制,并设定合理的质押率。

4.质押货物是否保险

由于质押货物是要质押在第三方物流企业的仓库中,所以不可避免地可能会面临盗抢、火灾、灭失等一系列风险,所以在物流金融业务中,一般会要求融资企业对货物进行投保,包括基本险、盗抢险、特种货物险等,比如现在的质押业务中如果质押的货物为石油,一般要求出质人投保特种货物险。

(三)物流公司管理水平因素

物流公司管理水平的主要因素有管理人员素质、组织机构的合理性与有效性、权责机制的有效性及安全监管的执行力等方面,具体如下:

1.公司管理人员素质

首先是管理人员的领导能力。领导能力是考察管理者的一个重要因素,管理者不仅从事管理工作,更重要的是对公司内下属进行指导、教育、激励,施加影响以达到预期目标。其次是学历水平与业务素质。人的行为能力比较集中地体现在他的专业技能上,它是管理人员的专业技术与经验的总称。学历从一定程度上能够比较客观地反映出一个人专业知识的丰富程度。由于对于质押货物的监管需要制定一些繁琐的安全管理系统、各种信息管理设施以及这项业务的开展等这些操作需要有受过专门培训的人员进行操作。而且,对于这些系统的具体理解也需要管理人员具备一定的学历及专业的业务素质。因此,将管理人员学历情况和业务素质作为一个评价指标。

2. 组织机构的合理性与有效性

组织结构设计是为了便于管理,实现企业目标和计划。组织结构设计应遵循统一、方便协调、信息畅通等原则。管理对项目运营起到促进作用,组织结构设计是否合理与有效对管理则起到了决定作用。组织结构设计应根据公司目标和计划以及生产特点综合考虑人员素质环境等因素进行设计。组织结构形式主要有直线制、直线职能制、事业部制、矩阵制、网络制、混合制等多种形式,具体设计要根据企业实际情况。合理、有效、组织机构能有效地满足组织目标的需要,有利于稳定工作人员的情绪,调动工作人员的积极性,使组织保持良好的沟通关系,是提高组织工作效率的前提条件。

3. 责权分配的合理性、明确性

在进行物流金融业务中,一定要注意对权责分配的合理以及明确,要把各个部分的责任及权利落实到明处,实行主要领导亲自抓、负总责,层层落实各级主体的责任及权利,防止发生冲突、多头领导、出现问题互相推诿以及信息不畅等弊端。

4. 安全管理检查、安全活动落实情况

不管安全管理的有关规章制度制定的多么完善,如果这些规章制度不能真正的加以落实,便只是一纸空文,并不能使安全管理的水平得到任何的提高。任何规章制度都必须通过具体的安全管理检查和安全活动来实现。因此,将安全管理检查、安全活动落实情况作为一个评价指标。

七、统一授信业务风险防范及控制

(一)加强信用风险防范及控制

防范信用风险是物流金融业务顺利实施的保障,因此,物流企业寻找到统一授信业务模式可能造成的各种信用风险的规避方法或者思路乃是其当务之急,具体可以从以下几个方面入手:

1. 过程管理,强化责任

物流企业要重视对客户企业所提供数据真实性的评估,派专门的部门和具有较强风险意识、熟悉客户业务的人不定期抽查,同时要考虑到物流企业专业人员缺乏的现实,经常给予市场、产品知识方面的培训和指导。对于作假数据的企业,物流企业要实施严格的质押贷款质量责任人制度和严厉的处罚条例,以约束企业的行为。

2. 整合考虑,优化指标

对于标准的量化因素要科学而合理地选取,要考虑以可操作性为前提,适当地加入对货主企业的评估指标,如货主企业的经营状况、经营规模、银行信誉度等。物流企业在对货主企业进行评估时,要坚持定性和定量指标相结合的原则。

3.统筹数据,细化模型

物流企业要建立可靠和完善的数据信息处理系统,从货主企业获得原始的数据以后,要展开深入分析和统计,优化升级,使系统尽量满足信贷决策所需的各种要求,改善信贷审核的风险程度。结合我国国情发展的实际,物流企业可建立内部评级模型、风险预警等信用风险分析的定量模型,准确而及时地防范和控制风险。

4.做好客户信用体系建设,构造企业信用环境

(1)物流企业要加强信用的建立和整合。物流企业要与客户建立信用关系;客户能放心把商品存放仓库中,这是最基本的信用;统一授信业务的开展则是建立在仓单的真实有效性和对仓库监管的信任之上。

(2)必须加强对客户的信用管理。通过建立客户资信调查核实制度、客户资信档案制度、客户信用动态分级制度、财务管理制度等一系列制度,对客户进行全方位信用管理。首先,调查客户偿还债务的历史状况;其次,分析客户在以往的履约中所表现的履约能力;最后,应调查客户履约是出于自愿,还是被采取法律诉讼或其他行动的结果。凡有不良信用记录的,应杜绝与其合作。同时,充分发挥与银行的合作关系在风险管理中的作用。物流企业应借鉴银行对信用评估和风险控制的方法,利用自己掌握客户及质押物第一手资料的优势,在双方信息共享的情况下,与银行联系开展融资项目的信用和风险评估。在业务开展过程中,形成互动的监管和控制机制,这样能更加有效地控制风险。

(二)谨慎选择质押商品

(1)要考察质押货物来源的合法性。物流企业在进行货权验收时,一定要确认货物的所有权是不是申贷企业,相关证明、文件、手续是否齐全;同时,物流企业还要加强了解客户的信用情况,确保质押货物的合法性。物流企业一定要重视货权验收,这是自身利益的关键一步。

(2)质押品种的选取存在市场风险,因此在质押物的选择过程中,所选质押物最好为价值易确定且相对透明稳定,市场需求量大,流动性好,变现性较好,质量稳定,容易储藏保管的大众化物品。可以通过控制贷款期限的长短、质押贷款的比例、设立风险保证金制度等方法尽量避免货物的市场价值波动风险。当市场价格下跌到预警线时,按协议规定通知融资企业增加质物和保证金。第三方物流企业可以搜集市场信息,了解市场容量、价格变动趋势、产业产品的升级等情况,通过调查行业内人士、征求专家意见、利用统计资料、参考现行成价和销售价等方法来准确评估质押货物的价值。面对复杂多变的市场、价格波动,需针对不同抵押商品进行细化管理。第三方物流企业掌握着大量行业的交易信息,如该项货物每天的到货数量、库存数量、销售数量等,可以对不同情况的商品进行区别管理。

(3)要确保质押的货物已经购买了相应的保险。因为质押的货物在物流企业质押期间存在多种因素会导致质押货物的丢失、减损等,这时需要购买适当的货物相关保险,以便在货物发生意外时得到补偿,减少物流企业的损失。

(三)加强改革,提升物流企业整体管理水平

(1)加强专业人才的培养。针对我国物流人才紧缺的现状,应加大人才培养力度。一方面

应积极进行先进的物流管理和物流技术知识、电子商务、金融、贸易经济、信息管理等知识的培训。对物流从业人员,可通过长期培养与短期培训,学校培养与在职培训等多种方式,加强物流企业与科研院所的合作,使理论研究和实际应用相结合;另一方面要形成较合理的物流人才教育培训系统。在大学和学院设置物流管理、金融专业,培养复合型人才,形成一定规模的研究生教育系统。通过多个层面的教育与培训,可以为我国培养出大量的各层次、各方面的物流专业人才。

(2)选择适合物流企业的组织结构模式,明确各部门的权责。组织结构设计应遵循统一、方便协调、信息畅通等原则,根据企业目标和计划以及特点综合考虑人员素质环境等因素设计出企业的组织结构,以满足企业的需要,稳定工作人员的情绪,调动工作人员的积极性,使组织保持良好的沟通,提高组织工作效率。同时,这种组织模式可以促进各部门权责的有效分配,使整个组织成为一个机动的有机整体。

(3)物流企业应当不断进行创新,完善制度建设,建立起全面、完善的企业信息库,制定出有效、合理的企业信用评价指标体系和企业融资准入标准,使物流企业具备市场风险预警和风险控制能力,有效解决物流金融业务执行时的困难。金融机构应与物流企业携手合作,互通信息,互相促进,合理高效地利用资源,实现金融业与物流业的"双赢"。

(4)培养公司员工的执行力。好的政策需要好的执行团队才能发挥其积极作用。物流企业应该注重员工执行力的培养,把规范作业、安全监管等重要工作做好,提高公司的管理水平。

统一授信风险防范及控制对策建议如表4-3所示。

表4-3 统一授信风险防范和控制表

风险来源	风险对策建议	风险控制体系
客户的资信风险	加强信用风险防范与控制	1.过程管理,强化责任 2.整合考虑,优化指标 3.统筹数据,优化模型 4.做好客户信用体系建设,构造企业信用环境
质押货物本身的风险	谨慎选择质押商品	1.考虑货物的合法性 2.控制货物的市场和变现风险 3.质押货物保险
物流公司管理水平风险	加强改革,提升公司整体管理水平	1.加强专业人才的培养 2.选择合适的组织结构模式 3.不断创新,与金融机构合作 4.培养公司员工的执行力

学习单元二　信用证担保业务模式操作与管理

一、信用证与信用证担保

1. 信用证

信用证是指开证银行应申请人（买方）的要求并按其指示向受益人开立的载有一定金额的、在一定的期限内凭符合规定的单据付款的书面保证文件。信用证是国际贸易中最主要、最常用的支付方式。

知识链接

信用证特点与开立条件

一、信用证特点

（1）信用证是一项自足文件。信用证不依附于买卖合同，银行在审单时强调的是信用证与基础贸易相分离的书面形式上的认证。

（2）信用证方式是纯单据业务。信用证是凭单付款，不以货物为准。只要单据相符，开证行就应无条件付款。

（3）开证银行负首要付款责任。信用证是一种银行信用，它是银行的一种担保文件，开证银行对支付负首要付款的责任。

二、申请开立信用证的企业应具备的条件

（1）开证申请人应在当地外汇管理局颁布的"对外付汇进口单位名录"内，或持有外汇局核准的"进口付汇备案表"。

（2）开证申请人进口的商品如涉及配额管理、特定产品进口管理及自动登记制的，须提交进口许可证或进口证明和登记文件。

（3）开证申请人申请开立需经国家有关部门批准的远期信用证，须提交相应的有效证明文件。

（4）开证申请人办理的进口开证业务必须具备真实的贸易背景，开证金额及付款期限符合正常的贸易需求。

2. 信用证担保

信用证担保贷款属于贸易融资担保中的一种，是指企业在进口时银行为企业提供一定期限的贷款额度，即在这个额度内企业可以通过银行向国外出口商一次性或分批开立付款信用证。银行为了降低风险和增加第二还款来源，企业为了能顺利取得贷款，他们会委托物流企业作为担保公司为每笔信用证项下的金额授信。为预防企业不能按时偿还信用证项下的贷款金额，担保公司在提供反担保时会要求进口企业将其信用证项下的进口货物进行质押，以确保在企业不能按期还款时可以出售质押货物以偿还银行贷款。

信用证担保贷款中采购商在没有其他质押物品或担保的情况下，通过物流企业从银行获得授信，利用少量保证金扩大采购规模，在商品价格上涨的情况下获得杠杆收益，有可能因为信用证方式一次性大量采购从商品卖方处获得较高折扣，也可以提前锁定价格，防止涨价风险。

二、信用证担保业务模式操作流程

在国际贸易进口业务中,信用证担保模式的业务操作流程如图 4-2 所示:

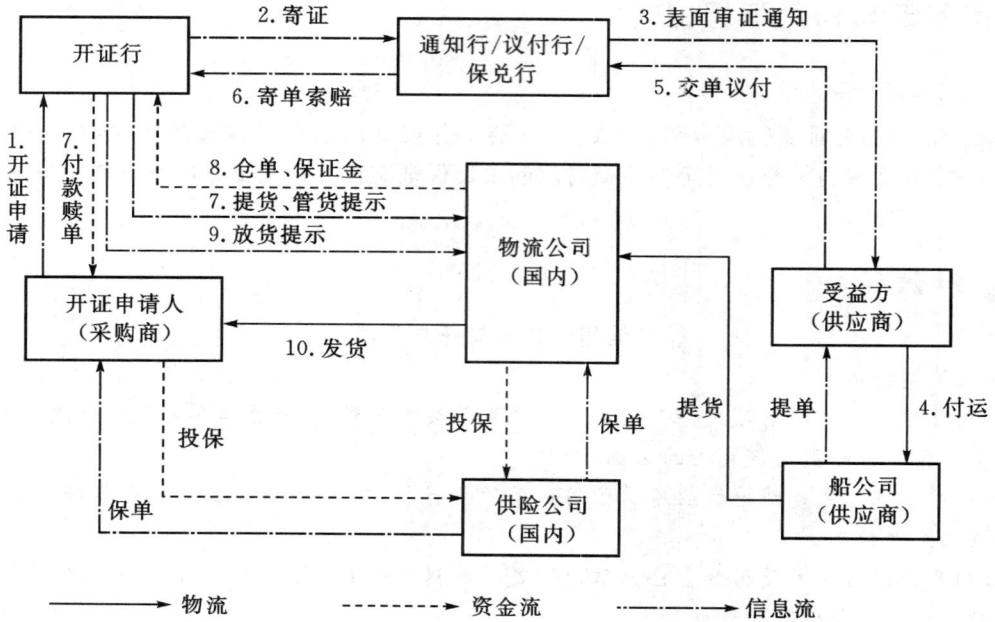

图 4-2　国际贸易中信用证担保业务模式

信用证担保模式的业务操作步骤如下:

(1)采购商和供应商签订商品进口合同,以信用证的方式进行支付货款,采购商通过银行授信的物流企业向银行申请开立信用证,采购商交保证金或由物流公司提供担保。物流企业作为担保企业为信用证项下的金额授信。

(2)开证行将信用证寄给通知/议付行/保兑行。

(3)通知/议付行/保兑行通知供应商提交信用证项下的相关单据。

(4)供应商向船公司发货并取得相关票据。

(5)供应商将相关单据交由保兑行审核并获取货款。

(6)通知/议付行/保兑行将信用证项下的相关单证寄给开证行并索赔。

(7)开证申请人(采购商)支付一定比例的保证金,银行将相关单据交由物流企业,物流企业持相关单据从船公司处提货,并实施监管。

(8)物流企业开出仓单并提交给银行,实施仓单质押业务模式。

三、信用证担保模式业务操作过程中存在的风险

在物流企业进行货权监管的时候,如没能充分地评估和预测风险可能会导致其在实施货权监管时出现一些漏洞,给自身业务运行带来潜在的风险。信用证担保模式业务操作过程中常见的风险如下:

1. 汇率风险

在国际市场中,汇率是决定贸易产生的重要因素之一。本币升值有利于进口,本币贬值则对东道国的出口起到促进作用。担保公司在为企业的信用证担保贷款进行担保时,应特别注意汇率波动带来的风险。尤其是在企业开立远期信用证时,由于付款时限跨度较长更加容易产生汇率波动风险。所以,在进行信用证担保贷款的货权监管的同时,仓储监管部的工作人员应及时地关注汇率走势,一旦发生不利因素应及时采取相应措施,以防止风险发生。尤其是在国际经济环境不稳定的时候,可以考虑在担保协议中要求企业利用套期保值的方法合理地规避可能由于汇率的波动带来的风险。

2. 物价通缩风险

担保公司在担保信用证贷款时,一般会要求进口企业用其信用证项下的货物提供反担保质押。在企业偿还信用证项下贷款之前,货物的所有权归担保公司所有。在同意企业用货权质押来提供反担保时,担保公司认定该信用证项下的货物价值足以匹配相应的贷款金额,这时货物价值的变动便是担保公司仓储监管工作人员应重点关注的对象。尤其是在发生通货紧缩时,货物的价格会大幅度缩水。例如,金融危机的爆发使得国际原油的价格暴跌,这时如果用石油或者其相关产品进行质押将会给担保公司带来很大的风险,因为这时企业可能出售全部货物再加上保证金账户的全部金额也不足以偿还银行贷款,其余剩下的款项将由担保公司代偿,使担保公司蒙受损失。对于物价通缩带来的监管风险,担保公司一般采用令企业及时补充相应价值货物或者偿还相应价值的银行贷款。

3. 开证风险

任何企业在经济活动中都要承担相应的风险。在做信用证担保贷款时,企业开证须经担保公司许可。信用证一旦开出便存在企业违约风险,所以担保公司在批准开证之前需要审查企业的国际贸易合约以及以往开证的履约情况。仓储监管部工作人员应及时地审查信用证项下货物的数量、品种、规格、金额、运输工具、出发和到站日期的情况以及信用证的相关条款和最后还款日期,审查货物的流向是否按照既定方案执行,这些资料将会作为下一次开证的重要依据。

4. 进口企业恶意违约风险

进口企业会因为各种外来因素造成违约,这里的违约有的是善意的违约,有的是恶意的违约。发生善意的违约,是指当发生一些如不可抗力等事件导致货物不能按照预期的计划进入担保企业的监管程序,但是在违约后可以及时地弥补由于自身违约给担保公司造成的损失,如及时令其货物进入监管程序或者偿还相应货物价值的银行贷款。由于进口企业在进行信用证担保贷款时,会因为担保公司的介入增加了对一些必要环节的审批程序,且由于自身不掌握货权会造成货物周转的速度减慢。此外,为了方便企业出售货物,每一笔信用证项下的货物需要分批解保,第一批解保的货物无需付款,此后企业每售出一批货物的款项须偿还上一批货物的相应款项,这样会影响企业的资金的周转。鉴于存在以上一些弊端,一些企业为了自身的利益,单方面与承运人沟通使货物脱离监管程序,使得担保公司失去了反担保依据。一旦企业不能按期还款,担保公司则面临严重的经济损失。防范措施可以完善监管程序,不仅要选定货代公司和监管仓库，也要约束承运人以及运输工具，例如，可以要求企业在签订运输协议时，注明需要有企业和担保公司共同签署的变港通知书才可以变更货物流向。

5. 被监管货物自身属性决定的风险

被监管货物的自身属性不同决定了在监管过程中担保公司要承担不同的风险。例如，有些货物具有易破损、易挥发、易变质、易泄漏等特定的属性，一旦发生上述所提及的现象，则会削减监管货物的价值，加大监管风险。此外，如果监管货物为有生命的动物等，则还需要注意疾病防范。所以，当被监管货物具备上述属性时，应尽量寻求安全且易监管的质押货物，如果对方不能提供，则需要选取专业的监管仓库，即该仓库应为上述产品或相关产品的生产厂家，以便实施较为专业的监管。

6. 异地监管带来的风险

由于信用证担保贷款涉及的大都是贸易公司的进口业务，货物进口的目的地不一定是公司所在地，有可能是产品的销售地或其他目的地。如果进口货物的终到站不是担保公司所在地，就会产生异地监管。异地监管时监管工作人员不能时常去查看被监管货物的具体情况，只能委托其他公司代为监管，并通过电话、传真和信件等通信工具来控制监管流程。这里就存在代理监管公司不能履行自身职责，如丢失货物、与进口商私自达成协议放货等，给担保公司带来损失。所以，在异地监管再选取代理监管公司时一定要进行实地考察，选取当地资信较好、管理规范、业务素质高的监管公司，同时在三方协议上完善监管程序，合理严谨地约束进口商和代理监管公司，以降低异地监管风险。

担保公司在进行信用证担保贷款货权监管时会面临许多潜在风险，如何合理地规避这些风险是担保公司仓储监管部工作人员所面临的挑战。以上讨论了几点在货权监管时经常遇到的问题。除此之外，还存在其他一些风险因素，如不可抗力风险、内部控制风险、监管成本风险等。这些风险的存在给信用证担保贷款货权监管带来了许多困难，但是在合理的预期到风险的存在，并采取相应措施规避风险这个过程中，也大大地锻炼和提高了物流企业工作人员的业务素质，在不断开拓创新的路上，逐步完善货权监管的工作流程。

情境小结

本情境详细介绍了统一授信模式下的物流金融模式和信用证担保业务模式，分析了统一授信模式下物流金融业务模式相比仓单质押融资模式的优点，介绍了两种信用担保物流金融业务模式的业务流程和可能存在的风险，并提出了风险的防范措施。

实训项目

山泉第三方物流企业统一授信物流金融融资业务

山泉第三方物流企业依据和银行的良好合作关系，利用自有业务规模和母公司招商集团的资信，根据银行的企业信用担保管理的有关规定和要求，向合作银行提供信用担保，获得银行授信贷款5亿元。合作银行把贷款额度直接授权给山泉第三方物流企业，由山泉第三方物流企业根据自己客户的需求和条件进行质押贷款和最终结算。在山泉第三方物流企业的这个业务模式中，合作银行基本上不参与质押贷款项目的具体运作。山泉第三方物流企业在提供质押融资的同时,还为客户寄存的质物提供仓储管理服务和监管服务。山泉第三方物流企业客户某煤炭企业是山西煤炭进出口集团联合另外两方投资 13 亿元人民币成立的,建立了占地 1008 亩、年周转煤炭 1500 万吨规模的煤炭物流园。物流园主要功能为煤炭的储存、中转、贸易,物流园的产权归属这家煤炭企业。通过 3PL 企业和煤炭企业的前期洽谈,煤炭企业的需求包括资金需求用于煤炭贸易和运输垫付、煤炭运输和仓储总包。

山泉第三方物流企业和煤炭企业的业务合作形式为:山泉第三方物流企业和客户母公司山煤集团形成战略合作关系,并指定山泉第三方物流企业和客户为具体的业务操作单位,山泉第三方物流企业作为客户的总物流承包商,承担客户的煤炭全程运输和物流园内煤炭监管和仓储服务,山泉第三方物流企业向客户提供项目运作资金。双方签订《战略合作协议》《预付资金协议》《煤炭监管协议》和《煤炭运输协议》,通过四个协议确保资金流、物流、货权的控制。设立共管资金账户,资金的提供方式以运输承包运作资金预付形式存入共管资金账户。

山泉第三方物流企业和此客户合作过程中所获得的业务收入包括运输费收入、仓储费收入、监管费收入、资金有偿使用收入(叠加到运输费费用),以及其他物流增值服务费用的收入。

资金控制模式是采用预付资金存放于双方指定的招商银行阳泉分行客户所开专用账户,并由山泉第三方物流企业监管此专用资金。监管的方式为山泉第三方物流企业掌握一枚在银行备案的专用印鉴和网银审核 Key,任何一笔资金的使用,都需要山泉第三方物流企业确认是否符合《预付资金协议》内所规定的资金使用条件后决定同意使用与否。同时,用预付资金所进行的煤炭贸易回款,也进入指定账户。

根据背景案例资料:

1.请结合背景案例设计统一授信物流金融业务模式操作流程。

2.请结合背景案例说明此项业务操作过程中存在的风险和防范措施。

3.实施步骤:

(1)以 4~6 人小组为单位进行操作,并确定组长为主要负责人;

(2)搜集资料,将各个环节操作流程、内容和工作要点填入下表,完成工作计划表;

序号	工作名称	工作内容	工作要点	责任人	完成日期

(3)组织展开讨论,确定所调查有关统一授信物流金融业务的案例及实际操作流程;

(4)整理资料,制作 PPT 进行汇报。

4.检查评估：

能力		自评 （10%）	小组互评 （30%）	教师评价 （60%）	合计
专业能力 （60分）	1.调查结果的准确性（10分）				
	2.业务内容的准确性（10分）				
	3.业务流程操作的准确性（10分）				
	4.调查表格或调查提纲设计的合理性（10分）				
	5.总结报告的撰写或PPT制作（20分）				
方法能力 （40分）	1.信息处理能力（10分）				
	2.表达能力（10分）				
	3.创新能力（10分）				
	4.团体协作能力（10分）				
综合评分					

思考与练习

1. 统一授信融资业务模式相比仓单质押融资业务模式的优点有哪些？

2. 简述信用证担保业务模式操作流程及风险。

学习情境五
物流金融综合业务模式操作与管理

学习单元一　综合化订单融资业务模式操作与管理

一、订单融资的概念及发展现状

1.订单融资的概念

订单融资的内涵归纳如下：供应商在接到核心企业订单后，以该订单作为担保向银行等金融机构贷款，银行等金融机构评估该订单的价值和相应风险后向供应商提供一定额度的封闭融资，用于组织生产和备货。在融资企业实现订单的过程中，金融机构借助物流企业的帮助，对融资企业在采购、生产等环节中的资金流和物流进行全面监控，当融资企业完成订单后，下订单方将货款打到融资企业在银行的规定账户中，银行再将剩余资金（如有）返还给融资企业，银行对相关的物流和资金流进行封闭管理。由订单融资业务的内涵可以总结得到订单融资业务的基本要素构成，具体详见表5-1。

表5-1　订单融资业务的基本要素

订单融资业务的基本要素	基本要素描述
融资对象（金融机构）	银行等金融机构
融资主体（订单接收方）	产品有市场、有效益但缺乏生产流动资金的中小型企业
下订单方	中小型企业的下游核心厂商
担保方（代为监管方）	第三方专业物流企业
担保品种	中小型企业与其下游核心厂商签订的有效销售订单

2.订单融资的发展现状

近年来，受经济危机的影响，我国的出口型企业纷纷反映出口贸易越来越难做，国际市场的需求大幅度的减少，很多企业准备转战国内市场。但国内市场竞争也相当激烈，我国的中小型企业众多，同行业的竞争日益激烈，中小型企业间夺取订单的难度也越来越大。此时，中小型企业的资金实力、货源情况、生产能力等就成为影响获取订单的关键性因素。随着商品市场供需形势变化，买方主导的赊销结算方式日益普遍，导致卖方须在备货阶段垫付资金。在这种国际金融环境和市场供需环境下，充足的资金对于我国中小型企业的发展就尤为重要。我国的中小型企业由于原本自身拥有资金就较少，在面临这种情况时，融资成为我国中小型企业的唯一出路。相对于其他的物流融资模式，中小型企业对于订单融资有着更大的市场需求。由于我国的中小型企业自有资金较少,多数企业在接到订单后再组织生产,即采取订单驱动方式。订单驱动方式可以提高物流速度和库存周转率,进而降低企业的库存成本,减小存货质押的风险。相对于传统信贷业务,订单融资业务具有很大的优势,正是由于这种优势,订单融资业务在国外发展迅速。近年来,国外的金融机构和第三方物流企业在供应链金融领域展开全面合作,已开展了包含订单融资业务在内的融资业务,如美国花旗银行、荷兰万贝银行、法国巴黎银行等。

然而,相对国外的订单融资业务发展而言,我国订单融资业务的发展速度比较缓慢。虽然目前我国有多家银行推出订单融资业务,如中国银行、中国工商银行、中国建设银行和华夏银行等。但订单融资业务在我国并没有推广开,通过订单融资方式获得银行贷款的融资企业并不多,其主要是因为我国的银行等金融机构在从事物流金融活动时为减小融资风险,对下订单方的资质有着严格的要求,即一般会要求下订单方为所在行业领域内的核心企业。由于金融机构的这种强制性要求,很多拥有订单且急于融资的企业,因其下订单方非核心企业而无法获得金融机构的支持。这会严重制约我国中小型企业的发展,同时也会限制金融机构和第三方物流企业业务的扩展。

二、综合化订单融资的概念及特征

1.综合化订单融资的概念

综合化订单融资的具体内涵概括如下:供应商在接到企业订单后,以该订单作为担保向银行等金融机构贷款,银行等金融机构评估该订单的价值、供应商的信用等级和相应风险后向供应商提供一定额度的封闭融资,用于组织生产和备货。在实现订单的过程中,金融机构借助第三方物流企业的帮助通过对采购环节、生产环节、货物及货款交付环节的监管,综合运用各种物流金融模式和信用担保方式,保障综合化订单融资业务的顺利进行。当融资企业完成订单后,下订单方将货款打到融资企业在银行的规定账户中,银行再将剩余资金(如有)返还给融资企业,银行对相关的物流和资金流进行封闭管理。

2.综合化订单融资的特征

综合化订单融资是对订单融资的一种扩展和改进,其主要特征包括以下方面:

(1)封闭性,即"一单一贷、专款专用、回款锁定"。融资企业拿到贷款只能用于本次订单的生产采购,不能挪为它用;订单完成后,下订单方支付的货款直接存到银行的指定账户中,银行扣除融资本息及相关费用后再将余款如有支付给融资企业。

(2)灵活性,即贷款业务具有及时简便、效率高的特点。该融资业务无需传统的担保物作为抵押,融资企业向银行递交融资申请后,银行只需对订单进行贷前评估,评估结果符合要求即可签订融资协议,融资企业即可拿到贷款。

(3)广泛性,即贷款业务的适用范围比较广。银行对融资企业的下游采购企业资质并没有严格的限制,只需下游采购企业具备还款能力且信用状况良好即可。

(4)复杂性,即贷款业务由融资主体准入为基础的风险控制转变为过程控制。过程控制指同时对资金流和物流进行控制,所涉及的资金流和物流相对复杂,此监控难度高,风险相对较大。银行需与专业的第三方物流企业合作,由第三方物流企业对融资业务的整个流程及订单实现的过程进行全程监管。

三、综合化订单融资模式设计

综合化订单融资模式设计是通过对订单融资业务过程中各环节的风险特点的全面分析，从融资企业信用整合再造和融资业务过程控制两个角度进行剖析，总结出适用于中小型融资企业的信用整合再造方式和各环节应采取的风险应对措施，得到一种广泛应用于我国中小型企业的综合化订单融资模式。

(一)融资企业信用整合再造

银行在贷款给融资企业前，会对该订单融资业务进行贷前评估，重点评估订单的价值、融资企业和下游采购企业的信用等级等。订单融资的贷前评估具体含义是：银行在进行订单融资业务时，对订单所涉及的产品有着严格的要求，当订单所涉及的产品不完全符合银行的质押要求，融资主体的信用又不足的情况下，银行一般会要求其下游采购企业必须是核心企业。在综合化订单融资模式中并没有对下游采购企业的资质进行严格限制，此时，如果下游采购企业是核心企业，银行可以在评估完订单的价值后给予融资企业一定的贷款额度；但是当下游采购企业不是核心企业时，可以通过第三方信用担保方式对中小型融资企业的信用进行整合再造，达到增加融资主体的信用等级的目的，从而满足银行的贷款要求。在现实中，这类中小型企业占了相当大的比例。因此，银行在订单融资合同中设立第三方信用担保是非常有必要的，而且具有非常大的市场需求量。根据综合化订单融资业务的特点，总结得出第三方信用担保模式，根据担保主体的不同可分为以下三种担保模式：

1. 合作企业担保模式

合作企业担保模式指下游采购企业订单的发出方为融资企业进行信用担保，下游采购企业愿意承担连带责任。合作企业担保模式的具体做法是银行与采购方签订一份担保合同，如果融资到期订单融资方未能依约履行偿债义务，则由下游采购企业无条件偿还。当融资企业与下游采购企业的关系较为密切时，下游采购企业愿意为其在订单融资业务中进行信用担保。通过订单融资合同中将授信偿还与下游采购企业进行责任捆绑，利用整体的供应链信用进行风险控制。

2. 第三方物流企业担保模式

第三方物流企业担保模式指第三方物流监管企业为融资企业进行信用担保，第三方物流监管企业愿意承担连带责任。第三方物流企业担保模式的具体做法是银行与第三方物流企业签订一份担保合同，如果融资到期订单融资方未能依约履行偿还义务，则由第三方物流企业无条件偿还。同时，第三方物流企业与订单融资方签订一份合作合同，当融资方不能偿还银行债务时，处于物流企业监管下的货物将归物流企业所有；无论融资方是否能按时偿还银行债务，都必须向物流企业支付一定金额的担保费用。

3. 联合担保模式

联合担保模式指由合作企业和第三方物流监管企业共同为融资企业进行信用担保，合作企业和第三方物流监管企业愿意承担连带责任。联合担保模式的具体做法是合作企业和第三方物流监管企业同时与银行签订一份担保合同，如果融资到期订单融资方未能依约履行偿还义务，则由合作企业和第三方物流监管企业依据各自在担保合同中承担的责任进行无条件偿还。这种担保模式较以上两种担保模式而言比较理想,银行能够有效地控制订单融资业务的风险,但是在现实业务中应用比较少。

(二)融资业务过程控制

综合化订单融资业务与目前我国的订单融资业务的不同之处在于对下游采购企业的资信水平没有严格的限制,下游采购企业的资信水平并不十分理想,这将会大大增加融资业务的风险,主要指订单实现过程的风险和下游采购企业的违约风险。订单融资业务以融资企业取得贷款开始,以银行收回本息结束,在此过程中涉及资金和货物的流转,现将订单融资业务过程划分为原材料采购环节、生产制造环节、货物及货款交付环节。为减小综合化订单融资业务的风险,银行和第三方物流企业需要对这三个环节中的资金和货物进行严格的监控和管理。

1.采购环节

采购环节指融资企业用从银行取得的资金进行原材料的采购工作。在本环节中,银行为了准确掌控资金的真实流向,防止该笔资金被挪为他用,可以要求融资企业将该笔资金存放在专门账户上,以便对资金进行封闭式管理,同时限定该笔资金只能用于本次订单中原材料的采购,并且通过与专业的第三方物流监管企业合作,委托第三方物流企业对融资企业采购的全过程进行监控。在采购的过程中,部分资金转化为原材料,以货物的形式存在。在单纯的订单融资业务中,通过采购得到的原材料常常会超出银行的监控范围。此时,虽然银行仍拥有一定的监督权,但从法律上来讲,融资企业拥有原材料的所有权。因此,银行为了能够有效控制原材料和融资企业生产产品,银行可以考虑在此环节综合运用多种融资方式,如银行可将订单融资转化为对原材料的仓单质押融资,即银行为生产企业订单融资企业办理仓单质押融资,归还其订单融资。通过转换融资模式,使银行和物流企业能够重新获得对原材料和生产产品的监控权。

2.生产制造环节

生产制造环节指融资企业生产制造出符合下游采购企业要求的产品的全过程。在采购环节中,订单融资已经转化为仓单质押融资。仓单质押融资包括静态质押和动态质押,在生产制造环节中,当原材料未被使用之前,这种质押属于静态质押;伴随融资企业生产活动的开始,原材料不断地被使用,并逐步变成半成品和成品,此时,质押模式由静态质押转化为动态质押。当原材料处于静态质押状态下时,质押的货物不能更换,融资企业可根据融资额度的减少提取相应的货物,直到融资企业还清贷款。当半成品或成品处于动态质押状态下时,融资企业在保证质押货物的价值不低于银行规定的前提下,对于超出银行规定的最低价值部分的产品,融资企业可以自由地存取。在动态质押模式下,生产企业(订单融资企业)的原材料、半成品、产成品的出库、入库和置换等操作都处于物流公司的严密监控之下。银行和第三方物流企业能够对生产企业的生产过程进行全程动态的跟踪和管理,从而有效地防范了融资企业的生产风险。此外,订单融资业务进行的前提是融资企业具备完成订单的能力,而且这种风险并不会受下游采购企业的资信水平影响,所以在本环节中不考虑这种风险对订单融资业务的影响。

3.货物及货款交付环节

货物及货款交付环节指生产企业(订单融资企业)按照订单的要求完成订单,并将最终产品交付给下游采购企业客户,同时收回货款。在此环节中,银行为了控制融资风险,需要组合运用其他融资方式来控制回笼资金或最终产品。在货物及货款交付环节中,如果下游采购企业能够直接支付货款,银行可以直接收回本息,此时订单融资业务终止;如果下游采购企业不能直接支付货款,想要以赊销方式取得货物,此时可分为两种情况:一种情况是银行将仓单质押融资转化为应收账款融资,另外一种情况是直接将对生产企业的仓单质押融资转化为对下游采购企业的仓单质押融资,将该笔融资所得归还生产企业原先的融资款项,从而实现了信用的迁移。银行如果将仓单质押融资转化为应收账款融资,银行需对生产企业生产的货物和下游采购企业进行评估,银行为下游采购企业承担风险,这种情况下,对下游采购企业的资信水平要求比较高。在实践中,一些银行允许采购方采取逐步还款和赎回货物的方式,这样既能确保信贷安全,又能增强质押物的流动性。

在上述各环节中,物流融资方式在不断地转化,由于每种融资方式涉及的风险类型不同,银行和第三方物流企业需对各类风险进行严格控制和管理。通过分析可知,仓单质押融资模式中质押物本身的风险会严重影响订单融资业务的顺利进行。因此,银行需要对订单所涉及的原材料、生产产品提出一定的要求,要求质押物具有产权清晰、价格稳定、流动性强、易于保存等特点。在我国,有色金属、纸架、汽车、化肥、粮油、棉花、钢材、玻璃、橡胶等产品均被纳入质押的范围,因此,在订单所涉及的原材料、产品符合质押要求的情况下,银行对下游采购企业的资信水平可以不作过高要求,只需其具有与融资额度相符的偿债能力和资信水平即可。假定下游采购企业出现毁约现象时,由于银行和物流公司在订单实现的整个过程当中始终牢牢控制着资金和货权,同时质押产品的价值基本覆盖银行的授信敞口,因此下游采购方的违约风险对于银行和融资企业来说并不会造成大的损失。

综上所述,通过综合运用物流金融的各种模式及提高融资方信用等级的方式,可以扩大订单融资的应用范围,使订单融资业务广泛应用于我国的中小型企业,这将在很大程度上促进我国中小型企业的快速发展。

四、综合化订单融资的业务流程

基于对综合化订单融资模式的设计,通过归纳总结将综合化订单融资的业务流程分为九个步骤,具体流程如图 5-1 所示。

具体业务流程说明如下:

(1)下游采购企业下订单方向中小型企业订单完成方发出订单,双方签订产品订购合同,下游采购企业向中小型企业支付定金。

(2)中小型融资企业向银行递交《综合化订单融资业务申请书》,同时提供订单销售合同原件和其他相关材料。

(3)金融机构在第三方专业物流企业的协助下审查融资企业和下游采购企业的资信状况以及它们相应的生产能力和回购能力。如果订单所涉及的产品不完全符合银行的质押要求,且下游采购企业下订单方也不是核心企业时,中小型企业可以通过第三方担保模式来实现信用增级。中小型企业信用增级的方式有三种:一是合作企业担保模式,由下游采购企业为企业担保;二是第三方专业物流企业为其担保;三是合作企业与第三方专业物流企业共同为其担保。

(4)当中小型融资企业的融资资质被其检查通过后,金融机构(银行等)、中小型融资企业和第三方专业物流企业签订《订单融资合同》等,与此同时,中小型融资企业将订单合同(原件)质押给金融机构银行等,下游采购企业向金融机构银行等提交付款承诺书原件。

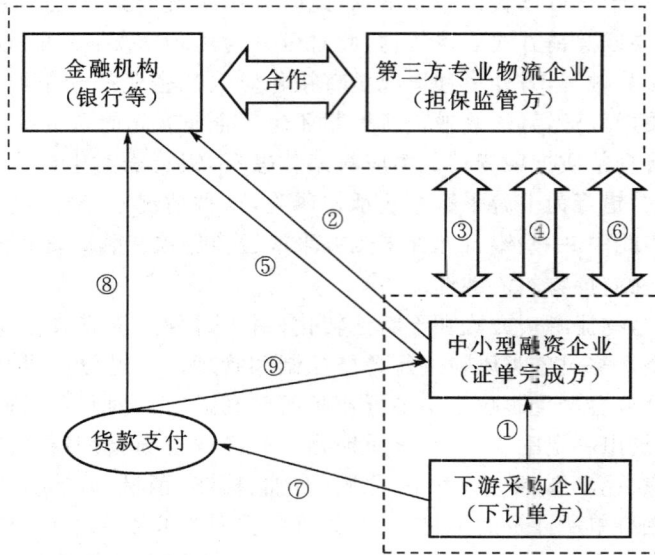

图 5-1　综合化订单融资的业务操作流程图

（5）金融机构银行等贷款给中小型融资企业，贷款只能用于完成订单所涉及的原材料的采购、生产和配送等活动。

（6）金融机构银行等与第三方专业物流企业合作对融资企业的采购环节和生产环节进行监控，通过综合运用物流金融的各种模式，以确保专款专用以及订单实现，使金融机构银行等和物流企业能合理、高效地规避可能带来的各种风险。

（7）中小型融资企业完成订单、进行交货时，下游采购企业支付货款。

（8）中小型融资企业完成订单、进行交货时，如果下游采购企业能够直接支付货款，银行在收到下游采购企业的货款后，将扣除融资本息和相关费用后，即金融机构银行等将直接收回本息，将余款（如有）支付给中小型融资企业，订单融资合同注销，项目结束。

（9）中小型融资企业完成订单进行交货时，如果下游采购企业采用赊销方式获得货物，金融机构银行等需要结合其他融资方式延续对资金或货物的控制，如金融机构银行等将原先的仓单质押融资转化为应收账款融资，或将对卖方的仓单质押融资转化为对买方的仓单质押融资。当下游采购企业将所有货款全部付清后，由金融机构银行等将扣除融资本息及相关费用后，将余款（如有）支付给融资企业，综合化订单融资合同注销，业务完成。

综合化订单融资模式作为订单融资业务的扩展性业务，是一种创新的物流金融产品，能够较好地解决银行和中小型融资企业之间的矛盾，为中小型企业开辟了一条重要的融资途径。但是，综合化订单融资模式在实践中将避免不了要面对各种风险，既有业务操作流程不规范、模式自身缺陷等内部因素造成的风险，又有经济政策、法律法规不健全等外部因素造成的风险。因此，只有充分分析研究这些风险因素，采取有效的风险规避措施，才能使综合化订单融资业务更加快速和健康地发展起来。

案例 5 - 1

华立公司综合化订单融资

一、背景和需求

华立公司成立于 2004 年,是金融设备和档案图书装具行业集生产、科研、开发、销售于一体的现代化专业企业,在宁波鄞州工业园区拥有 32 亩工业用地及 16000 平方米厂房,专业生产档案图书装具、银行保管箱设备、智能电子汇单箱、文物柜、文件柜等系列产品。华立公司主导产品为智能密集架和保险箱及书架,主要以参与政府采购的办公设备项目招投标方式,并通过自身的销售网络积极竞标。

华立公司资产规模一般,但毛利润率较高,连续三年保持在 20% 左右,华立公司 2011 年在北京航空食品有限公司基建项目部的食品加工锅设备供应项目(1200 万元)及长江水利委员会网络与信息中心的长江档案馆档案保管设备购置项目(950 万元)两个项目中先后中标,而为上述项目新增的原材料,如钢板、钢柜等储备量较大,存货在总资产中占比约 30%,占用了大量流动资金,企业后续资金严重不足,急需银行融资。湘通第三方物流企业为华立公司的长期合作伙伴,自公司成立就与其有业务上的往来,湘通第三方物流企业对华立公司的各方面情况都非常了解。湘通第三方物流企业在得知华立公司目前存在资金方面的问题后,由其牵头向宁波市银行申请融资业务。

二、融资方案设计

宁波银行在了解到公司的融资需求后,对华立公司的整体情况进行了解,得知华立公司在鄞州银行有万元的抵押授信额度,均已提款完毕,宁波银行以常规授信模式很难介入。为此,宁波银行设计了"综合化订单融资"的授信组合方案,并设计了相关的监管流程:

(1)华立公司填写《订单融资业务申请书》,并提供订单销售合同原件及银行要求的其他材料,同时北京航空食品有限公司和长江档案馆分别向银行出具相应的付款承诺书。

(2)宁波银行要求湘通第三方物流企业为华立公司担保,若华立公司不能按时还款则由第三方物流企业承担连带责任,并由第三方物流企业对公司采购的原材料及生产库存进行监管。

(3)将北京航空食品有限公司和长江档案馆的货款回笼账户更改为华立公司在银行应收账款保证金账户,并取得北京航空食品有限公司和长江档案馆的确认回执。

(4)华立公司将发票上的账号变更为上述账号。

(5)华立公司与宁波银行签订《非融资保理协议》。

(6)货款必须回笼至宁波银行指定的应收账款保证金账户,该账户内的资金须经分行审核同意方可使用,确保进入该行账户的销售回笼款优先偿付该行债务。

(7)华立公司与北京航空食品有限公司和长江档案馆所签订的每笔订单须经分行确认。

(8)宁波银行发放的融资款仅用于购买生产用原材料(如钢板、钢柜等)。

(9)授信合同中增加补充条款:华立公司不得向除宁波银行以外的金融机构融资、不得将公司的固定资产对外抵押、未经该行许可不得提供对外担保,违反上述任一条款该行有权宣布授信提前到期。

(10)公司、银行和第三方物流企业签订《综合化订单融资合同》及相关协议,三方协议签署后方可放款。

宁波银行给予华立公司综合授信额度人民币 800 万元,期限 1 年,品种为订单融资项下的短贷，期限不超过一年，贷款利率基准上浮20%，由实际控制人及湘通第三方物流企业提供连带责任担保。

学习单元二 保兑仓业务模式操作与管理

一、保兑仓业务模式介绍及特点

1.保兑仓业务模式的含义

保兑仓业务又称厂商银业务，是指银行对商品的买方（经销商）提供授信，用于其向商品的卖方（厂家）提前支付货款，并由厂家提供阶段性连带保证，货到后经过仓储方确认，转换为存货质押担保的授信方式。保兑仓业务适用的授信业务为银行承兑汇票业务。

保兑仓最能满足大型制造类厂商的需求，厂商提供自身的信誉支持，帮助经销商在银行获得定向采购融资，在支持其发展的同时，促进厂商自身产品的销售。同时，厂商可以有效地控制货物，避免产生大量的应收账款风险。

知识链接

银行承兑汇票

银行承兑汇票（Bank's acceptance bill，BA）是商业汇票的一种，是由在承兑银行开立存款账户的存款人出票，向开户银行申请并经银行审查同意承兑的，保证在指定日期无条件支付确定的金额给收款人或持票人的票据。对出票人签发的商业汇票进行承兑是银行基于对出票人资信的认可而给予的信用支持。

银行承兑汇票式样如图5-2所示。

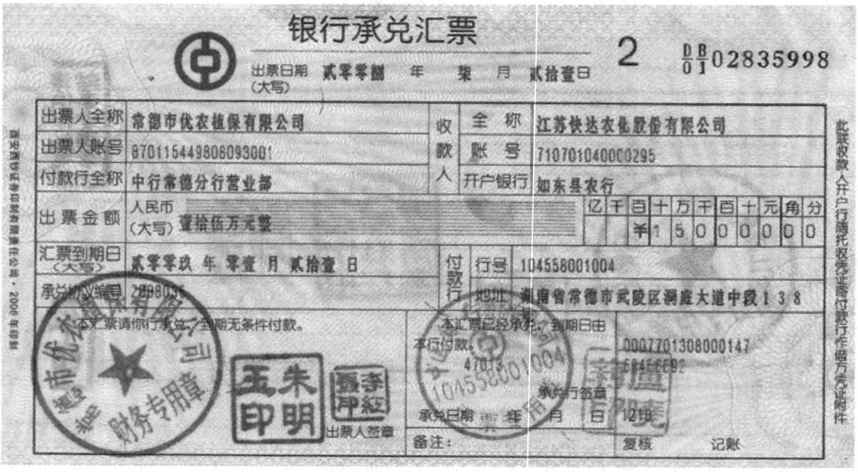
银行承兑汇票 2 DB/01 02835998
出票日期（大写）贰零零捌 年 柒 月 贰拾壹日

出票人全称	常德市优农植保有限公司	收款人	全称	江苏快达农化股份有限公司
出票人账号	87011544980809300		账号	710701040000295
付款行全称	中行常德分行营业部		开户银行	如东县农行
出票金额	人民币（大写）壹拾伍万元整		亿千百十万千百十元角分	￥15000000
汇票到期日（大写）	贰零零玖 年 零壹 月 贰拾壹 日	付款行	行号	104558001004
承兑协议编号	2808		地址	湖南省常德市武陵区洞庭大道中段138

本汇票请你行承兑，到期无条件付款。 出票人签章
本汇票已经承兑，到期日由本行付款。 承兑行签章 承兑日期 年 月 日
0007701308000147
备注： 复核 记账
此联收款人开户行随托收凭证寄付款行作借方凭证附件

图5-2 银行承兑汇票式样

2.保兑仓业务模式的特点

保兑仓业务是指在卖方与买方真实的商品贸易交易中，以银行信用为载体，买方以银行承

兑汇票为结算支付工具,由银行控制货权,仓储方受托保管货物,卖方对承兑汇票保证金以外敞口金额部分提供退款承诺作为担保措施,买方缴纳保证金并提货的一种特定融资服务模式。保兑仓的发展非常迅速,从最早的钢铁行业目前拓展到了汽车、家电、化肥等多个行业。从理论上讲,只要核心厂商愿意提供回购或退款保证,任何行业都可以操作保兑仓业务。

3. 保兑仓业务操作主体

保兑仓业务操作主体包括供应商(厂商)、经销商、融资银行及物流企业(监管企业),通常对银行提供的保证措施为厂商的回购担保。回购担保是指银行向购买方提供信用支持,帮助购买方购入供应方的产品;同时供应方向银行承诺在购买方不能及时偿还银行债务时,由供应方从购买方处购回产品,并将款项归还银行用以偿还购买方银行债务的一系列金融服务。由于该产品以供应方提供商品回购为前提,因而回购担保可以理解为有条件的保证担保行为,实质是对银行债权的维护。

二、保兑仓业务的开展条件

保兑仓中核心厂商一般提供回购承诺,即银行承兑汇票到期前,如果经销商没有存入足额的保证金(即经销商没有从物流企业提走全部货物),核心厂商负责退还银行承兑汇票票面金额与经销商提取的全部货物金额之间的差额款项。银行对于接受授信的企业及其卖方和监管方都有一定的条件限制。

首先,经销商(买方)的条件是:主营业务突出,进销渠道通畅稳定,信用记录良好;具备一定资产规模,资产负债率适中;并且必须是银行额度授信客户,具有银行承兑汇票业务分项授信额度。

对于上游生产商的条件是,首先,生产经营正常且主营业务突出;其次,要具备较大经营规模,进销渠道通畅稳定,财务管理规范;第三,企业无不良信用记录。

作为监管方的条件,更为复杂。具体有:应具备法人资格并从事仓储业,并且地理位置优越、交通便利;仓储业务量大,管理、财务状况良好,信誉好,具备一定违约责任承受能力;已实行计算机管理,能够对货物的进出实行动态监控;具备自有或长期租赁的仓储设施,长期租赁合同期限长于银行授信期限 1 年以上且已付租金;申请人货物占仓储方全部货物的比重低于30%等。

三、开展保兑仓业务对各方的益处

1. 对买方(经销商)益处

(1)依托真实商品交易结算,买方借助厂商资信获得银行的定向融资支持。

(2)买方可以从厂商获得批发购买优惠,使其享受到大宗订货优惠政策,降低了购货成本。

(3)能够保证买方商品供应通畅,避免了销售旺季商品的断档。

(4)巩固了与厂商的合作关系。

2. 对卖方(厂商)益处

在保兑仓模式下,卖方获益较多,对经销商提供更多的价格折扣是保证经销商有动力参与保兑仓操作的关键,否则经销商更倾向于有多少钱提多少货。

（1）可以有效地扶持经销商，巩固、培育自身的销售渠道，建立自身可以控制的强大销售网络。

（2）卖方既促进了产品销售，同时牢牢控制货权，防止了在赊账方式下买方可能的迟付、拒付风险。

（3）卖方将应收账款转化为应收票据或现金，应收账款大幅减少，改善了公司资产质量。

（4）卖方提前获得订单，锁定了市场销售，便利安排生产计划。

（5）卖方支付了极低的成本（自身信用），借助买方间接获得了低成本的融资（票据融资）。

3. 对银行益处

（1）可以实现链式营销。该产品针对整个产业链条，满足客户产、供、需各个环节的需求，银行可针对厂商及经销商进行链式营销，有利于银行进行深度拓展。

（2）风险控制优势。业务双向结算封闭在银行，销售回款覆盖融资本息，可以较好地保证银行信贷资金安全。银行有实力强大的卖方的最终保证，可以在一定程度上降低授信风险。

（3）借助在产业链中处于强势地位的核心厂商，"顺藤摸瓜"关联营销其众多的经销商，形成"以点带面"的营销效果。

（4）较好的综合收益。银行可以获得银行承兑汇票手续费、存款等直接收入，还可以参与对仓储公司的仓储监管费分成。

4. 对物流企业的益处

开展保兑仓业务时物流企业的益处主要有以下方面：

（四）对物流企业的益处

（1）增加收入。物流企业通过与银行等金融机构联合开展保兑仓业务，在向客户收取传统物流作业所产生的费用的同时，还可以向客户收取监管费，从而增加物流企业的收入。

（2）拓展客户。物流企业通过保兑仓这项增值服务，可以获得更多的客户群，通过与供应商、经销商的合作，建立长期的商业联盟，从而达到共赢的期望。

四、保兑仓业务模式操作的具体流程

保兑仓业务模式操作流程如图5-3所示。

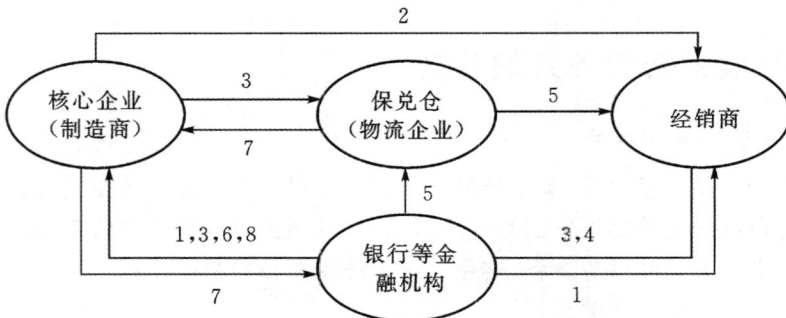

图5-3　保兑仓业务操作流程图

具体业务流程如下：

（1）银行为卖方（供应商）和买方（采购商）核定一定金额的授信额度，明确买方首次保证金比例，可以使用的授信品种（通常为银行承兑汇票）。

（2）卖方和买方签订《商品购销协议》，约定结算方式为买方提供一定的预付款，卖方分批发货，银行和卖方、买方、仓储公司签订《保兑仓四方合作协议》。

（3）根据《商品购销协议》，买方签发以卖方为收款人的银行承兑汇票，银行办理承兑。买方一般首次需提交 30％承兑保证金，卖方应在规定时间内，将货物发送至银行指定的监管企业，同时卖方向银行提供回购担保。

（4）根据《保兑仓四方合作协议》规定的条款，买方在银行存入一定保证金，并向银行提出提取货物的申请《提货申请书》。

（5）银行核对买方缴存的保证金数额与《提货申请书》中的提货金额，如相符则向监管企业签发《发货通知书》，通知监管企业将等额货物发至买方或允许买方提取等额货物。

（6）根据《保兑仓四方合作协议》规定，在银行承兑汇票到期前，买方提货金额不足银行承兑汇票金额，银行向卖方发出《退款通知书》。

（7）卖方收到《退款通知书》后，核对台账，办理退款，卖方将退款汇入银行指定账户；银行通知监管企业，货物全部转让给卖方，由卖方进行处置（通常为卖方通知其他经销商，调剂销售货物）。

（8）银行扣收退款兑付银行承兑汇票。

五、保兑仓业务模式操作要点

保兑仓业务模式操作要点如下：

（1）保兑仓业务开展采购方和供应商需向银行等金融机构提供《商品购销合同原件》，为了保证交易的真实性，还需提交采购商与供应商的历史交易记录、前期交易已履行的证明资料，如增值税发票、货运证明等。

（2）交易的商品必须是技术标准明确，易于保管的大宗商品；在可以预见的期限内，产品不会被淘汰，不会发生物理、化学变化。如家电、汽车、机械设备、医疗器械、金属材料、化工原料等。

（3）购货商采购商品须是以销售为目的，与供货商具有代理销售商品长期的（1 年以上）、真实的代理关系，所代理销售的商品收入占其全部销售收入的 40％以上，具有一定的销售该商品的能力和渠道。

（4）如供货商和购货商之间，因货物质量、规格及交货手续等方面产生的纠纷，银行等金融机构不承担任何责任，任何一方出现不履约的情况，即停止业务办理，供应商需按照协议进行回购。

（5）融资到期前的规定时间内，如果银行承兑汇票对应的保证金金额不足 100％或融资债务本息尚未清偿完毕，即供货商根据统计的累计发货的总金额小于银行承兑汇票票面金额时，供货商需在收到银行发出的《退款通知书》后一定的工作日内，将差额款项汇入指定的银行账户。

（6）保兑仓业务模式中采购商办理银行承兑汇票，并缴纳首笔保证金，一般为银行承兑汇票金额的 30％，可以直接用于第一次提货。后期采购商需提货，则必须继续向银行提交保证金，银行据此确定通知供应商向采购商发货的金额。

（7）银行承兑汇票到期之前，保证金如数存入保证金账户，只进不出，采购商不得动用。

（8）保兑仓的操作方法也呈现多样性，经销商既可以采用现金方式提货，补足银行承兑汇票保证金敞口，也可以采用合格的银行承兑汇票（符合贴现要求的银行承兑汇票）质押提货。

知识链接

银行承兑汇票敞口

银行承兑汇票敞口：企业在取得银行承兑汇票授信额度后，根据银行——企业承兑汇票协议中的约定，明确保证金与敞口的比例，通俗称法也叫差额的票（所谓的敞口，通俗地可以这样理解，企业取得 1000 万的银行承兑汇票额度，如果保证金比例是 35%，那么敞口就是 65%。即存入 350 万可以开出 1000 万的票，敞口的比例相当于融资的额度）。

六、保兑仓业务模式中相关四方协议和表格范本

由于不同类型商品、经销商、生产厂家均具有不同的特点和要求，保兑仓业务需要根据标准协议文本进行相应的改造。在实际操作中，应针对不同类型商品、生产商的销售模式、销售网络的结构及厂家与经销商的强弱关系进行设计，采取不同的授信方案和文本，并由律师对文本条款严格审查，出具法律意见书。协议须包括但不限于以下内容：

（1）当事人的权利和义务，其中必须明确生产厂家的回购责任；

（2）授信金额、期限、利率和担保方式；

（3）协议各方的违约责任。

保兑仓业务模式中相关四方协议见附录 3，其表格范本如下：

银行承兑汇票收到确认函

（适用于保兑仓业务项下供货商向银行发出的收到货款的确认）

编号：_____

_____银行：

作为编号为_____《四方保兑仓合作协议书》项下的供货商，我公司已收到由_____公司（购货商）签发的、贵行承兑的编号为_____《购销协议》项下金额合计为（大写）_____。

元的银行承兑汇票共__张，具体明细如下：

	1	2	3	4	5
汇票号码					
汇票金额					
出票日期					
汇票到期日					

特此确认。

_____公司

（预留印鉴）

有权签字人：

年　月　日

提 货 申 请 书

（适用于购货商向银行申请提货时使用）

_____ 银行：

　　根据编号为 _____ 的《四方保兑仓合作协议书》及编号为 _____《购销协议》约定，我公司现申请提取 _____（数量）的 _____（商品名称），金额为人民币（大写）_____（明细如下）。我公司已经

□　　将相应款项交存到我公司在贵行开立的保证金账户中（银行承兑协议编号：_____）。

□　　偿还相应金额的债务（借款合同编号：_____ ）。

　　请贵行核查后向 _____ 公司（供货商）开出《发货通知书》。

申请提取货物明细：

名称	规格	重量	数量	金额	相关凭证号	备注

　　此次提货经办人为：_____，身份证号码为 _____。

申请人：_____ 公司

（预留印鉴）

有权签字人：

年　　月　　日

发 货 通 知 书

(适用于保兑仓业务项下银行向供货商发出的发货通知)

编号：_____

_____公司(供货商)：

　　根据我行与贵公司及_____公司(购货商)签订的编号为_____《四方保兑仓合作协议书》及编号为_____《购销协议》约定,经本行审查,同意_____公司(购货商)向贵公司提取数量为_____的(商品)_____,其金额为(大写)_____,请贵公司予以审核按此金额为限(明细如下)办理发货手续。

　　到本次发货通知书(含本通知书)为止,本行通知贵公司向购货商发货的累计金额为(大写)_____。

　　货物明细：

名 称	规 格	重 量	数 量	金 额	相关凭证号	备 注

　　此次提货经办人为：_____,身份证号码为：_____。

_____ 银行

(预留印鉴)

有权签字人：

年 　月 　日

发货通知书收到确认函

（适用于保兑仓业务项下银行向供货商发出发货通知后、
其出具收到通知的确认函）

编号：＿＿＿＿＿＿

＿＿＿＿＿＿银行：

我公司于＿＿＿年＿月＿日收到贵行出具的编号为＿＿＿＿＿＿＿＿＿《购销协议》项下编号为＿＿＿＿＿＿的《发货通知书》，我公司审核后将按《发货通知书》中告之的＿＿＿＿＿＿元限额（明细如下）发货。

货物明细：

名称	规格	重量	数量	金额	相关凭证号	备注

特此确认。

＿＿＿＿＿＿＿公司

（预留印鉴）

有权签字人：

年　月　日

货物收到告知函

（适用于保兑仓业务项下购货商收到供货商发出的货物后向银行发出的通知）

编号：_____

_____银行：

我公司于_____年___月___日收到_____（供货商）发出的编号为_____《购销协议》项下_____（货物名称），数量为_____，金额为（大写）_____。

货物明细：

名称	规格	重量	数量	金额	相关凭证号	备注

特此告知。

_____公司

（预留印鉴）

年　　月　　日

退 款 通 知 书

（适用于保兑仓业务项要求供货商退款时适用）

编号：_____

_____公司（供货商）：

根据我行与贵公司及_____公司（购货商）签订的编号为_____《四方保兑仓合作协议书》及编号为_____《购销协议》约定，贵公司于____年____月____日收到我行承兑的银行承兑汇票/款项共计_____元（大写）。该汇票/款项将于____年____月____日到期。截至今日，贵公司已累计发货金额为_____（大写），未发运货物共计_____元（大写）。根据约定，贵公司应退货款（大写）_____。请贵公司于收到本通知书后____日内将上述应退款项付至以下银行账户。

开户行：_____

户　名：_____

账　号：_____

备　注：

_____银行

（预留印鉴）

有权签字人：_____　　　　　　　年　月　日

退款通知书（回执）

编号：_____

致：_____银行

贵行签发的 NO：_____退款通知书我公司业已收到，本公司确认在_____年____月____日前将____万元付至_____在贵行开立的账户：_____。

此复。

公司盖章：_____

年　月　日

七、保兑仓业务模式适用条件

保兑仓业务模式适用条件如下：

（1）四方保兑仓多适用于产品质量稳定（不易发生化学变化）、属于大宗货物、易变现、产值相对较高、流通性强的商品。在销售上采取经销商制销售体系，具体行业如汽车、钢铁等。

（2）卖方经营管理规范、销售规模较大，回购担保能力较强，属于行业的排头兵企业。

（3）买卖双方在过去两年里合同履约记录良好，没有因为产品质量或交货期限等问题产生贸易纠纷。

八、保兑仓业务模式操作中各方的风险分析

（1）供货方。保兑仓融资业务中供货商的风险来自于经销商，一旦经销商违约或无法执行经销合同，则面临向银行退款。这种风险将会造成生产企业产品库存积压，占用流动资金，甚至直接影响企业的正常经营。因此，供应商必须选择具备一定经销网络和营销能力的经销商，才能顺利完成与经销商之间的购货合约。

（2）需求方。保兑仓业务要求经销商必须存入足额保证金才能得到银行的提货单，而在买卖市场中，客户通常要先拿到货物才能决定是否付款，因此要求经销商具备提前付款的实力，这将造成经销商的资金占用风险和财务成本。当市场出现需求饱和或下降趋势时产品销售竞争相当激烈，将会造成经销商资金压力过大，直接影响企业正常运作。

（3）监管方。保兑仓业务中的监管方，受供应商直接违约风险和货物的监管、拍卖等造成的各种风险。由于保兑仓对银行货物的承兑担保，一旦供应商违约将直接造成监管企业的损失。当然，货物的监管过程中产品的自然风险以及产品拍卖造成的风险也会加大仓储企业的损失。

（4）银行。银行运作保兑仓融资业务中，将受到卖方和买方的违约风险。一方面，如果融资企业经营规模小、经济实力不强，可能无法退回承兑金额与发货金额的差价，将造成银行损失。另一方面，如果经销企业不管是产品市场还是经营决策原因，无法完成合约，也将会造成银行的成本支出。

案例 5 - 2

湖南凉水钢铁股份有限公司四方保兑仓融资业务操作

一、企业基本情况

湖南凉水钢铁股份有限公司注册资本 36 亿元，公司年度三营业务收入实现 312 亿元，净利润 17.9 亿元，全年主要产品产量：铁 475.6 万吨，钢 535.7 万吨，材 481.6 万吨。公司财务状况、资信状况良好，负债合理。主要产品是各种线材以及各类特殊用途钢，年生产线材能力 520 万吨，是国内规模较大的线材生产基地。公司经营范围：钢铁冶炼，钢压延加工；铜冶炼及压延加工、销售；烧结矿、焦炭、化工产品制造、销售；高炉余压发电及煤气生产、销售；工业生产废异物加工、销售；冶金技术开发、技术咨询、技术转让、技术服务、技术培训；销售金属材料、焦炭、化工产品、机械电器设备、建筑材料；设备租赁（汽车除外）；仓储服务。

湖南凉水钢铁股份有限公司二级经销商衡阳达立金属材料有限公司注册资本为 2500 万

元,总资产 6.1 亿元,年销售额近 30 亿元,公司是衡阳地区金属材料流通行业的龙头企业,是湖南凉水钢铁股份有限公司等大型钢厂的一级代理商。

二、银行切入点分析

只考虑衡阳达立金属材料有限公司自身情况,银行不可能提供授信。而湖南凉水钢铁股份有限公司经营状况较好,属于银行争夺的优质大户,银行可以借助湖南凉水钢铁股份有限公司担保对衡阳达立金属材料有限公司提供一定的授信。湖南凉水钢铁股份有限公司在衡阳投资建立了一个大型钢铁物流市场,湖南西凉钢铁市场管理有限公司作为市场管理方,在市场内聚集了超过 20 家湖南凉水钢铁股份有限公司的经销商。

银行考虑可以为衡阳达立金属材料有限公司提供银行承兑汇票额度,湖南凉水钢铁股份有限公司提供回购担保,为了保证湖南凉水钢铁股份有限公司对货物的控制,可以由其将钢材发运到湖南西凉钢铁市场管理有限公司,如果衡阳达立金属材料有限公司不能在银行承兑汇票到期前交存足额保证金,湖南凉水钢铁股份有限公司可以调齐销售钢材,帮助衡阳达立金属材料有限公司填满银行承兑汇票敞口。

三、银行—企业合作情况

银行—企业合作业务流程具体如下:

(1)衡阳达立金属材料有限公司与湖南凉水钢铁股份有限公司签订《钢材采购合同》,合同总价款 1000 万元,约定采取四方保兑仓方式交易。

(2)衡阳达立金属材料有限公司向银行递交授信申请,并联系湖南凉水钢铁股份有限公司配合银行调查两家公司的财务资料,银行为湖南凉水钢铁股份有限公司核定担保额度,为衡阳达立金属材料有限公司核定银行承兑汇票额度。湖南凉水钢铁股份有限公司、衡阳达立金属材料有限公司、湖南西凉钢铁市场管理有限公司和银行签订《"保兑仓"业务四方合作协议》。根据单笔交易合同,衡阳达立金属材料有限公司签发以湖南凉水钢铁股份有限公司为收款人的银行承兑汇票,银行办理承兑。

(3)银行为衡阳达立金属材料有限公司核定 1000 万元的授信额度,专项用于开立银行承兑汇票,衡阳达立金属材料有限公司交存保证金 30%,银行办理 1000 万元银行承兑汇票。

(4)湖南凉水钢铁股份有限公司将钢材发运到指定钢材市场湖南西凉钢铁市场管理有限公司。

(5)衡阳达立金属材料有限公司交存保证金,用于提货,银行为其办理 3 个月定期存款。

(6)湖南西凉钢铁市场管理有限公司根据银行出具的《发货通知书》向衡阳达立金属材料有限公司发放等额货物。

(7)根据《"保兑仓"业务四方合作协议》规定,在银行承兑汇票到期前,衡阳达立金属材料有限公司提货金额不足银行承兑汇票金额,湖南凉水钢铁股份有限公司回购货物,将回购款汇入银行指定账户。

学习单元三　融通仓业务模式操作与管理

一、融通仓的含义

融通仓是一种物流和金融集成式的创新服务,其物流服务可代理银行监管流动资产,金融服务则为企业提供融资及其他配套服务。所以,融通仓服务不仅可以为企业提供高水平的物流服务,又可以为中小型企业解决融资问题,解决企业运营中现金流的资金缺口。

"融"指金融,"通"指物资的流通,"仓"指物流的仓储。融通仓是融、通、仓三者的集成、统一管理和综合协调。所以,融通仓是一种把物流、信息流和资金流综合管理的创新,其内容包括物流服务、金融服务、中介服务和风险管理服务以及这些服务间的组合与互动。融通仓是一种物流和金融的集成式创新服务,其核心思想是在各种流的整合与互补互动关系中寻找机会和时机;其目的是为了提升顾客服务质量,提高经营效率,减少运营资本,拓广服务内容,减少风险,优化资源使用,协调多方行为,提升供应链整体绩效,增加整个供应链竞争力等。融通仓则是在仓单质押贷款的基础上发展起来的一种融资服务形式,与仓单质押贷款相比,融通仓增加了更多的增值服务内容。在融通仓服务中,仓储企业不仅要为客户提供仓单质押贷款的所有服务,还需为客户向金融机构提供信用担保、质押物监管、价值评估、物流配送甚至拍卖等服务内容。一般融通仓具备三个最基本的要素,即融通物、融通平台、融通关系。

1. 融通物

融通物是指用于融资的质押物,也就是要融资的企业的产品或半成品,它是企业的流动资产,在融通仓活动中是取得融资的先决条件。融通物是流动的,具有自己的自然属性和社会属性。自然属性是指其物理、化学、生物属性,社会属性是指其所体现的价值。

2. 融通平台

融通平台是指实现融通仓活动的机构和机构组合,如担保公司与银行、第三方物流企业与银行等组合,它的主要功能是实现融通仓的活动,融通平台的状况,决定融通仓活动的效率。

3. 融通关系

融通关系是指在融通仓活动中,需要融资的企业、提供融通仓服务的机构(如担保机构、第三方物流企业等)、提供融资的金融机构之间的关系。

二、融通仓的功能

融通仓是一种物流和金融的集成式创新服务,其目的是为了提升顾客服务质量,提高经营效率,减少运营资本,拓广服务内容,减少风险,优化资源使用,协调多方行为,提升供应链整体绩效,增加整个供应链竞争力等。融通仓的功能主要有以下两个:

1. 解决质押贷款业务的外部条件瓶颈

融通仓提供的一体化服务可以解决质押贷款业务的外部条件瓶颈。

在质押业务中,融通仓根据质押人与金融机构签订的质押贷款合同以及与双方签订的仓储协议约定,根据质押货物储存地点的不同,对企业客户提供两种类型的服务,如表 5 - 2 所示。

(1)对寄存在融通仓仓储中心的物资提供仓储管理和监管服务;

(2)对寄存的质押人经金融机构确认的其他仓库中的物资提供监管服务,必要时才提供仓储管理服务。

表 5 - 2　物流企业通过融通仓体现的一体化服务内容

一体化服务	
物流业务 （仓储、监管、配送）	增值配套服务 （价值评估、保险与结算代理、商贸）

2.信用整合与信用再造功能

融通仓作为联结中小企业与金融机构的综合性服务平台,具有整合和再造会员企业信用的重要功能。融通仓与金融机构不断巩固和加强合作关系,依托融通仓设立中小企业信用担保体系,金融机构授予融通仓相当的信贷额度,以便于金融机构、融通仓和企业更加灵活地开展质押贷款业务。充分发挥融通仓对中小企业信用的整合和再造功能,可帮助中小企业更好地解决融资问题。

（1）融通仓享有金融机构相当的授信额度。

融通仓向金融机构按中小企业信用担保管理的有关规定和要求提供信用担保,金融机构授予融通仓一定的信贷额度,该模式有利于企业更加便捷地获得融资,减少原先质押贷款中一些繁琐的环节;有利与融通仓拓展范围,加强同企业的客户关系管理,提高对质押贷款全过程监控的能力;有利于金融机构更加灵活地开展质押贷款服务,优化其质押贷款的业务流程和工作环节,降低贷款的风险。金融机构根据融通仓仓储中心的规模、经营业绩、运营现状、资产负债比例及信用程度,授予融通仓仓储中心一定的信贷额度,融通仓仓储中心可以直接利用这些信贷额度向相关企业提供灵活的质押贷款业务,由融通仓直接监控质押贷款业务的全过程,金融机构则基本上不参与该质押贷款项目的具体运作,融通仓直接同需要质押贷款的会员企业接触、沟通和谈判,代表金融机构同贷款企业签订质押借款合同和仓储管理服务协议,向企业提供质押融资的同时,为企业寄存的质物提供仓储管理服务和监管服务,从而将申请贷款和质物仓储两项任务整合操作,提高质押贷款业务运作的效率。贷款企业在质物仓储期间需要不断进行补库和出库,企业出具的入库单或出库单需要经过金融机构的确认,然后融通仓根据金融机构的入库或出库通知进行审核,而现在这些相应的凭证只需要经过融通仓的确认,即融通仓确认的过程就是对这些凭证进行审核的过程,中间舍去了金融机构确认、通知、协调和处理等许多环节,缩短补库和出库操作的周期,在保证金融机构信贷安全的前提下,提高了贷款企业产销供应链运作效率。

（2）融通仓构建中小企业信用担保体系。

融通仓争取成立信用担保体系。在起步阶段,对于货主企业直接以寄存货物向金融机构申请质押贷款是有难度的,融通仓仓储中心可以将其寄存货物作为反担保抵押物,通过担保实现贷款,当业务已全面启动后,融通仓将寄存货物反担保实现贷款与寄存货物质押结合起来,在银企之间搭建桥梁。融通仓可以直接为中小企业申请质押贷款提供担保,间接地提高中小企业的信用。融通仓开展的担保必需取得有关部门和金融机构的支持,有必要向有关部门申请批准取得纳入信用担保体系的资格,享受扶持政策,以支撑担保业务的发展,扶植中小企业的壮大。

（3）融通仓以自身担保能力组织企业联保或互助担保。

具体做法可灵活多样,可由若干企业联合向融通仓担保,再由融通仓向金融机构担保,实现融资;可由融通仓担保能力与中小企业担保物结合起来直接向金融机构担保,实现融资;可以组织动员信用较高的企业为其他企业担保等。

三、融通仓运作模式分析

融通仓是一个以质押物资仓管与监管、价值评估、公共仓储、物流配送、拍卖为核心的综合性第三方物流金融服务平台,它不仅为银行与企业间的合作构架新桥梁,也将良好地融入物流供应链体系之中,成为中小企业重要的第三方物流服务的提供者。在融通仓模式中银行把贷款额度直接授权给物流企业,由物流企业根据客户的需求和条件进行质押贷款和最终结算。物流企业向银行提供符合相关规定的信用担保,并直接利用这些信贷额度向中小企业提供灵活的质押贷款业务,银行则通常不参与质押贷款项目的具体运作。

在质押业务中,融通仓根据质押人与金融机构签订的质押贷款合同以及三方签订的仓储协议约定,根据质押物寄存地点的不同,对客户企业提供两种类型的服务:一是对寄存在融通仓之仓储中心的质物提供仓储管理和监管服务;二是对寄存在质押人经金融机构确认的其他仓库中的质物提供监管服务,必要时才提供仓储管理服务。借助融通仓的参与,针对中小企业的动产质押贷款业务的可操作性大大增强。在中小企业的生产经营活动中,原材料采购与产成品销售普遍存在批量性和季节性特征,这类物资的库存往往占用了大量宝贵资金。融通仓借助良好的仓储、配送和商贸条件,吸引辐射区域内的中小企业,作为其第三方仓储中心,并帮助企业以存放于融通仓的动产获得金融机构的质押贷款融资。融通仓不仅为金融机构提供了可信赖的质押物监管,还帮助质押贷款主体双方良好地解决质物价值评估、拍卖等难题,并有效融入中小企业产销供应链当中,融通仓不仅为银企间的合作构架新桥梁,也将良好地融入企业供应链体系之中,成为中小企业重要的第三方物流服务提供者。在具体融资过程中,有以下两种运作模式可以选择。

1. 质押担保融资

质押担保融资方式的大致过程如下:首先,银行作为信用贷款的提供方、第三方物流企业作为融通仓服务的提供方、生产经营企业作为资金的需求方和质押物的提供方三方协商签订长期合作协议。其次,生产经营企业在协作银行开设特殊账户,并成为提供融通仓服务的第三方物流企业的会员企业;生产经营企业采购的原材料或待销售的产成品进入第三方物流企业设立的融通仓,同时向银行提出贷款申请。再次,第三方物流企业负责进行货物验收、价值评估及监管,并据此向银行出具证明文件。银行根据贷款申请和价值评估报告酌情给予生产经营企业发放贷款;生产经营企业照常销售其融通仓内产品;第三方物流企业在确保其客户销售产品的收款账户为生产经营企业在协作银行开设的特殊账户的情况下予以发货;收货方将货款打入销售方在银行中开设的特殊账户;银行从生产经营企业的账户中扣除相应资金以偿还贷款。如果生产经营企业不履行或不能履行贷款债务,银行有权从质押物中优先受偿。这一融资方式由于有质押物作担保,又有第三方物流企业在中间把关,资金封闭式运行,所以对银行来说相对风险较小,对原材料购入与产成品销售周期性、季节性较明显的企业较为适用。

2. 信用担保融资

银行根据第三方物流企业的规模、经营业绩、运营现状、资产负债比例及信用程度,授予第三方物流企业一定的信贷配额,第三方物流企业又根据与其长期合作的中小企业的信用状况配置其信贷配额,为生产经营企业提供信用担保,并以受保企业滞留在其融通仓内的货物作为质押品或反担保品确保其信用担保的安全。这样一方面可简化贷款银行的贷款程序,另一方面也可给信用状况较好的企业提供更多、更便利的信用服务,第三方物流企业自身的信用担保安全也可得到保障。

虽然质押担保融资也是第三方物流企业在中间把关,但考虑现在的市场具体情况,操作难度较大,实际操作中对银行来说,风险还是比信用担保融资方式大。总之,融通仓作为一种跨行业的第三产业高级业态,目前已经有少量以商贸为核心的专业性市场,同时具备了一定的金融与物流服务功能。如位于浙江嘉兴的中国茧丝绸交易市场,作为我国最重要的茧、丝、绸的交易中心,它同时也为进场会员企业提供质押贷款、担保和原料配送业务。可以预言,以第三方物流服务和促进面向中小企业的金融服务为核心的融通仓必将具有广阔的发展前景。

四、融通仓选址与布局

融通仓的选址应在工业经济和金融、商贸、物流等第三产业发达的区域的中心地带,有效配送辐射半径为 $10\sim20$ 千米,辐射区域中小企业众多。在珠江三角洲,苏、浙、沪等地区都有许多良好地目标选址。融通仓储中心本着为金融机构和企业提供一体化服务的目标,需要着重考虑客户的需求,从客户的角度出发,帮助客户灵活开展质押贷款业务,降低质押贷款业务的成本,提高质押贷款业务运作的效率。这就需要对融通仓的仓储配送网络进行灵活而科学的设计。

"分布式"仓储也可以称为"网络"仓储。融通仓在目标区域中心建设项目基地,其主要模块之一是质押与公共仓储团地,在距离基地较远的地区以贴近客户的原则设立或者租赁一定规模的子仓库,拓展融通仓的服务范围和辐射半径,实现"分布式"仓储配送的整体布局。在图 $5-4$ 中,企业 A,B,…和企业 Ⅰ,Ⅱ,…同属于融通仓仓储团地辐射半径以内的客户源。企业 A,B,…距离融通仓较近,其开展质押贷款时,需要将质物直接存放在融通仓仓储团地内部;企业 Ⅰ,Ⅱ,…距离融通仓仓储团地较远,主要通过子仓库获得融通仓提供的仓储配送服务。

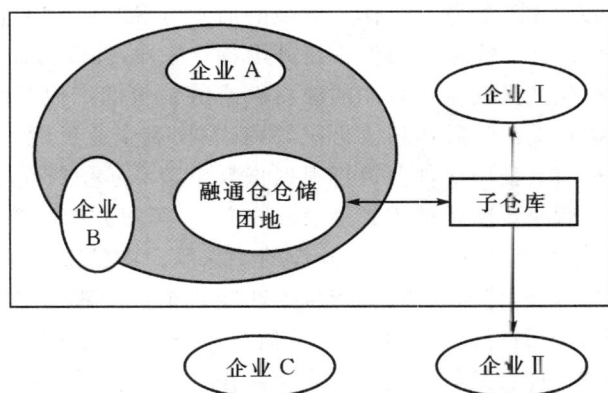

图 $5-4$　整体布局:"分布式"仓储配送图

融通仓直接同需要质押贷款的借款企业接触、沟通和谈判,并代表金融机构同贷款企业签订质押借款合同和仓储管理服务协议,向企业提供质押融资的同时,为企业寄存的质物提供仓储管理服务和监管服务,从而将申请贷款和质物仓储两项任务整合操作,提高质押贷款业务运作效率。目前借款企业在质物抵押期间可以不断进行补库和出库,企业出具的入库单或出库单只需经过融通仓的确认,借款人便可办理出入库。这中间省去了金融机构确认、通知、协调和处理等许多环节,缩短补库和出库操作的周期,在保证金融机构信贷安全的前提下,提高贷款企业产销供应链运作效率。

五、融通仓业务操作注意事项

1. 业务操作的规范化、程序化问题

融通仓融资单笔业务量通常较小而次数频繁,只有有效地降低每笔业务的成本,才能使这一业务得到持续发展。因此,融通仓业务开始运作之前,参与各方应认真进行协商、谈判,确定融通仓业务的具体运作方式,明确各方的权利、义务、违约责任的承担等,在分清责任的情况下,签订合作协议,并将融通仓业务各环节的分工与协作程序化、制度化、可操作化,在此基础上,利用计算机网络系统对各业务环节进行实时跟踪、处理、协调与监控。只有这样,才能在保证融通仓融资安全的情况下,简化业务流程,降低交易费用。

2. 风险的控制与管理问题

通过融通仓进行资金的融通,虽然有动产质押物提供质押担保,但参与各方特别是贷款银行和第三方物流企业还是应注意风险的控制与管理问题。就贷款银行而言,事前应对承担融通仓业务的第三方物流企业和申请加入融通仓融资系统的企业的信用状况进行必要的考核,确保将符合国家产业政策,有产品、有市场、有发展前景、有利于技术进步和创新的生产企业和有较大规模和实力,有较高信用等级的第三方物流企业纳入融通仓融资体系;事中应对融通仓业务各环节,特别是质押物的评估、入库、出库、货款结算等环节实施适度的监控,并特别注意防范第三方物流企业与生产企业串谋骗贷行为;事后应对成功与不成功的融通仓业务案例进行经验总结,对参与企业的信用状况进行评估、记录,并以此作为决定今后是否继续合作的参考。对第三方物流企业来说,风险的控制与管理主要体现在对会员企业的信用状况评估,对入库质押物的价值评估、对质押物和结算货款的去向的跟踪与监控等环节上。中小企业主要应考虑自身的还贷能力和获取贷款资金的投资合理性问题。只有参与各方都注意风险的防范、控制,加强管理,融通仓业务才能真正起到融资桥梁的作用。

3. 公平交易问题

当金融机构指定一家第三方物流企业承担融通仓储中心服务时,第三方物流企业就很容易凭借其独家经营优势实施垄断经营。在融通仓业务参与三方中,中小企业是弱势群体,在谈判中处于不利地位,当第三方物流企业采用垄断高价的短期效益行为时,就会大大提高中小企业的融资成本。这样做的结果是:要么一部分企业承受不了过高的融资成本,退出融通仓融资系统,要么一部分企业铤而走险,不惜成本融入资金投入高风险、高回报的项目,一旦投资失败,后果不堪设想,两种结果都不利于融通仓融资业务的展开。因此,金融机构在选择第三方物流企业时,应选择两个以上第三方物流企业提供融通仓仓储服务,形成竞争机制,或者协议限定其代理服务价格。第三方物流企业也应正确认识企业长远利益与短期利益间的对立统一关系,将战略重点放在吸引更多会员企业、扩大物流服务规模上,实现企业的可持续发展。

4. 第三方物流企业整体素质的问题

提供融通仓服务的第三方物流企业必须具备较高的整体素质。我国目前物流企业整体素

质还不够高,应加大在思想观念、科技含量、品牌意识、人才培养、产业化水平、人才培养教育方面的改革和资源投入。

由此可见,融通仓与金融机构不断巩固和加强合作关系,依托融通仓设立中小企业信用担保体系,以便于金融机构、融通仓和企业更加灵活地开展质押贷款业务。充分发挥融通仓对中小企业信用的整合和再造功能,可帮助中小企业更好地解决融资问题。银行拓宽了服务对象范围,扩大了信贷规模,也给第三方物流企业带来新的利润增长点,带来了更多、更稳定的客户。成功的融通仓运作能取得银行、企业、第三方物流公司三赢的良好结果。在仓单质押、保兑仓等成功运作模式基础上,如何设计融通仓的标准运作流程、如何防范风险仍然是值得思考的问题。

学习单元四 物流保理业务模式操作与管理

一、保理的含义与本质

1. 保理的含义

保理全称保付代理,又称托收保付,卖方将其现在或将来的基于其与买方订立的货物销售/服务合同所产生的应收账款转让给保理商(提供保理服务的金融机构),由保理商向其提供资金融通、买方资信评估、销售账户管理、信用风险担保、账款催收等一系列服务的综合金融服务方式。它是商业贸易中以托收、赊账方式结算货款时,卖方为了强化应收账款管理、增强流动性而采用的一种委托第三者(保理商)管理应收账款的做法。

知识链接

保理服务包括的内容

保理又称保付代理、托收保付,是贸易中以托收、赊销方式结算贷款时,出口方为了规避收款风险而采用的一种请求第三者(保理商)承担风险的做法。保理业务是一项集贸易融资、商业资信调查、应收账款管理及信用风险承担于一体的综合性金融服务。与传统结算方式相比,保理的优势主要在于融资功能。保理商为其提供下列服务中的至少两项:

1. 贸易融资

保理商可以根据卖方的资金需求,收到转让的应收账款后,立刻对卖方提供融资,协助卖方解决流动资金短缺问题。

2. 销售分户账管理

保理商可以根据卖方的要求,定期向卖方提供应收账款的回收情况、逾期账款情况、账龄分析等,发送各类对账单,协助卖方进行销售管理。

3. 应收账款的催收

保理商有专业人士从事追收,他们会根据应收账款逾期的时间采取有理、有力、有节的手段,协助卖方安全回收账款。

4. 信用风险控制与坏账担保

保理商可以根据卖方的需求为买方核定信用额度,对于卖方在信用额度内发货所产生的应收账款,保理商提供100%的坏账担保。

2. 保理的本质

保理不仅围绕融资展开,而且围绕着债权展开。从一个全保理的过程看,将应收款转让给保理商的那一刻起,保理商获得债权而向卖方融资,然后通过债权的管理,尽量消除坏账,最后收回债款,如果出现买方破产或其他情况,尚须提供坏账担保;甚至在应收款转让融资以前就帮助卖方核查买方的可以发放信用的额度(即债权的额度)。保理融资的最大特色在于运用对融资企业的资产负债管理来实现债权保全,再结合债权和债权担保等制度,确保收回融资。对于融资企业而言,不仅获得了急需的资金,而且取得了保理商专业性的债权管理。所谓债权管理,指企业为确保债权的顺利回收而实施的有组织的管理活动,一般由三部分内容构成,即信用调查与管理、债权保全条款和担保权设定。保理商为融资企业提供上述内容的债权管理服务,对自身融通资金的回收也是有利无害的。

二、物流保理的含义

根据应收账款的承购方为金融机构或物流企业,物流保理业务又可以分为金融机构作为保理商的物流保理业务和物流企业作为保理商物流保理业务。

1. 金融机构作为保理商的物流保理含义

物流企业作为融资企业,将其在提供物流服务过程中所产生的应收账款打包出让给保理商(银行等金融机构),保理商对应收账款进行考察,按应收账款的一定比例融资给物流企业,由保理商在应收账款到期时间内向客户催缴应收款。

物流行业赊销和延期支付现象较为普遍。大多数物流企业如若从事物流活动必须先垫付巨额的物流成本和相关管理费,产生了物流应收款,其应收账款有三大特点。第一,规模大。物流行业的赊销和延期支付的结算方式,使得企业的流动资金受限,如果企业的应收账款数额过大,会使得本已资金紧张的企业变得雪上加霜。第二,坏账多。企业大量发放信用以占据市场份额,导致信誉值大大贬低。企业逾期的应收账款越聚愈多,易形成高坏账风险。第三,回款难。物流企业作为非核心企业往往处于一种弱势地位,一旦客户企业发生资金链问题,物流服务的费用往往无法结算。物流企业在长期的营业活动中产生了大量有关监管、运输、仓储和流通加工等物流服务的应收账款,可以将打包的应收账款进行保理服务,一方面加快了物流企业内部资金链的顺畅度,另一方面提高了客户满意度,确保了供应链的利益最大化。

2. 物流企业作为保理商物流保理含义

卖方将其现在或将来的基于其与买方订立的货物销售/服务合同所产生的应收账款转让给物流企业(保理商),由物流企业向其提供资金融通、买方资信评估、销售账户管理、信用风险担保、账款催收等一系列服务的综合金融服务方式。此种模式下物流保理实际就是把开办保理业务的主体由银行转变为专业物流公司,从保理业务的服务内容来说,物流保理业务与银行保理业务并无本质的不同,但是其经营的主体由银行变为了为客户经营物流业务的物流企业,使物流和金融流的联系更为紧密,由此衍生出许多银行保理业务所不具备的优势。由物流企业作为保理商开展应收账款的保理业务,因其控制买卖双方的货物,可降低风险,但对其资金有一定的要求。

三、物流保理业务的一般操作流程

1.金融机构作为保理商的物流保理业务模式的业务流程

金融机构作为保理商的物流保理业务操作流程如图5-5所示。

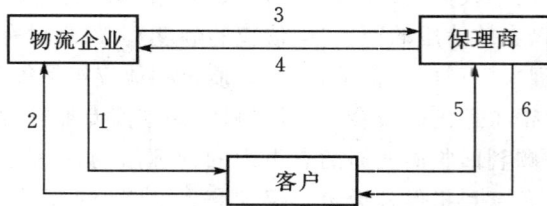

图5-5 金融机构作为保理商的物流保理业务操作流程图

金融机构作为保理商的物流保理业务模式中一般有三个主体,即物流企业、保理商、客户。具体做法如下:

(1)物流企业接到客户的订单,并为客户提供物流服务,包括运输、仓储、保管、报关报检、监管等物流服务。

(2)物流服务产生了相关单证和费用记录,物流企业为客户进行资金垫付等费用。

(3)物流企业将现有的一定额度的应收账款进行打包出让给保理商。

(4)保理商对应收账款进行考察,并按照一定比例融资给物流企业,一般根据应收账款的具体额度和到账时间,依赖真实的贸易确定融资比例,并收取一定的费用。

(5)保理商在应收账款到期时间内向客户催缴应收款。

(6)客户在规定期限时间范围内向保理商缴纳所有余额。

2.物流企业作为保理商的物流保理业务流程

物流企业作为保理商的物流保理业务流程(见图5-6)一般可分为以下几个步骤:

(1)卖方交货到物流企业,由物流企业负责货物的仓储与运输。

(2)卖方交货给物流企业后,按以往的方式向买方开出发票,但这些发票应附带一份转让通知说明发票所代表的债权已转让给物流企业保理商,买方必须直接向物流企业付款。

(3)卖方在开出发票的同时将发票副本送交物流企业。

(4)物流企业根据发票金额按事先商定的比例向卖方支付预付款,即按销货额的一定比例为卖方提供融资,并从中扣除物流费用和保理费用。

(5)买方向物流企业付款可分期付款。

(6)物流企业交付货物给买方,如为分期付款,货物则按付款金额交付。

(7)物流企业向卖方支付余下的款项。

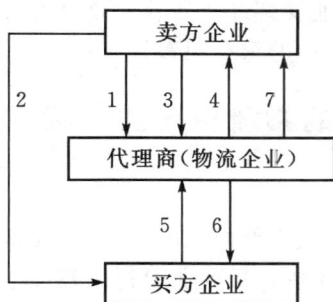

图 5-6 物流企业作为保理商物流保理业务操作流程

四、金融机构作为保理商的物流保理业务模式的风险分析

供应链管理的环境下,企业之间是以一种动态联盟的形式加入供应链,企业之间是一种亲密的合作伙伴关系,在供应链中的企业都会从自身利益出发,展开合作对策研究,形成委托与代理的合作协调机制和委托代理机制。为此,物流保理的风险主要包括信用风险、操作风险和市场风险。

1.信用风险

信用风险主要体现在保理商、物流企业与客户企业之间。信用风险主要来自于各主体之间本身存在的信息不对称以及客户企业由于其经营风险所导致的信用违约。对保理商来说,主要面临来自物流企业和客户企业两方面的信用风险。物流保理业务可以增加保理商的业务量,增加物流企业资金链流动的强度,对客户企业乃至整个供应链来说都是一种低廉的引进资金到供应链的方式。对物流企业来说,为客户企业提供了物流服务之后,一旦客户企业本身的经营状况较差,就容易给物流企业和保理商都带来巨大的经济损失。

2.操作风险

保理商和物流企业在物流保理业务中会面临一些操作风险。对保理商来说,操作风险一方面由于物流保理业务法律法规不完善,缺乏专业的管理人员,在贷款设计上也存在缺陷,容易出现操作风险;另一方面,由于过度依赖物流企业提供服务的无形性,容易出现物流企业与客户企业勾结,增加信贷风险。针对物流企业来说,物流保理业务增加了物流企业管理的复杂性,物流保理业务是通过对客户企业的资金流和物流服务的全程控制来控制风险的,其业务流程复杂,操作繁琐,且目前我国小企业开据的单证大多不规范,因此来自于操作过程的风险主要有运输票据格式不统一、票据的合法性等。

3.市场风险

市场风险主要包括运费市场的价格风险和客户企业与物流企业的经营风险,运费的价格风险受到诸多因素的影响,主要有货物的性质、数量,货物的始发地、目的地,订解约月完成日期,使用的运输工具,竞争对手等因素。物流保理业务的市场风险主要是受到市场因素包括经济环境、政府政策以及自然灾害等因素的变化所导致的变动。另外仓储保管过程中质押物的种类、质押物是否保险和质押物市场是否稳定等会在一定程度上影响到仓储管理经费等问题。

而客户企业经营风险是指客户企业受到经济环境和政府政策的影响对还款能力和担保能力的不确定性,是影响保理信用风险大小的重要因素。

五、物流企业作为保理商的物流保理业务模式的限制条件

1. 保理法律、法规极不健全

在我国开展物流保理业务,首先不能回避的是法律上的障碍。在我国,中国人民银行把保理业务作为金融创新业务对待,《中国人民商业银行法》对商业银行可从事的12项业务中没有对保理业务做出明确规定,也没有明确的禁止性规定。对于从事保理业务的非金融机构的主体资格问题,更没有任何的法律法规有所涉及。鉴于金融行业的巨大风险,在没有明确的法律规定的情况下,我国能否在短期内允许物流企业进入保理这一领域尚是一个未知数。

其次,我国尚无一套能够用于指导保理业务发展的法律法规体系。目前从事保理业务的机构大多依据国际保理联合会的《国际保理惯例规则》进行操作。但是很明显,国际保理惯例规则并不能完全适应我国保理业务发展的具体情况,这大大增加了保理业务的经营风险,给我国保理业务的进一步发展带来了巨大的影响。因此,可以设想:如果法律法规的问题得不到解决,即便是中国人民银行批准物流企业经营保理业务,物流企业也有可能因为畏惧巨大的行业风险而不敢进入保理这一领域。

2. 信用环境不佳

保理业务是一种建立在商业信用基础上的金融业务,需要一个良好的市场信用环境作为保障,否则在保理业务的经营过程中很容易发生信用纠纷,导致保理业务不能顺利开展。但是根据我国目前的信用环境来看,我国企业的资信程度普遍较差,这就使保理公司处于两难的选择当中。如果放宽对信用审查的限制,就有可能引起信用风险,使得保理公司得不偿失;如果加强信用审查,则能够通过审查的企业数量有限,可能使保理业务达不到最低的市场规模要求。

3. 物流企业缺少金融部门

如前所述,根据物流保理业务的要求,从事物流保理业务的物流企业都应该具备相当强的实力。一方面,它必须拥有足够的分支机构,以保证对各地客户的信用评估;另一方面,仅仅依靠物流方面的实力还不足以保证物流保理业务的开展,从事物流保理业务的公司还必须拥有对资金流的控制权。以 UPS 为例,为推出物流保理业务,UPS 专门并购了美国第一国际银行,并将其改造成 UPS 的金融部门(UPS Capital)。而从我国物流企业的状况来看:由于国家对金融业的严格限制,除中国邮政拥有邮政储蓄以外,其他的物流企业都没有相应的金融部门可以依靠。而且即便是邮政储蓄,其经营范围也受到了严格的限制,并不能迅速地转型为可以从事物流保理业务的金融部门。

物流保理业务作为一种新的物流融资模式,不仅可以促进贸易的繁荣,而且能够通过提供增值服务的形式增强我国物流企业的竞争力,推动物流行业的发展。并且,作为物流行业一种创新性的金融服务,它符合我国金融开放的发展趋势。目前保理市场的经营机构仍然主要由银行构成。从物流创新的角度来说,如果能够提供增值的物流保理服务,将有利于物流企业增强其竞争能力。并且如前所述,物流企业在保理市场上确实具有独特的、银行所无法代替的竞争优势。因此,无论从物流业的发展还是从保理业务本身的发展来说,物流企业与保理业务的

结合都是一个必然的发展趋势。因此,我国应尽快批准物流企业经营保理业务,并制定出相应的法律法规,保证物流保理业务的迅速发展。

六、物流企业作为保理商的物流保理业务模式融资优势分析

物流企业作为保理商在开展保理业务时相比金融机构有其一定的优势,具体如下:

1. 风险降低

物流保理最大的优势在于融资风险的降低。融资风险是指由于融资方式的选择所带来的财务风险、信用风险、经营风险等。

(1)财务风险是衡量企业的偿债能力指标,主要有资产负债率和已获利息倍数,资产负债率一般认为 50% 比较合理。物流保理业务融资是应收账款承购,不存在债务融资清偿能力的问题。可见,物流保理业务融资有较小的财务风险。

(2)经营风险方面,从目前物流的发展趋势来看,物流供应商越来越多地介入到客户的供应链管理当中,因而往往对于买卖双方的经营状况和资信程度都有相当深入的了解,因此在进行信用评估时,不仅手续较银行更为简捷方便,而且其经营风险也能够得到有效地降低。

(3)在信用风险方面,银行保理业务的主要风险来自于买卖双方对银行的合谋性欺骗,一旦银行在信用评估时出现失误,就很可能陷入财货两空的境地。而在物流保理业务中,由于货物尚在物流企业手中,这一风险显然已经得到大大的降低。

2. 融资快速方便

根据物流保理业务的要求,物流客户在其产品装(柜)箱的同时就能凭提单获得物流企业预付的货款,物流运输和保理业务的办理是同时并行的。而银行保理业务一般必须在货物装运完毕后再凭相应单据向银行要求预付货款。比较而言,显然前者更为简捷方便。

3. 货物易于变现

与仓单质押贷款一样,提供保理业务的公司也有可能因无法追讨货款而将货物滞留于手中。但前者需要处理货物的是金融机构,而后者则为物流企业。金融机构一般都没有从事商品贸易的工作经验,与商品市场也缺乏必要的沟通和联系,因此在货物变现时常常会遇到很多困难。而物流企业,尤其是一些专业化程度很高的物流企业,对于所运输的货物市场却会有相当深入的了解,而且由于长期合作的关系,与该行业内部的供应商和销售商也往往有着千丝万缕的联系,因此在货物的变现时能够享受到诸多的便利。

学习单元五　海陆仓业务模式操作与管理

一、海陆仓业务产生背景

随着我国对外贸易的快速发展,仓单质押、保兑仓和融通仓三种业务模式已无法满足对外贸易企业的融资需求和银行的放贷需求,海陆仓模式开始进入众人的视线。改革开放以来,中国中小型企业的加工贸易带动了国民经济的长期发展,但在众多从事国际贸易出口的公司中,中国企业在强势的国外进出口商面前往往缺乏话语权。目前,中国的进口企业在信用证开立

之后,仍有可能遭到出口商不交货或以坏货、假货、假单据进行诈骗的风险,而中国出口贸易中以信用证结算的占 20% 左右,大量的中国出口企业被迫接受缺乏信用保障的电汇类条款,甚至面临应收账款风险。与此同时,大量无形的资本寄居在有形商品身上被冻结在远洋运输中,使得国内中小型进出口企业面临巨大的资金压力,亟需利用银行资金解决企业原料采购到成品销售的资金使用时间限制和自有资金的制约问题。但由于中小型企业资信等级参差不齐、可抵押的固定资产有限和难以得到大型企业担保等原因,使得中小型企业的融资难问题始终存在。一些大型物流企业如中远物流,借用自身功能齐全的操作网络和丰富的物流运作经验,协助国内中小型进出口企业以产权清晰的海运在途货物向银行申请质押融资,解决商品生产和进出口贸易过程普遍存在运输空间跨度大、时间长导致资金周转不灵的问题,缓解国内中小型企业在供应链中库存资金尤其是在途积压难题,是银行和弱势的国内中小型企业探索提高资金绩效、控制进出口风险和扩大贸易规模的有效方法。在国内对外贸易快速发展的同时,企业有着强劲的资金需求,银行也瞄准了这一市场。然而对于中小企业来说,要将商机转化为生意,融资"造血"尤为重要。由于缺乏传统抵押、担保手段,中小企业很难从银行融资,即使寻求有效的第三方担保(如担保公司)贷款也往往因合作方多、作业链长、实效性差,好不容易拿到资金,但也"时过境迁",融资瓶颈令他们一再错失机遇。为解决这一问题,银行和物流公司也从中看到了发展空间和盈利机会,从而孕育了海陆仓这一新型物流金融业务模式。

二、海陆仓业务含义和作用

1. 海陆仓业务模式含义

海陆仓业务模式是建立在真实的进出口贸易背景上,由传统的"仓单质押"融资模式发展成为综合"提单质押""在途货物质押"和"仓单质押"为一体的全程供应链融资模式,贯穿企业采购、生产及进出口贸易等过程,横跨商品流通的时间和空间,可以更大限度地满足供应链中各环节企业的融资需求。在实际运作过程中,物流企业受银行委托,采用多式联运、点线结合的方式,负责质物在境内外在途、异地实施监管服务操作,监管范围可以覆盖生产地到消费地,以及中间的海运和陆运全程过程,表现为"仓储监管""陆路运输监管""铁路运输监管""沿海运输监管"和"远洋运输监管"等环节的任意组合。

银行联合第三方物流企业,实现商品的货权控制,将未来物权与银行操作成熟的现货质押、现金流控制等手段相联系起来,通过内部作业组织重组、流程优化来替代企业的重复作业环节,通过对贸易背景的把握和对大宗商品的未来货权进行有效控制。货物未到前,提供未来货权质押融资服务;货物到港后,银行委托第三方物流企业提供代理报关、代理报检、物流等服务,进一步转为"现货监管"方式继续提供融资;货物进入仓库直至销售,仍可提供融资。全流程满足企业的资金需求,直到该笔货物销售款项回笼,打破了单个业务环节融资的局限,极大地便利了客户。海陆仓业务模式所提供的授信可以覆盖客户的开证(信用证方式)、到单、通知、报关、报检、货物运至仓库直至销售的全过程,将未来货权质押开证、进口代收项下货权质押授信、进口现货质押授信集合在一起,极大地延伸了银行对企业融资需求的服务周期。海陆仓融资物流方案主要涉及国外采购,银行给出质人开具国内或国际信用证,出质人拿已离港货物物流公司开具的仓单作为授信条件,监管点一般在国内港口,涉及的各方有银行、物流监管公司、出质人,还有货代、港务局,出质人根据监管公司的放货指令放货。

2.海陆仓业务作用

海陆仓供应链融资可解决三大问题:一是通过物流企业的全程参与,提供监督,通过质押的方式,帮助生产企业有效缩短资金使用周期,提高资金流转速度;二是物流企业扮演银行和中小企业桥梁的角色,帮助银行将金融服务真正传导到中小企业;三是可帮助银行有效提升融资过程中的信用风险控制力。此项解决方案的推出,不仅为中小企业、银行带来了好处,同时能够尽快提升物流企业在供应链资金流转方面的能力,提升整体竞争力。

三、海陆仓业务类型及操作流程

从业务是否涉及外贸业务来划分,海陆仓业务可分为内贸海陆仓业务和外贸海陆仓业务两种形式。

(一)内贸海陆仓业务模式操作流程

内贸海陆仓业务模式操作流程如图5-7所示。

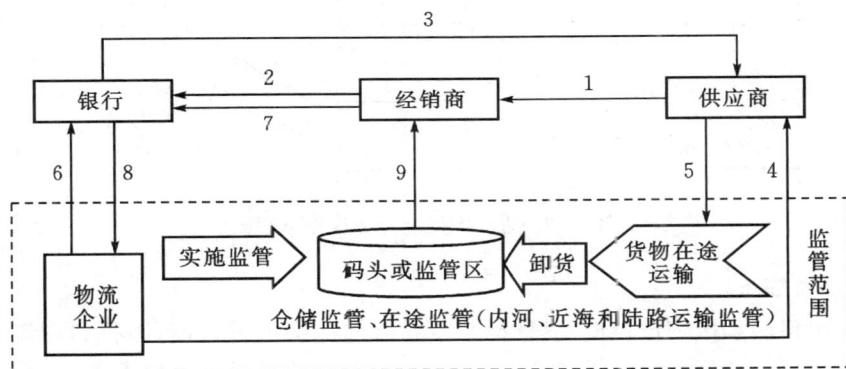

图5-7 内贸海陆仓业务操作流程图

(1)经销商和供应商双方签订《购销合同》,物流企业、银行、经销商和供应商四方签订海陆仓协议;

(2)经销商向银行缴纳一定的保证金,并申请贷款,获得定向采购融资;

(3)银行结合具体信贷政策,向供应商开出汇票;

(4)物流公司监管人员进入供应商处开始实施监管,保证货物出厂数量、品质等与相关协议或单据相符;

(5)供应商发货,物流企业开始实施在途监管(内河、近海和陆路运输监管),运达到码头或监管区后实施仓储监管;

(6)物流企业向银行提供仓单(提单)等单据;

(7)经销商向银行偿还贷款;

(8)银行通知物流企业按还款比例放货,物流公司向所属堆场下达可放货数量;

(9)经销商提货,堆场按操作流程开始放货。

(二)外贸海陆仓业务模式操作流程

外贸海陆仓业务模式又可细分为进口海陆仓和出口海陆仓两种模式。进口海陆仓主要是进口信用证项下的未来货权质押与清关后现货质押相结合模式,出口海陆仓既可在质物出口装船前以仓单质押、先货后票、先票后货等业务模式向融资企业办理订单融资业务,还可以在承运至目的港交付提单后继续办理应收账款质押、出口保理等贸易融资业务。但总体而言,不管何种海陆仓模式,其质押监管范围均可能涵盖融资企业起运港库存、在途库存及目的港库存。

1.进口海陆仓业务模式操作流程

进口海陆仓业务模式操作流程如图5-8所示。

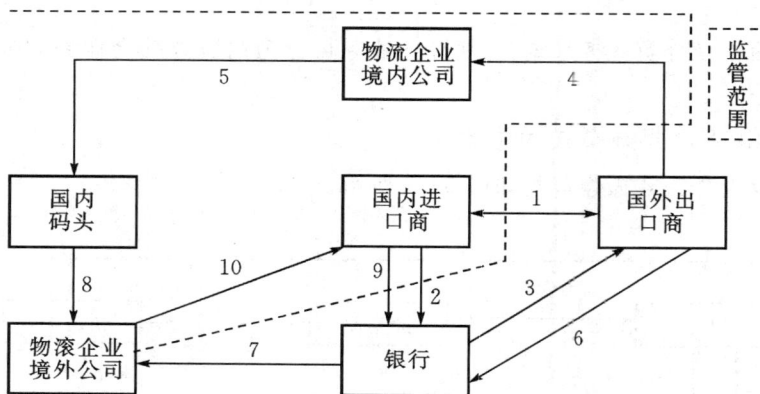

图5-8 进口海陆仓业务操作流程图

其具体步骤如下:

(1)国外出口商和国内进口商签订《国际贸易合同》,国内进口商、银行和物流企业三方签订《海陆仓业务商品融资质押监管协议》(见附录4),第三方物流接受银行委托,根据协议内容承担监管责任。

(2—3)进口商向银行提交相关资料,申请授信额度,提出开证申请。经银行有关审批部门核定授信额度,与进口商签订《授信协议》,同时进口商提交一定金额的保证金,银行开立以国外出口商为受益人的信用证。

(4—5)国内第三方物流企业境外公司需与其国外装货港代理公司联系,国内银行业与该国外通支行保持联系。国外出口商将货送至港口,按信用证要求发货,国外物流代理公司进行装货,装完船后,第三方物流境外企业接收货物开始实施远洋运输和在途监管。

(6—7)进口商银行收到并持有全套单据,经进口商确认后,银行签发《单据交接通知》并通知第三方物流企业。

(8)收到货物后,第三方物流企业履行货物报检及通关手续,将货物运至指定仓储地点。

第三方物流企业签发以银行作为质权人的《进仓单》,银行与进口商共同在第三方物流企业办理交接登记,由第三方物流企业按照合同规定监管质押货物,进入现货质押流程。

(9—10)进口商根据其生产/销售计划安排提货,在提货前都必须归还银行相对应的货款,第三方物流企业在审核银行签发的《出库单》无误后,放行相应货物。

货物在途监管过程中,第三方物流企业需确保货物的安全。在船舶抵港前,船代需进行船舶进港申报,等船舶靠岸后由货代安排船舶卸货、换单、进口清关商检等事宜。进口商银行可在进口商需要时,向其提供一定量的贷款,以作为通关交税的费用。

此种融资模式下的特点:①可为企业免除部分或全部保证金;②从国外出口商交货后即由物流企业实施监管,降低了银行的开证融资风险;③实现了开证和进口押汇的一体化融资模式。

知识链接

进口押汇

进口押汇是指开证申请人在于开证行结算时,暂时无款向开证行支付,因此以进口货物的货权或者其他抵押物等作为抵押,向开证行申请贷款,并用该笔贷款由开证行对受益人付款,开证申请人在申请的该笔贷款到期时再向开证行付清余款和做结算。

2.出口海陆仓业务模式操作流程

一般来说,出口海陆仓融资监管范围可以涵盖融资企业成品仓库库存、在途库存及目的港库存,大致运作流程如图5-9所示。

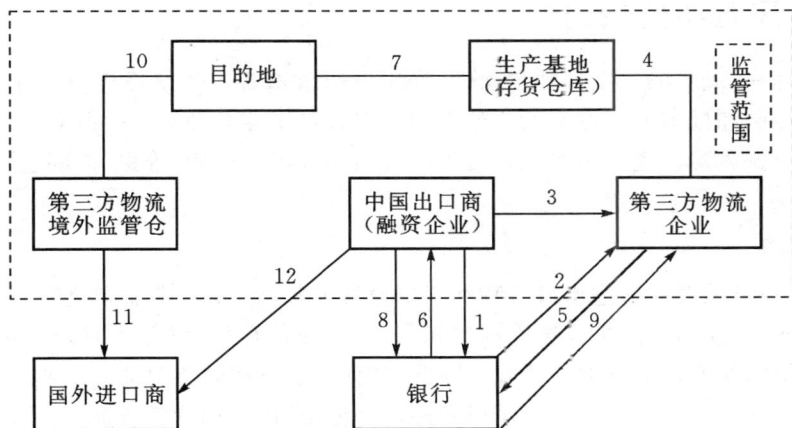

图5-9 出口海陆仓操作流程示意图

其具体步骤如下:

(1)作为融资企业的中国出口商与国外的进口商签订货物出口贸易合同,融资企业向银行申请将在库、在途出口货物出质;银行的海外机构调查国外收货人的信用或要求国外收货人开立履约保函或由中国出口商购买出口信用保险,规避风险。

(2)银行、融资企业签订融资授信协议后,银行、第三方物流、融资企业签订出口货物质押监管协议,确定各方权利、义务,第三方物流接受银行委托,根据协议承担监管责任。

(3)在银行、第三方物流、融资企业三方协议的基础上,融资企业接受第三方物流监管,由第三方物流负责质物仓储和全程运输监管服务。

(4)根据融资企业与其收货人订立的贸易条款,第三方物流为融资企业提供全程运输服务,主要包括海运订舱、货物集港、装船、运输等。

(5)货物起运后,融资企业将经背书后的提单和目的港所需清关单据一同转给银行,如合同(副本即可)、正本装箱单、正本发票、正本委托报关协议书等材料。银行审核确认无误后,通知第三方物流对海运途中相应质押提单项下的货物进行在途监管;第三方物流确认能有效控制在库质物和质押提单后,向银行开出全程海陆仓仓单。

(6)银行向融资企业提供贷款支持。

(7)质押提单项下的质物抵达目的港。

(8)融资企业根据需要,采用补充在库质物、置换质押提单、向银行还款,或由国外的收货人 TT 付款给融资企业在银行的保证金账户等方式向银行申请提单解押。

(9)银行向第三方物流下达相应提单的解押指令。

(10-11)第三方物流根据银行指令情况,通知海外操作点在融资企业的国外客户配合下,清关、放货,或通知将质物暂存第三方物流境外监管仓继续监管,等待进一步放货指令。

在以上各类型的海陆仓业务中所产生的各项费用,如质物的监管费、海运费、仓储费、运杂费、装卸费、检验费、查验费、货运代理费等因质物仓储保管运输产生的相关费用由出质人(借款人)承担。同时由出质人(借款人)应当按照《质押合同》的规定对质物办理各项保险手续,并将保单正本交由质权人保管。

四、海陆仓风险防控措施

由于"海陆仓"流程的复杂性和特殊性,物流企业承担着较传统质押监管业务更加巨大的责任,在风险控制和处理方面也将面临着更多难以预料的新挑战,需要从关注贸易条款、监控单据及质物、道德风险防范和落实保险覆盖等方面做好风险控制,确保"海陆仓"模式稳固和运作质量。

1. 贸易条款

"海陆仓"业务是对在途进出口货物和提单设置质押权,需要详细调查融资企业的贸易背景,确保其真实、长期、稳定,关注货物权属识别,防止法律瑕疵,以免导致质押不成立、质权落空,给银行和中远物流造成巨大的风险。因此,如何确定货权转移时间点是进行物权能否有效控制的前提和基础,银行和中远物流需要共同探讨分析,以明确货物权属。

对比分析常见的国际贸易付款方式,同时综合考虑货权转移和相关费用支付等风险,在进口贸易中,FOB、CIF 或 CFR 条款为在指定装运港越过船舷时完成交货,但"进口海陆仓"模式中,建议采用 FOB 条款,既有利于银行和进口企业防范假提单诈骗,又有利于中远物流从租船或订舱开始扩大服务范围;在"出口海陆仓"模式中,建议采用 DDU 条款,即货权转移在进口方的指定目的地或港口,货物价格为到达指定地点不含进口税和清关费用的价格,以有效控制物权并降低贸易风险。

2. 提单风险与控制

货物装船后,已经脱离物流企业的实质占有,只能通过持有提单来实现对货物的控制。由于提单涉及贸易关系、质押关系、委托关系和监管关系等多种法律关系,情形复杂,需要防范提单签发、背书、占有、保管或遗失等流转过程中的风险。值得一提的是,提单规则要求尽快将提单流转出去,而监管人的身份要求物流企业控制提单,相互之间的矛盾还将产生不可预测的风险。

3. 现货监管风险防范

在日常监管工作中,物流企业要理顺运营管理流程,根据融资企业的生产工艺和销售程序,明确监管专员的分工,做好出账、单据签发、放货、印章管理等工作。物流企业应做好每日库存动态跟踪,将相关信息录入信息系统,实时地向银行和融资企业发布监管库存信息、出入库信息及监管金额信息。其次,要加强监管专员的思想教育工作,提高其责任心和忠诚度,严格执行监管专员互查、定期轮换等监督机制,防范监管专员的道德风险。第三,在关注质物自身安全的同时,银行和物流企业要高度重视融资企业的生产销售状况和资信情况,将资金往来、欠薪情况和人员流动等异动情况纳入监察范围,防止由于融资企业经营不善,或与其国内外买方二者联合对银行诈骗后携款潜逃,银行及物流企业被卷入诉讼纠纷的风险。

4. 保险覆盖

鉴于"海陆仓"融资范围的广泛性和复杂性,可为质物投保财产综合险和海运一切险(仓至仓条款,可延伸至国外保税区,包括平安险、水渍险和一般附加险),使得质物在库、在途、到港卸货和目的港存储全程监管范围内都处于保险状态下,被保险人为融资企业,保单受益人为银行,物流企业作为共同被保险人,同时为落实保险覆盖,物流企业可考虑投保雇员忠诚险和人身意外伤害险。

采用海陆仓业务模式,可以帮助融资企业快速回笼资金,加快资金的周转,并以较少资金量完成贸易;同时进口商可以通过批量购买获得商品和物流服务的优惠价格,冲抵部分贷款成本。对银行而言,更重要的是引入的第三方物流企业作为监管方,有效地降低了放贷过程中的风险。对于第三方物流企业来说,海陆仓模式作为新型物流金融融资模式,是其利润的新来源,通过这一业务模式他们不仅能赚取监管费用,还能稳定供应链上的物流服务利润。随着物流金融实践的不断积累和理论研究的不断深入,可以预见海陆仓作为一种整合了所有环节的物流金融业务模式将会有很大的发展空间。

案例 5-3

祥光铜业项目融资

一、企业背景

阳谷祥光铜业是世界上一次建成规模最大的铜冶炼厂,是继美国肯尼柯特公司之后的世界上第二座采用闪速熔炼和闪速吹炼——"双闪速炉"工艺的铜冶炼厂,是当今世界上技术最先进、环保、节能、高效的现代化铜冶炼厂,项目总投资 56 亿元,一期工程达产后,年可生产阴极铜(含 99.9935%)20 万吨、硫酸(含 98%)70 万吨、金(含 99.99%)10 吨、银(含 99.99%)300 吨;二期工程全部达产后,年可生产 40 万吨阴极铜、20 吨黄金、600 吨白银、140 万吨硫酸及相关产品。

二、融资需求

祥光铜业为满足生产用原材料铜精矿以及生产环节过程中的资金流问题,向工商银行、建设银行等银行组成的银团提出贷款需求,银团以祥光铜业铜精矿原料、半成品、产成品为质押担保向其提供融资贷款,中远物流受银团委托对阳谷祥光铜业质押的动产履行监管职责。项目的监管环节流程:银行开证—海上船舶、货物信息跟踪—货物抵港后的船舶代理、货运代理—卸货港货物存储—运输—原材料仓库监管—半成品仓库监管—成品仓库监管—银行下达放货指令—解除质押,如图 5-10 所示。

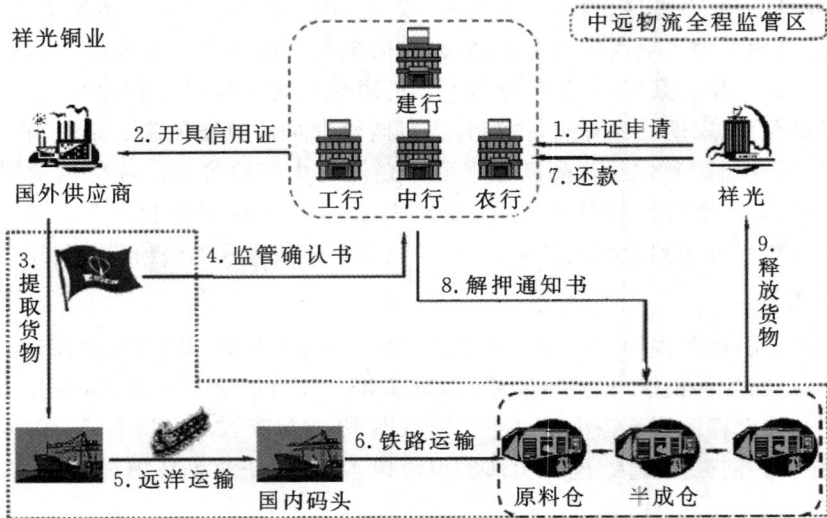

图 5-10　项目运作示意图

情境小结

本情境详细阐述了物流金融综合业务模式中的综合化订单融资业务、保兑仓业务、融通仓业务、物流保理业务及海陆仓业务的含义和操作流程,分析各个综合融资业务的操作流程,操作要点和可能存在的风险,并提出了风险的防范措施。

实训项目

华夏银行为迁安联钢九江钢铁有限公司提供保兑仓融资业务

一、各方需求

唐山松汀钢铁有限公司为了争夺市场份额,稳定自己的销售渠道,准备对经销商进行融资支持,但是直接对经销商融资存在较大的困难。直接融资可以采用赊销的形式,赊销会造成下游企业对核心企业资金的占用,而且下游企业的信用等级较低,如果到期不能还款,则会造成唐山松汀钢铁有限公司大量的应收账款坏账,财务报表恶化。并且在目前的供应链结构中,唐山松汀钢铁有限公司与下游企业的合作大都采取部分预付款的形式进行,占用下游企业资金进行生产经营,由于钢铁行业利润的下滑,唐山松汀钢铁有限公司的流动资金也日趋紧张,对下游企业的直接融资更加不现实。若是以担保方式提供支持,则不占用唐山松汀钢铁有限公司自有资金,在经销商产品可以顺利销售给终端客户获取回款的前提下,为下游企业提供担保的风险较低,承担回购担保为经销商获取银行资金既能改善唐山松汀钢铁有限公司的财务状况,又可以实现壮大销售网络的目标。

迁安联钢九江钢铁有限公司是唐山松汀钢铁有限公司合作最稳定也是最大的经销商,迁安联钢九江钢铁有限公司目前面临的主要问题是企业流动资金不足。迁安联钢九江钢铁有限公司想达到 2013 年预计实现销售收入 63 亿元、净利润 13000 万元的目标,该企业自有流动资金已不能满足其正常经营的需求。但是迁安联钢九江钢铁有限公司的资金周转速度高于行业内平均水平,如果能获得融资支持,迁安联钢九江钢铁有限公司可以较快的创造出利润还款,如果是可以循环使用的贷款,则迁安联钢九江钢铁有限公司可以在一年内创造出较高的收益。迁安联钢九江钢铁有限公司虽然利润可观,但从公司人员规模(300人左右)上看仍属于中型企业,并且没有可以提供足额担保的不动产,加上钢铁行业近几年不良贷款率较高,以传统的业务形式从银行获得贷款较为困难。

迁安联钢九江钢铁有限公司与唐山松汀钢铁有限公司有稳定的上下游合作关系,根据上文中的数据,二者合作年限长,彼此之间贸易占比高。按照银行供应链融资的营销策略,迁安联钢九江钢铁有限公司在上游对唐山松汀钢铁有限公司供应原材料形成的应收账款可以用应收类业务进行融资,在下游销售唐山松汀钢铁有限公司产品可以用预付类业务进行融资。经调查,迁安联钢九江钢铁有限公司对唐山松汀钢铁有限公司的应收账款在迁安建行首钢支行申请办理保理业务已质押,保理金额15000万元。迁安联钢九江钢铁有限公司目前存在的资金缺口主要是用于从上游供货商唐山松汀钢铁有限公司购买钢坯、带钢的预付款。

二、业务方案分析

鉴于迁安联钢九江钢铁有限公司存在的资金缺口,华夏银行为迁安联钢九江钢铁有限公司提供的授信金额将主要用于采购唐山松汀钢铁有限公司的钢坯、带钢,融资方案选取为保兑仓业务,融资模式采用流动资金贷款或银行承兑汇票承兑或商票贴现承兑人授信,用于弥补其向供货商唐山松汀钢铁有限公司购买钢坯、带钢存在的短期资金缺口。迁安联钢九江钢铁有限公司可以通过保兑仓业务获得融资支持,而唐山松汀钢铁有限公司只需要提供担保,而不需要直接的信用融资就可以实现扶持经销商,稳定销售渠道的目的。

华夏银行经授信审批委员会审议,给予迁安联钢九江钢铁有限公司3亿元的组合额度。组合额度是指在保兑仓模式下授予迁安联钢九江钢铁有限公司一个可以使用的最高额度,授信期内,在总用信额不超过这个额度的前提下可以根据实际需要采用不同的融资具体形式。此次授予迁安联钢九江钢铁有限公司的组合额度包含的融资形式有三种:第一,流动资金贷款1亿5千万元,贷款期限不超过6个月,配套自有资金比例不低于30%;第二,银行承兑汇票承兑3亿元,首笔保证金比例不低于50%;第三,商票贴现承兑人授信1亿5千万元,配套自有资金比例不低于50%。以上组合额度专项用于采购唐山松汀钢铁有限公司生产的钢坯、带钢,由唐山松汀钢铁有限公司承担未售出货物差额连带清偿责任(差额回购义务),同时由迁安联钢九江钢铁有限公司实际控制人刘某个人承担连带责任保证担保。

根据以上背景案例资料:

1.请结合案例设计保兑仓业务操作流程。

2.请结合案例说明此项业务操作过程中存在的风险和防范措施。

3.实施步骤:

(1)以4~6人小组为单位进行操作,并确定组长为主要负责人;

(2)搜集资料,将各个环节操作流程、内容和工作要点填入下表,完成工作计划表;

序号	工作名称	工作内容	工作要点	责任人	完成日期

（3）组织展开讨论，确定所调查有关保兑仓业务的案例及实际操作流程；

（4）整理资料，制作PPT进行汇报。

4.检查评估：

能力		自评（10%）	小组互评（30%）	教师评价（60%）	合计
专业能力（60分）	1.调查结果的准确性（10分）				
	2.业务内容的准确性（10分）				
	3.业务流程操作的准确性（10分）				
	4.调查表格或调查提纲设计的合理性（10分）				
	5.总结报告的撰写或PPT制作（20分）				
方法能力（40分）	1.信息处理能力（10分）				
	2.表达能力（10分）				
	3.创新能力（10分）				
	4.团体协作能力（10分）				
综合评分					

思考与练习

1.分析综合化订单融资业务的风险及风险防范措施。

2.简述保兑仓业务操作流程及各方的益处。

3.简述海陆仓业务的类型和各自操作流程。

学习情境六
物流保险业务操作

学习单元一 物流保险认知

随着现代物流业的飞速发展,物流企业需要为供应链上下游的企业提供更加完善、全面的服务,不仅仅局限于物流,还包括信息流以及资金流,因此面临的风险也日益增多。人们也开始意识到物流活动中保险服务的重要性,亟须相应的物流保险品种以分散自身风险。

保险业已成为金融工程的三大支柱行业之一,物流保险作为物流金融的重要组成部分,能提供涵盖物流业各环节的完整保险解决方案,努力帮助物流公司防范风险。物流保险与物流金融相互依存,在发展中逐渐地互相渗透与融合,物流保险能有效降低和分散物流金融业务的风险。

一、物流业的风险分析

物流行业在经营的整个过程之中随时随地地都会面临不同程度的风险,其风险主要表现为:一是物流企业在采取不同的运输方式如海运、空运、陆运等时,所面临的自然灾害所带来的损失;二是物流企业在对产品等进行存储、加工等过程中面临火灾等意外事故所带来的损失;三是从物流金融的角度来说,企业在贸易、融资等活动中面临的信用风险。一个完整的物流活动在不同的环节都会给物流活动的供需双方带来带来一定的风险,其风险表现在物流活动的每一个环节,如图6-1所示。

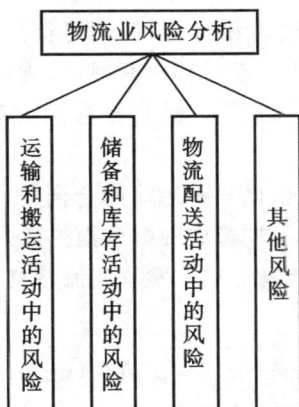

图6-1 物流业的风险分析

1. 物流运输和搬运活动中的风险

由于现在物流在位移上的移动变化较大,在运输方式上也各不相同,可以是单一的海运、陆运或空运,也可能是不同运输方式的组合,在这种情况下,由于自然灾害以及意外事故的不可预知性,会给物流活动在运输以及搬运过程中带来不同程度的风险隐患,而这些风险则会给物流企业带来因消除风险所需的额外的费用。

2. 物流储备和库存活动中的风险

在物流企业对物流活动中的产品进行储备或者库存时,会面临各种灾害或者事故带来的风险损失,而每个物流企业所服务的产品各有不同,不同的产品对库存设备以及库存管理模式的要求有所不同,不当的设备以及库存管理方式也会在一定程度上加大物流企业在这一方面的风险损失。

3. 物流配送活动中的风险

物流企业的综合服务能力在很大程度上取决于物流企业是否能够及时保质保量地把客户所需要的产品送到客户手中。物流企业在配送活动中面临运输、装卸搬运、包装等环节的风险,这些风险会导致物流企业的服务水平大打折扣从而带来损失。

4. 其他风险

从物流金融的角度来看,企业在贸易活动中采取赊销方式时,面临下游企业拖欠应收赊款的风险,这对企业的资金流造成了很大影响。此外,中小企业在向银行申请贷款时面临重重阻碍,主要原因是银行担心中小企业的信用。以上两种风险都需要相应的保险产品来化解。

二、物流保险

其实早在 1998 年,一些保险界的有识之士就聚在一起商讨物流保险实施的可行性,并形成了舆论。之后,社会各界呼唤物流保险的声音不断增加。2002 年 3 月,第一份专门的物流保险在人保手中诞生,时隔一年便告夭折。2004 年 7 月,中国人民财产保险股份有限公司推出一款曾被人们认为"具有划时代意思的物流保险"——物流责任险,其结果也是少人问津。

物流保险本身就是一个综合性极强的概念,从宏观上来讲,物流保险就是一切与物流活动相关联的保险,把这一概念与物流概念相结合,解剖可得出物流保险的真实概念——物流保险,即物品从供应地向接受地的实体流动过程中对财产、货物运输、机器损坏、车辆及其他运输工具安全、人身安全保证、雇员忠诚保证等一系列与物流活动发生关联的保险内容,其中还包括可预见的和不可预见的自然灾害。

物流保险广义上指的是投保人根据货物运输的合同约定向保险人支付保险费,保险人对于合同约定的投保人因可能发生的事故造成的财产损失或人员伤亡而承担赔偿或给付保险金责任的商业保险行为,包括传统的货物运输保险和物流货物、责任以及综合保险。

1. 物流保险的关系人

物流保险的关系人有保险人(insurer)、被保险人(insured)与投保人(appicant)。

(1)保险人是指收取保险费,并在约定情况下,负责给予约定赔偿的人,保险人可以是法人,也可以是自然人,在我国是指保险公司的法人。

(2)被保险人是指在物流保险中,在出险后接受赔偿的一方当事人,在国际物流中,被保险人通常是货物的所有人或者收货人。

（3）投保人也被称为要保人，在物流保险中，投保人是申请保险的人。在一般情况下投保人就是被保险人，在订立保险合同时，他们是投保人；在保险合同生效后，他们是被保险人。但是投保人也可能代替被保险人办理投保手续，这样，被保险人与投保人就分别是不同的两个独立当事人。

保险中的基本关系是保险人与被保险人的权利义务关系。

2.物流保险中的权利义务

（1）投保人的主要义务。

①交付保险费的义务。投保人应当按照约定的时间、方式向保险人交付保险费。投保人如不按约定的时间交付保险费，则保险人可按照约定要求其交付保险费或者终止合同。

②如实告知的义务。在订立保险合同时，投保人负有将保险标的的有关情况如实向保险人陈述、申报或声明的义务。根据《中华人民共和国保险法》的有关规定，投保人违反如实告知义务将承担相应的法律后果，导致不能索赔或合同的解除。

③危险增加的通知义务。危险增加是指保险合同当事人在缔约时预料的保险标的的危险在合同的有效期内程度增强。在合同有效期内，一旦发生危险增加，被保险人应当按照约定及时通知保险人；针对危险增加的情况，保险人有权要求增加保险费或者解除保险合同。被保险人未履行此项义务的，因危险增加而发生的保险事故，保险人不承担赔偿责任。

④保险事故通知义务。保险事故发生后，投保人、被保险人或者受益人应当及时通知保险人，以便保险人迅速地调查事实真相，收取证据，及时处理。

⑤防灾防损和施救的义务。在合同成立后，被保险人有义务遵守国家有关消防、安全、生产操作、劳动保护等方面的规定，维护保险标的的安全，并根据保险人有关保险标的的安全的建议对保险标的的安全维护工作进行改进。在保险事故发生时，被保险人有义务尽力采取必要的措施，防止或者减少保险标的的损失。

⑥提供有关证明、单证和资料的义务。保险事故发生后，依照保险合同请求保险人赔偿或者给付保险金时，投保人、被保险人或者受益人应当向保险人提供其所能提供的与确认保险事故的性质、原因、损害程度等有关的证明和资料。

（2）保险人的义务。

依据《保险法》的有关规定，物流保险的保险人的义务主要有以下内容：

①通知义务。这是诚实信用原则在《中华人民共和国保险法》中的体现之一。保险人的通知义务具体表现为：到期保险费未交付的通知、保险标的一部分受损失的终止合同通知、行使保险标的的勘查权而终止保险合同的通知等。

②危险减少时的减收保险费的义务。依据《中华人民共和国保险法》第38条的规定，以下两种情形保险人应当降低保险费，并按日计算退还相应的保险费：据以确定保险费率的有关情况发生变化，保险标的的危险程度明显减少；保险标的的保险价值明显减少。当然《中华人民共和国保险法》也允许当事人在合同中就减收保险费的问题另行约定。事实上，从实践中大部分保险人提供的保险合同来看，减收保险费的义务基本上均在合同中进行了免除。

③保险金给付义务。保险金给付义务是保险人依保险合同而生的危险承担义务的具体化。在定额保险中，保险事故发生后，保险人皆以金钱给付为保险给付义务的履行。

④保险事故发生后的其他保险给付义务。在财产保险合同中，保险人除了承担基本义务

以外,在有些情况下还要承担支付必要合理费用的义务。如保险标的出险时,被保险人为防止损失或减少损失而支付的抢救、保护、整理保险标的的必要的、合理的费用等。

⑤保密义务。保险人与投保人缔约时,要向投保人询问保险标的或被保险人的有关情况,投保人此时应履行如实告知的义务,同时,保险人获知这些信息后,应当予以保密。对此,《中华人民共和国保险法》第 32 条规定:"保险人或者再保险接受人对在办理保险业务中知道的投保人、被保险人、受益人或者再保险分出的业务和财产情况及个人隐私,负有保密的义务。"

三、物流保险的基本原则

1. 最大诚信原则

最大诚信原则的基本含义是:保险双方在签订和履行保险合同时,必须以最大的诚意履行自己应尽的义务。物流保险合同双方应向对方提供影响对方作出签约决定的全部真实情况,互不欺骗和隐瞒,信守合同的约定和承诺,否则物流保险合同无效。最大诚信原则是物流保险合同成立的基础。

诚信原则是民事法律关系的基本原则之一。保险法律关系中对当事人的诚信的要求比一般民事活动更严格,因此必须遵守最大诚信原则。首先,保险业是风险管理行业,对保险人而言,风险的性质及大小直接决定着保险人是否承保及保险费率的高低,而投保人对保险标的风险最为了解,保险人只能依据投保人告知的风险状况来决定是否承保和确定保险费率,尤其是在物流保险中,保险的标的是运输工具上的货物,这与保险合同的订立地可能不一致,保险人无法对这些货物进行实际考察,就算可以进行实际考察,也不可能有投保人那样了解。因此,保险人只能根据投保人在投保时提供的资料判断风险的大小,从而决定是否承保和确定保险费率。这就要求投保人在投保时如实告知并信守承诺。其次,保险经营的技术程度较高,而物流保险的条款及其费率是由保险人单方拟定的,其技术性较高,复杂程度远非一般人所能了解。投保人是否投保以及投保的条件完全取决于保险人的告知,这就是要求保险人如实向投保人说明主要条款和免除条款。再次,投保人在投保时只需支付少量的保费,而一旦保险标的发生事故就能获得数十倍或数百倍于保险费的赔偿或给付金额。若投保人采取不诚实不守信用的手段来投保和骗取保险金,则保险人无法经营。因此,遵循最大诚信原则有利于保证保险业稳健发展。

2. 保险利益原则

保险利益是指投保人或被保险人对保险标的的具有法律上承认的利益。这里的利益一般是指保险标的的安全与损害直接关系到被保险人的切身经济利益。这表现为:保险标的的存在,这种利益关系就存在;如果保险标的的受损,投保人或被保险人的经济利益毫无损失,则投保人或被保险人对保险标的的没有保险利益。例如,在货物运输保险合同中,保险标的的毁灭直接影响到投保人的经济利益,视为投保人对该保险具有保险利益。一般而言,保险利益是物流保险合同生效的条件,也是维持保险合同效力的条件。

遵循保险利益原则的主要目的在于:限制损害补偿的程度,避免将保险变为赌博行为,防止诱发道德风险。

3. 近因原则

损失有可能是由几个原因或一连串原因造成的,那么,哪个原因是出险的真正原因呢?近因原则就是判断风险事故与保险标的损失之间的因果关系,从而确定保险赔偿责任的一项基本原则。保险损害的近因是指引起保险损害最有效的起主导作用或支配作用的原因,而不一定是在时间上或空间上与保险损害最接近的原因。近因原则是指保险赔付以保险风险为损害发生的近因为要件的原则,即在风险事故与保险标的损害关系中,如果近因属于风险保险,保险人应负赔付责任;如果近因属于不保风险,则保险人不负赔付责任。

在物流保险合同中,保险人承担的风险责任范围都是有限的,即保险人承担赔付责任是以物流保险合同所约定的风险发生所导致保险标的的损害为条件的。但在物流保险实务中,有时导致保险标的损害的原因错综复杂,为了维护保险合同的公正,近因原则应运而生。长期以来,它是保险实务中处理赔案时所遵循的重要原则之一。

4. 补偿性原则

补偿性原则是物流保险合同中最重要的原则。大多数货物保险合同是补偿性合同。补偿性合同具体规定了被保险人不应该取得超过实际损失的赔偿。损失补偿性原则是指物流保险合同生效后,当保险标的发生保险责任范围内的损失时,保险赔偿只能使被保险人恢复到受灾前的经济原状,被保险人不能因损失而获得额外收益。

物流保险合同的补偿是以物流保险责任范围内损失的发生为前提的。没有物流保险责任内的损失则没有补偿。并且,补偿是以保险人的实际损失为限。所以,保险人的赔偿额不仅包括被保险标的的损失,还包括被保险人花费的施救费用、诉讼费用。

补偿性原则是物流理赔的重要原则,在物流保险合同中使用补偿性原则可以防止被保险人从保险中获利。如果发生一次损失,只应该使被保险人大致恢复到与损失发生之前相同的经济状况。这样既保障了被保险人在受损后获得赔偿的权益,又维护了保险人的赔偿以不超过实际损失为限的权益,使物流保险合同能在公平互利的原则下履行。除此之外,补偿性原则还可以减少道德危险因素。如果不诚实的被保险人能从损失中获利,他们就会以骗取保险赔偿为目的故意制造损失。因此,如果损失赔偿不超过损失的实际现金价值,道德危险因素就会减少。

5. 代位求偿原则

代位求偿原则是指在财产保险中,保险标的发生保险事故造成推定全损或者保险标的的所有权的损失,保险人按照合同的约定履行赔偿责任后,依法取得对保险标的的所有权或对保险标的的损失负有责任的第三者的追偿权。保险人所获得的这种权利就是代位求偿权。

通常,物流保险事故发生后,如果损失是由保险人和被保险人以外的第三者造成的,那么被保险人既可以依据法律规定的民事损害赔偿责任向第三者要求赔偿,也可以依据物流保险合同中规定的索赔权向保险人要求赔偿。如果保险人和第三者同时赔偿了被保险人,那么被保险人就有可能获得双重赔偿,从而使赔偿金额大于损失金额,这与物流保险的补偿性原则相违反。但是,如果仅由第三者赔偿,又往往会使被保险人得不到及时补偿,或者有可能得不到全部补偿。因此,法律规定了代位求偿原则,保证当保险标的因第三者责任而遭受损失时,保险人支付的赔偿金额与第三者赔偿的总额不超过物流保险标的的实际损失。

代位求偿原则的目的在于防止被保险人在同一次损失中取得重复赔偿。此外,代位求偿权使得肇事者对损失负有赔偿责任。保险人通过行使代位求偿权可以从过失方取得补偿。

四、物流保险与物流业的相互的作用

1. 发展现代物流保险有利于实现物流业发展的畅通与高效

近年来,随着中国经济的高速发展,国内货物运输量快速上升,但是货物运输保险业务的增长速度与货运量的增长不成比例。应在沿袭传统的货运方式同时,越来越多地采用联合运输方式,以发挥各种优势,获得最佳效益。联合运输特别是多式联运方式下,运输的风险呈现出多样化、一体化特征,而不是分段运输方式下的公路、铁路、水路、航空等分段式的风险。企业从原材料供应到制成成品,从起点到终点,将运输、仓储、装卸、搬运、包装、流通加工、改包装、配送、信息处理等功能整合起来,形成完整的供应链,直至销售出去的全过程存在各种风险,现代物流已渗透到企业经营的全过程。发展现代物流保险,为现代物流过程中出现的风险提供了明智的管理手段和适当的归宿。

2. 物流业的发展也给保险业提供了新的业务增长点

物流保险以整体综合承保的方式满足物流整体流程的需求,从装卸、运输、仓储、加工、包装到最后的配送,为企业提供了全程的保障。分散业务的统保,操作手续极大地简化,对保险公司和企业而言是一种双赢的结果。物流保险系列产品包括物流货物保险和物流责任保险两大部分。物流货物保险针对第一方和第二方物流模式开发,投保对象是物流货物的生产厂家或销售商。该产品为年度保险产品,综合传统货运保险和财产保险的责任,承保物流货物在运输、储存、加工包装、配送过程中由于自然灾害或意外事故造成的损失和相关费用,还可以附加投保由于遭受偷窃、提货不着或冷藏机器故障造成的物流货物损失。应该说,物流保险是真正基于市场需求而诞生的保险产品,它所面对的也是一个蓬勃发展、潜力巨大的市场。现代物流的发展为保险业提供了另一新的增长点。

3. 物流保险降低物流金融业务的风险

专业化物流保险是物流金融业务长远发展的必然要求。尽管物流企业的介入很大程度上降低了物流金融业务的风险,然而随着业务规模的快速扩张,物流公司有必要运用多种风险控制手段,实现风险的分散转移。这除了银行和物流企业加强内部管理,从制度上控制风险外,寻求专业化的物流保险产品,固化风险成本,转嫁风险损失,成为物流公司的必然选择,也是物流金融业务得以长远发展的必然要求。

以物流金融中的核心业务模式存货质押为例,可以为银行设计质押财产险,以及针对物流企业的质押监管责任险。物流企业无论是开展传统的诸如仓库、运输等基本业务还是开展供应链融资等增值业务,均需要设计科学、保费合理的物流保险品种。

学习单元二　物流保险险种

目前,我国物流业广泛应用的保险险种主要是财产保险和货物运输保险。这两种险种都是针对物流过程中的单个环节进行的,不完善之处甚多,不利于我国物流业的发展。物流责任保险则是针对第三方物流的兴起而开发的,此险为专业经营第三方物流业务的物流公司提供了全面有效的保障。物流责任保险的责任范围包括在经营物流业务过程中依法应由被保险人承担赔偿责任的物流货物的损失。它将运输中承运人的责任以及仓储、流通加工过程中保管人及加工人的责任融合在一起,因此物流责任保险的风险大于其他单独的责任保险的风险。

现代物流保险主要是对运输和搬动活动、储备和库存活动、生产活动、配送活动以及其他服务活动中的风险进行管理的一种方式。物流活动各个环节的风险的存在,最终都会影响物流企业利润的实现。因此,现代物流保险应当根据物流业的发展和物流具体活动的变化,随时选择不同的险种进行组合和投保,开发和设计新的险种化解与分散物流业的风险,控制和降低其风险损失,是现代物流保险的目的所在。

中国现阶段的物流保险,主要有国内货物运输保险、进出口货物运输保险、物流综合保险、其他物流保险等几种,具体如表 6-1 所示。

表 6-1　物流保险的种类

物流保险种类	主要险种
国内货物运输保险	国内水路货物运输保险 国内铁路货物运输保险 国内公路货物运输保险 国内航空货物运输保险 鲜、活、易腐货物特约保险 国内沿海货物运输舱面特约保险
进出口货物运输保险	基本险(主要险) 附加险
物流综合保险	物流货物保险 物流责任保险
其他物流保险	短期贸易信用保险 中小企业贷款保证保险 企业财产保险 机器损坏保险 雇员忠诚保证保险 人身意外险 车辆保险

一、国内货物运输保险

国内货物运输保险虽然是财产保险的一种,但与一般财产保险有所区别,具体如表 6-2 所示。

表 6 - 2　国内货物运输保险与财产保险的区别

区别	普通财产保险	国内货物运输保险
保险标的	以存放在固定地点的各种财产作为自己的保险对象,例如企业财产保险承保机器、设备,家庭财产保险的保险标的是家具、家用电器等,通常处于相对静止的状态	从一地运到另一地的货物,经常处于运动状态之中,具有较大的流动性
责任起讫	保险期限一般按时间计算确定	保险责任的起讫时间从货物运离发货人仓库开始,直至运达目的地的收货人仓库或储存地为止,按保险标的实际所需的运输途程为准
保险范围	在发生保险责任范围内的灾害事故时,普通财产保险仅负责被保险财产的直接损失以及为避免损失扩大采取施救、保护等措施而产生的合理费用	除了负责前者提到损失和费用外,还要承担货物在运输过程中因破碎、渗漏、包装破裂、遭受盗窃以及整件货物提货不着而引起的损失,以及按照一般惯例应分摊的共同海损和救助费用,货物运输保险也应该负责(比前者广泛)

(一)国内水路货物运输保险

国内水路货物运输保险是指以国内水路运输过程中的各类货物为保险对象的保险,当保险货物遭受损失时,保险人按承保险别的责任范围负赔偿责任。

国内水路货物运输保险目前主要是以中国人民保险公司(以下简称人保)制定的保险条款为主。因此,国内水路货物运输保险我们主要介绍人保的保险。人保的国内水路货物运输保险分为基本险和综合险两种。

1. **基本险**

(1)因火灾、爆炸、雷电、冰雹、暴风、暴雨、洪水、地震、海啸、地陷、崖崩、滑坡、泥石流所造成的损失;

(2)由于运输工具发生碰撞、搁浅、触礁、倾覆、沉没、出轨或隧道、码头坍塌所造成的损失;

(3)在装货、卸货或转载时因遭受不属于包装质量不善或装卸人员违反操作规程所造成的损失;

(4)按国家规定或一般惯例应分摊的共同海损的费用;

(5)在发生上述灾害、事故时,因纷乱而造成货物的散失及因施救或保护货物所支付的直接合理的费用。

2. **综合险**

本保险除包括基本险责任外,保险人还负责赔偿,具体如下:

(1)因受震动、碰撞、挤压而造成货物破碎、弯曲、凹瘪、折断、开裂或包装破裂致使货物散失的损失;

(2)液体货物因受震动、碰撞或挤压致使所用容器(包括封口)损坏而渗漏的损失,或用液体保藏的货物因液体渗漏而造成保藏货物腐烂变质的损失；

(3)遭受盗窃或整件提货不着的损失；

(4)符合安全运输规定而遭受雨淋所致的损失。

(二)国内铁路货物运输保险

该险种承保经国内铁路运输的货物,分为基本险和综合险。

1. 基本险的保险责任

由于下列保险事故造成保险货物的损失和费用,保险人依照本条款约定负责赔偿：

(1)火灾、爆炸、雷电、冰雹、暴风、暴雨、洪水、海啸、地陷、崖崩、突发性滑坡、泥石流；

(2)由于运输工具发生碰撞、出轨或桥梁、隧道、码头坍塌；

(3)在装货、卸货或转载时因意外事故造成的损失；

(4)在发生上述灾害、事故时,因施救或保护货物而造成货物的损失及所支付的直接合理的费用。

2. 综合险的保险责任

本保险除包括基本险责任外,保险人还负责赔偿,具体如下：

(1)因受震动、碰撞、挤压而造成货物破碎、弯曲、凹瘪、折断、开裂的损失；

(2)因包装破裂致使货物散失的损失；

(3)液体货物因受震动、碰撞或挤压力致使所用容器(包括封口)损坏而渗漏的损失,或用液体保藏的货物因液体渗漏而造成保藏的货物因腐烂变质的损失；

(4)遭受盗窃的损失；因外来原因致使提货不着的损失；

(5)符合安全运输规定而遭受雨淋所致的损失。

(三)国内公路货物运输保险

1. 公路货物运输保险的特点

公路货物运输保险承保通过公路运输的物资,保险责任与水路、铁路货物运输保险的保险责任基本相同。但公路货物运输保险也有自己的一些特点,主要有以下方面：

(1)在运输工具方面,公路货物运输可以选择汽车运输,也可以选择其他机动或非机动运输工具来承担货物运输的任务。

(2)在保险责任方面,由于公路运输货物在运输途中客观上还可能需要驳运(即利用驳船过河),因此,在驳运过程中因驳运工具遭受搁浅、触礁、沉没、碰撞而导致的损失,保险人亦负责赔偿。

2. 保险责任范围

由于下列保险事故造成保险货物的损失和费用,保险人依照本条款约定负责赔偿：

(1)火灾、爆炸、雷电、冰雹、暴风、暴雨、洪水、海啸、地陷、崖崩、突发性滑坡、泥石流；

(2)由于运输工具发生碰撞、倾覆或隧道、码头坍塌,或在驳运过程中因驳运工具遭受搁浅、触礁、沉没、碰撞；

(3)在装货、卸货或转载时因意外事故造成的损失；

(4)因碰撞、挤压而造成货物破碎、弯曲、凹瘪、折断、开裂的损失；

(5)因包装破裂致使货物散失的损失；

(6)液体货物因受碰撞或挤压致使所用容器(包括封口)损坏而渗漏的损失,或用液体保藏的货物因液体渗漏而造成该货物腐烂变质的损失;

(7)符合安全运输规定而遭受雨淋所致的损失;

(8)在发生上述灾害事故时,因纷乱造成货物的散失以及因施救或保护货物所支付的直接合理的费用。

(四)国内航空货物运输保险

国内航空货物运输保险是指对国内航空运输中的货物所进行的保险。中国人民财产保险股份有限公司国内航空货物运输保险责任范围分为航空运输险和航空运输一切险两种。被保险货物遭受损失时,本保险按保险单上订明承保险别的条款负赔偿责任。

1. 航空运输险

航空运输险指在航空货物运输险责任范围内,保险公司负责赔偿被保险货物的全部或部分损失和合理的抢救费用。航空运输险的承保责任范围与海洋运输货物保险条款中的"水渍险"大致相同。保险公司负责赔偿被保险货物在运输途中遭受雷电、火灾、爆炸,或由于飞机遭受恶劣气候或其他危难事故而被抛弃,或由于飞机遭受碰撞、倾覆、坠落或失踪等自然灾害和意外事故所造成的全部或部分损失。被保险人对遭受承保责任内危险的货物采取抢救、防止或减少货损的措施而支付的合理费用,也由保险公司支付,但以不超过该批被救货物的保险金额为限。

2. 航空运输一切险

除包括航空运输险的责任外,保险公司还负责被保险货物由于外来原因所致的全部或部分损失。

(五)鲜、活、易腐货物特约保险

经保险人和被保险人特别约定,承保鲜、活、易腐货物在运输过程中可能遭受的特殊危险。

(六)国内沿海货物运输舱面特约保险

承保国内沿海以及入海河流赶潮河段的货物运输,由于海浪、暴风雨袭击舱面造成舱面货物的损失。

二、进出口货物运输保险

进出口货物运输保险主要分海洋、陆上、航空和邮包四类。针对这四类,又分别有主要险和附加险。

(一)国际海洋货物运输保险

1. 主要险

主要险别指可以独立承保,不必附加在其他险别项下的险别。中国人民保险公司海洋货物运输保险的主要险别有三种,即平安险、水渍险和一切险。

(1)平安险。

平安险的英文意思为"单独海损不赔"。其责任范围主要包括以下方面:

①被保险货物在运输途中由于恶劣气候、雷电、海啸、地震、洪水等自然灾害造成的整批货

物的全部损失或推定全损。

②由于运输工具遭受搁浅、触礁、沉没、互撞、与流冰或其他物体碰撞以及失火、爆炸等意外事故造成货物的全部损失或推定全损。

③在运输工具已经发生搁浅、触礁、沉没、焚毁等意外事故的情况下,货物在此前后又在海上遭受恶劣气候、雷电、海啸等自然灾害所造成的部分损失。

④在装卸或转运时由于一件或数件整件货物落海造成的全部或部分损失。

⑤被保险人对遭受承保责任内危险的货物采取抢救、防止或减少货损的措施而支付的合理费用,但以不超过该批被救货物的保险金额为限。

⑥运输工具遭遇海难后,在避难港由于卸货所引起的损失以及在中途港、避难港由于卸货、存仓以及运送货物所产生的特别费用。

⑦共同海损的牺牲、分摊和救助费用。

⑧运输合同中订有"船舶互撞责任"条款,根据该条款规定应由货方偿还船方的损失。

知识链接

实际全损、推定全损、共同海损和单独海损

"实际全损"指保险标的发生保险事故后灭失,或者受到严重损坏完全失去原有形体、效用,或者不能再归被保险人所拥有的损失状态。"推定全损"指货物发生保险事故后,认为实际全损已经不可避免,或者为避免发生实际全损所需要支付的费用与继续将货物运抵目的地的费用之和超过保险价值的损失状态。"共同海损"是指在同一海上航程中,船舶、货物和其他财产遭遇共同危险,为了共同安全,有意地和合理地采取措施所直接造成的特殊牺牲,支付的特殊费用。"单独海损"指货物由于意外造成的部分损失。

共同海损和单独海损的区别在于:首先,共同海损所涉及的海上危险应该是共同的,必须涉及船舶及货物共同的安全;而单独海损中的危险只涉及船舶或货物中一方的利益。其次,共同海损有人为的因素,是明知采取措施会导致标的的损失,但为共同的安全仍有意采取该措施而引起的损失;而单独海损则纯粹是意外事故造成的标的的损失,无人为的因素。再次,共同海损的损失由于是为大家的利益而牺牲的,所以应由受益的各方来分摊,而单独海损的损失则由单方来承担。

(2)水渍险。

水渍险的责任范围除平安险的各项责任外,还负责被保险货物由于恶劣气候、雷电、海啸、地震、洪水等自然灾害所造成的部分损失。

(3)一切险。

一切险除包括水渍险的责任范围外,还负责赔偿被保险货物在运输途中由于外来原因所致的全部或部分损失。一般外来原因指偷窃、提货不着、淡水雨淋、短量、混杂、玷污、渗漏、串味异味、受潮受热、包装破裂、钩损、碰损破碎、锈损等原因。

海洋货物运输保险的附加险别是投保人在投保主要险别时,为补偿因主要险别范围以外可能发生的某些危险造成的损失所附加的保险。附加险又可分为一般附加险、特别附加险和特殊附加险三类。

2.一般附加险

一般附加险承保各种外来原因造成的货物全损或部分损失。一般附加险在一切险的范围

内,即已投保的一切险,就不必再加保一般附加险了。一般外来原因指不必与海水的因素或运输工具联系起来的原因。附加险别不能单独承保,它必须附于主险项下。一般附加险包括:偷窃、提货不着险、淡水雨淋险、短量险、混杂、玷污险、渗漏险、碰损、破碎险、串味异味险、受潮受热险、钩损险、包装破裂险、锈损险。

3.特别附加险

特别附加险指必须附属于主要险别项下,对因特殊风险造成的保险标的的损失负赔偿责任的附加险。特别附加险与一般附加险的区别在于,一般附加险属于一切险的范围,保了一切险,就不必再附加任何一般附加险;而特别附加险所承保的责任已超出了一切险的范围。特别附加险包括:交货不到险、进口关税险、舱面险、拒收险、黄曲霉素险、出口货物到香港或澳门存仓火险。

4.特殊附加险

特殊附加险包括海洋运输货物战争险和海上货物运输罢工险。特殊附加险已超出了水险的范围,即也可以往陆上运输险或航空运输险上附加。

(二)国际航空货物运输保险

在国际货物运输保险实务中,国际航空货物运输保险的险别,一般分为航空运输险和航空运输一切险两种。

1.航空运输险

在承保航空运输险(air transportation risks)的情况下,保险人应该对被保险货物在运输途中因遭受雷电、火灾、爆炸或由于飞机遇难被抛弃,以及飞机发生碰撞、倾覆、坠落、失踪等意外事故所造成的全部或部分损失承担补偿责任。

2.航空运输一切险

在承保航空运输一切险(air transportation all risks)的情况下,保险人除了应该承担航空运输险中所包含的有关责任以外,还应该对被保险货物在运输途中因外来原因,如遭遇盗窃、份量减少、破碎、渗漏等造成的全部或部分损失承担补偿责任。

(三)国际货物陆上货运保险

陆上货物运输保险是货物运输保险的一种。陆上运输货物保险的责任起讫采用"仓至仓"责任条款。陆上运输货物保险的索赔时效为2年,从被保险货物在最后目的地车站全部卸离车辆后开始计算。中国人民保险公司的陆上运输货物保险条款以火车和汽车为限,其主要险别分为陆运险和陆运一切险,陆上运输货物战争险是陆上运输货物保险的附加险。

1.陆运险

陆运险的责任范围包括以下方面:

(1)保险人负责赔偿被保险货物在运输途中遭受暴风、雷电、洪水、地震等自然灾害或由于运输工具遭受碰撞倾覆、出轨或在驳运过程中因驳运工具遭受搁浅、触礁、沉没、碰撞,或由于遭受隧道坍塌、崖崩或失火、爆炸等意外事故造成的全部损失或部分损失。

(2)被保险人对遭受承保责任内危险的货物采取抢救,防止或减少货损的措施而支付的合理费用,但以不超过该被救货物的保险金额为限。

2. 陆运一切险

陆运一切险的责任范围除了陆运险的责任外,保险人还负责被保险货物在运输途中由于外来原因所致的全部损失或部分损失。

(四)国际邮包险

邮运包裹保险是承保邮包在运输途中因自然灾害、意外事故和外来原因所造成的损失。

中国人民保险公司《邮包保险条款》的规定,邮包保险的基本险别有邮包险和邮包一切险。由于邮包运输可能通过海、陆、空三种运输方式,因此保险责任也兼顾了海、陆、空三种运输工具的情况。

1. 邮包险(parcel post risks)

邮包险的承包责任范围是被保险邮包在运输途中,由于遭受恶劣气候、雷电、流冰、海啸、地震、洪水等自然灾害,或由于运输工具搁浅、触礁、沉没、碰撞、出轨、坠落、失踪,或由于失火和爆炸等意外事故所造成的全部或部分损失。还负责被保险人对遭受承保责任内危险的 邮包采取抢救、防止或减少货损的措施而支付的合理费用,但以不超过该批被救邮包的保险金额为限。

2. 邮包一切险(parcel post all risks)

邮包一切险除包括邮包险的责任外,还负责被保险邮包在运输途中由于外来原因所致的全部或部分损失。

在办理国际邮包运输时,应当正确选用邮包的保价与保险。凡经过保价的邮包,一旦在途中遗失或损坏,即可向邮政机构按保价金额取得补偿。因此,对寄往办理保价业务的国家,可予保价。鉴于有些国家和地区不办保价业务,或有关邮政机构对保价邮包损失赔偿限制过严,或保价限额低于邮包实际价值,则可采取保险,也可采取既保险、又保价的做法。根据中国人民保险公司规定,凡进行保价的邮包,可享受保险费减半收费的优待。我国通过邮包运输进口的货物,按邮包运输进口货物预约保险合同的规定办理投保手续。

需注意的是,陆上、航空、邮包运输货物,除上述种种基本险别外,还可加保战争险和罢工险等特殊附加险。

三、物流综合保险

(一)物流货物保险

物流货物保险是针对第一方和第二方物流方式的年度保险产品,采取类似预约保险的业务运作方式,综合传统货运保险和财产保险,承保物流货物在运输、仓储、加工、包装、配送过程中由于自然灾害或意外事故造成的损失和产生的相关费用。

保险中的物流货物是指被保险人进行物流的物品,即凡以物流方式流动的货物均可作为物流货物保险的保险标的。但是,不包括枪支弹药、爆炸物品、现钞、有价证券、票据、文件、档案、账册、图纸等;金银、珠宝、钻石、玉器、贵重金属、古玩、古币、古书、古画、艺术作品、邮票等在事先申报并经保险人认可并明确保险价值后亦可作为特约保险标的进行投保。

(二)物流责任保险

物流责任保险是以第三方物流经营人对第三者依法应承担的损害赔偿责任为保险标的物

流保险,它针对第三方物流的兴起而开发。第三方物流企业就委托方交来的货物承担着安全仓储、流通加工及运输的责任风险。此险种为专门经营第三方物流业务的物流公司提供了全面有效的保障,负责保障的范围包括在经营物流业务过程中依法应由被保险人承担赔偿责任的物流货物的损失。它将运输中承运人的责任以及仓储、流通加工过程中保管人及加工人的责任融合在一起,因此物流责任保险的风险大于其他单独责任保险的风险。

四、其他物流保险

(一)短期贸易信用保险

短期贸易信用保险是企业在采用赊账方式销售商品或提供服务时,由于到期未收回账款所导致的应收债款的损失,由保险公司按照约定的条件承担经济赔偿的合同。保险期限以年为单位。根据买方所在地域不同,可再细分为国内贸易信用保险与出口信用保险。

1.各方关系

贸易信用保险涉及的三方及关系如图6-2所示,国内最具代表性的保险公司是中国出口信用保险公司、中国平安财产保险公司等。

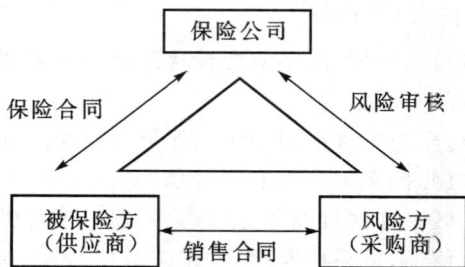

图6-2 贸易信用保险三方关系

购买短期贸易信用保险的好处:有效降低企业坏账风险;提高企业信用管理水平;保单赔偿受益权可转让给银行或质押,便于获得银行贸易融资;帮助企业大胆扩展新市场,遴选有偿付能力的优质客户;保护企业经营业绩,保证现金流的稳定性。

2.适合投保的企业

在中国境内注册的、从事国内贸易并且赊账销售的放账期限不超过六个月的企业都可以投保短期贸易信用保险。还有,成立3年以上、年度赊销规模在3000万以上的制造型企业、专业贸易公司、优秀的物流公司等,都可以投保短期贸易信用保险,但房地产行业除外。

📚 知识链接

信用保险贸易融资业务

信用保险贸易融资业务是指销售商在保险公司投保了信用保险并将赔偿款权益转让给银行后,银行向其提供贸易融资,当发生保险责任范围内的损失时,保险公司根据《赔款转让协议》的规定,按保险单规定理赔后应付给销售商的赔款直接全额支付给融资银行。

这种方式不同于传统意义上的抵押、质押和担保贷款,而是引入了"信用贷款"的新概念。

以销售商应收账款的权益作为融资基础,通过对建立在销售商资金实力和商业信用的基础上的偿付能力进行全面分析,在销售商投保保险公司信用保险并将赔款权益转让给融资银行的前提下,银行对销售企业的真实销售行为和确定的应收账款金额提供的一种信用贷款。这种新的融资模式使销售企业,尤其是中小企业摆脱了因为抵押、担保能力不足而无法获得银行融资的尴尬局面,为其扩大规模,提高竞争力创造了有利条件。

(二)中小企业贷款保证保险

中小企业贷款保证保险,是针对中小企业规模小、可抵押物少、融资担保困难而推出的政策性保险品种。中小企业购买贷款保证保险后,无须任何抵质押物,即可向银行申请贷款。

体量尚小的物流企业可以通过购买该保险品种拓宽融资渠道,实现自身发展。其贷款流程如图 6-3 所示。

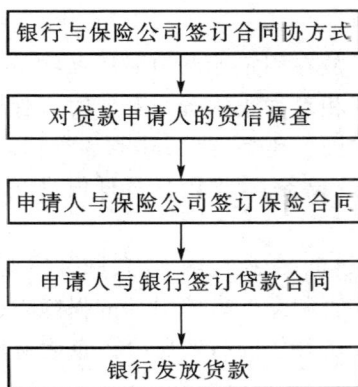

图 6-3 贷款保证保险的贷款流程

知识链接

多地出台政策试点小额贷款保证保险

重庆试点小额贷款保证保险 微企最高可贷 50 万

重庆市 2012 年 6 月出台《关于开展小额贷款保证保险试点工作的意见》(以下简称《意见》),据《意见》,不需提供抵押或反担保,小型企业最高可贷 300 万元;微企、城乡创业者最高可贷 50 万元。试点期间,银行贷款利率最高不超过人民银行同期基准利率上浮 30%,鼓励银行对小型、微型企业等小额贷款申请人给予优惠贷款利率。试点期间,年保险费率合计最高不超过贷款本金的 2.3%。此外,借款人有条件且自愿提供抵押或担保的,经办银行和保险公司可根据借款人资信状况,适当下浮贷款利率及保险费率。并将设立小额贷款保证保险风险补偿专项资金,每年为 2000 万元。

银行人士算了笔账,以小企业借款 100 万元一年还清为例,央行现行一年期贷款基准利率为 6.56%,按 30% 的上限上浮后利率为 8.53%,利息为 8.53 万元。按保险费率最高不超过贷款本金的 2.3% 计算,保险费为 2.3 万元,两笔费用共 10.83 万元。而到小额贷款公司贷款,年利率最低 20% 左右,借 100 万元一年需还利息 20 万元,还要支付担保和手续费等费用 1 万~2 万元。而民间借贷年利率更高达 30% 左右,年息将达到 30 万元。对比发现,试行小额贷款保证保险业务后,小微企业通过银行贷款比其他渠道贷款成本要节省一半左右。

保监会:加快发展小微企业贷款保证保险

2014年10月24—25日,在第七届中国·武汉金融博览会上,保监会主席助理说,通过贷款保证保险可以有效打消银行放贷顾虑,帮助科技企业更容易地从银行获得贷款,这为科技企业的创业提供强有力的资金支持。该助理表示,保监会将加快发展面向小微企业的小额贷款保证保险,利用保险资金化解企业创新的后顾之忧,促进科技创新的应用和推广。

此前已有多地开始试点小额贷款保证保险。以湖北为例,该省财政出资5000万元设立贷款保证保险风险金,科技企业以贷款本息的2%向保险公司投保,单笔可最高获得500万元贷款。一旦发生风险,保险公司、政府和银行,按照5:3:2的比例分担损失。截至2014年,已有180多家科技企业通过此种方式获得贷款。

(三)企业财产保险

企业财产保险是指投保人存放在固定地点的财产和物资作为保险标的的一种保险,保险标的的存放地点相对固定且处于相对静止状态。企业财产保险为稳定企业的生产与经营,发挥了不可估计的作用。它的可保财产包括房屋、其他建筑物以及附属装修设备、机器及设备、仪器及生产工具、交通运输工具及设备、管理用具及低值易耗品、原材料、半成品、在产品或库存材料、特种储备商品等。

企业财产保险是一切工商、建筑、交通运输、饮食服务行业、国家机关、社会团体等,对因火灾及保险单中列明的各种自然灾害和意外事故引起的保险标的的直接损失、从属或后果损失和与之相关联的费用损失提供经济补偿的财产保险。企业财产综合保险的保险责任分为基本责任、责任免除和特约责任。

基本责任是指投保人要求保险人承担的赔偿责任,包括自然灾害或意外事故:如火灾、爆炸、雷电、暴风、龙卷风、洪水、地陷、崖崩、突发性滑坡、雪灾、雹灾、冰凌、泥石流以及空中运行物体坠落等;被保险人的供电、供水、供气设备在遭受保险条款中列明的自然灾害或意外事故而造成的损失,以及由于这些设备损坏引起停电、停水、停气,以致直接造成的保险财产的损失,包括机器设备、在产品和贮藏物品的损坏或报废;在发生上述灾害和事故时,为了抢救财产或防止灾害蔓延,采取合理的、必要的措施而造成的保险财产的损失,以及为了减少被保险财产损失,采取施救、保护措施而支出的合理费用。

企业财产保险中的责任免除包括:战争、军事行动;核辐射或污染;被保险人的故意行为。被保险财产遭受保险条款所列明的自然灾害或意外事故引起的停工、停业的损失以及各种间接损失;被保险财产本身缺陷、保管不善导致的损失,被保险财产的变质、霉烂、受潮、虫咬、自然磨损以及损耗;堆放在露天或罩棚下的被保险财产以及罩棚,由于暴风、暴雨造成的损失及其他不属于保险责任范围内的损失和费用。

特约责任又称附加责任,是指责任免除中不保的责任或另经双方协商同意后特别注明由保险人负责保险的危险。特约责任一般采用附贴特约条款承保。有的特约责任也以附加险形式承保。主要有矿下财产保险,露堆财产保险,特约盗窃保险,堤堰、水闸、涵洞特约偶险等。

(四)机器损坏保险

机器损坏保险是指为提供专业的物流服务,物流公司会购置许多机器设备,为保障这些机器在正常运行中发生故障及人员的误操作引起的维修费,造成的经济损失,得到保险公司的赔偿。

(五)雇员忠诚保证保险

物流企业的员工每天都会接触到大量高价值的货物,避免管理上的失误,保障因雇员的欺诈和不诚实行为而导致的经济损失,得到保险公司的经济补偿。

(六)人身意外险

物流企业的员工每天都会面临着各种可能的意外伤害事故的发生,为保障员工的人身安全,获得保险公司的补偿而进行的保险。

(七)车辆保险

为保障机动车辆在行驶中发生交通事故或自身的单方责任而得到保险赔偿,使驾驶人员更能安心开车。

学习单元三 物流保险的办理与保险合同的签订

一、物流保险办理程序

物流保险的办理程序,根据不同的保险公司和不同的险种,操作上会存在一定的差异,物流保险办理的一般流程如图6-4所示。

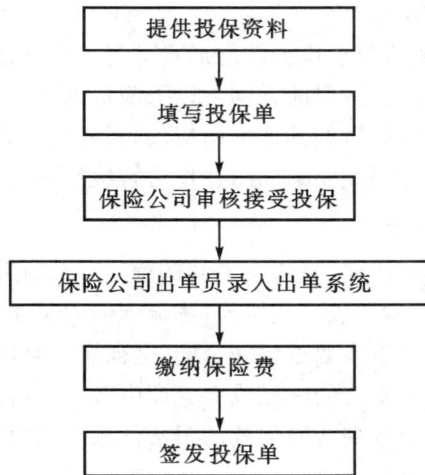

图6-4 物流保险办理程序图

二、物流保险合同

物流保险合同是合同的一种形式,是投保人与保险人约定物流保险权利和义务关系的协议。

(一)物流保险合同的订立

物流保险合同的订立要经过要约和承诺两个阶段。

1.要约

要约是指投保人向保险人提出的订立物流保险合同的意思表示,即提出物流保险的要求。从合同订立程序来说,投保是一种要约。投保可以由投保人本人向保险人提出,也可以由投保人的代理人向保险人提出。在物流保险实务中,投保体现为投保人向保险人索取投保单并依其所列事项逐一填写,如实回答保险人所需了解的重要情况,并认可保险人规定的保险费率和保险条款,最后将投保单交付保险人的过程。

2.承诺

承诺是保险人完全同意投保人提出的物流保险要约的行为。承保为保险人的单方法律行为,构成物流保险合同成立的要件。在物流保险实务上,保险人收到投保人填写的投保单后,经过审查认为符合承保条件,在投保单上签字盖章并通知投保人构成承诺。

保险人承诺保险要约,不得附加任何条件或对要约进行变更。保险人在承诺保险要约时,附加任何条件或对要约进行变更,不发生承诺的效力,构成新的要约。也就是说,物流保险合同的成立,有时要经过要约、新的要约和承诺这样一个反复协商的过程。

承诺生效时物流保险合同成立,保险人应当及时向投保人签发保险单或者其他保险凭证,并在保险单或者其他保险凭证上加盖保险公司公章、经授权出单的分支机构公章或上述两者的合同专用章。

(二)物流保险合同的格式

物流保险合同的订立要依法律规定的特定形式进行。订立合同的方式多种多样,但是,根据《中华人民共和国保险法》的规定,保险合同要以书面形式订立,其书面形式主要表现为保险单、其他保险凭证及当事人协商同意的其他书面协议。保险合同以书面订立是国际惯例,它可以使各方当事人明确了解自己的权利和义务,并作为解决纠纷的重要依据。

(三)物流保险合同的生效

物流保险合同的"生效"与"成立"是两个不同的概念。物流保险合同的成立,是指合同当事人就物流保险合同的主要条款达成一致协议;物流保险合同的生效指合同条款对当事人双方已发生法律上的效力,要求当事人双方恪守合同,全面履行合同规定的义务。物流保险合同的成立与生效的关系有两种:一是合同一经成立立即生效,双方便开始享有权利,承担义务;二是合同成立后不立即生效,而是等到合同生效的附条件成立或附期限到达后才生效。

1.物流保险合同生效的要件

《中华人民共和国民法通则》第55条规定,民事法律行为应当具备下列条件:

(1)行为人具有相应的民事行为能力。

(2)意思表示真实。

(3)不违反法律或者社会公共利益。《中华人民共和国合同法》第9条规定:"当事人订立合同,应当具有相应的民事权利能力和民事行为能力。"因而,物流保险合同若要有效订立,当事人必须具备相应的缔约能力,并在保险合同内容不违背法律和社会公共利益的基础上意思表示真实。

2. 物流保险合同的无效

物流保险合同的无效是指因法定原因或者约定原因,物流保险合同的全部或部分内容不产生法律约束力。物流保险合同可由以下原因归于无效。因具备保险法上的无效原因而无效。

(1)超额保险。超额保险是保险金额高于保险价值的保险合同,各国保险立法均认同,对于损失补偿性保险合同,因受"损失补偿原则"的制约,需防止被保险人获不当得利而引发道德风险。所以,当保险金额超过保险价值时,超过的部分无效,被保险人不得就该部分主张保险金请求权。

(2)无保险利益。物流保险合同因其他的法定无效原因而无效。物流保险合同作为民事合同,应当符合《中华人民共和国合同法》所规定的合同的一般生效要件。同样,《中华人民共和国合同法》当中有关合同无效的规定,同样适用于物流保险合同。因此,在以下几种情况下,物流保险合同为无效合同:

①内容违反法律、行政法规的强制性规定的。

②无权代理。《中华人民共和国合同法》将无权代理所订立的合同定性为效力待定的合同,但可以肯定的是,无权代理行为若未经追认,所订立的合同为无效合同。另需注意的是,代理人虽无代理权,但足以导致第三人误认的,构成表见代理,无权代理人与第三人所订立的保险合同仍然有效,由被代理人向第三人承担合同责任。

③违反国家利益和社会公众利益。所谓"损害国家利益和社会公共利益"是指订立合同的目的或者履行合同的后果,严重损害了国家利益或社会公共利益。如物流保险合同的承保范围包含某些犯罪行为,妨害社会公共安全,以及危害国家安全和社会公共利益的行为。

④物流保险合同因合同当事人约定的原因而无效。

当事人对于合同效力的约定,一般是指这两种情况:一种情况是物流保险合同附生效条件,当事人约定合同在一定情况下生效,生效条件未成就时则物流保险合同无效;另一种情况是物流保险合同约定合同失效条件,发生某种特定事由可使物流保险合同归于无效。

物流保险合同无效的,在发生物流保险合同约定的保险事故时,保险人不承担保险责任。物流保险合同被确认无效后,当事人因无效合同取得的财产还应返还给受损失的一方;有过错的一方应赔偿对方因此所遭受的损失,双方都有过错的,应当各自承担相应的责任;双方恶意串通,订立无效合同损害国家、集体或第三人利益的,应当追缴双方所得的财产,收归国家、集体所有或者返还给第三人。

(四)物流保险合同的变更

物流保险合同的变更主要有合同的主体或者内容的变更。

1. 主体变更

物流保险合同的主体不同,变更所涉及的法律程序规定也不相同。

(1)投保人的变更。属于合同的转让或者保险单的转让,如在转移财产所有权或者经营管理权的同时将物流保险合同一并转让给新的财产受让人。保险标的的转让应当通知保险人,保险人同意继续承保后,依法变更合同。

(2)被保险人的变更。一般只能发生在财产保险合同中,在财产保险合同中,保险标的的变更实际上意味着投保人的变更,因为投保人对保险标的所具有的保险利益因保险标的的移转而消灭了,但是保险利益仍然存在,为受让人所有。

(3)受益人的变更。根据《中华人民共和国保险法》第62条规定,被保险人或者投保人可以变更受益人并书面通知保险人,保险人收到变更受益人的书面通知后,应当在保险单上批注,投保人变更受益人时须经被保险人同意。

2.内容变更

物流保险合同内容的变更是指物流保险合同中规定的各事项的变更。在物流保险合同有效期内,投保人和保险人经协商同意,可以变更保险合同的有关内容。变更物流保险合同,应当由保险人在原保险单或者其他保险凭证上批注或者附贴批单,或者由投保人和保险人订立变更的书面协议,这一规定是内容变更的总原则,物流保险合同内容的变更包括保险费的变更及其他内容的变更,主要是保险费的变更。物流保险合同内容的变更有两类情况:一是投保人因自己的实际需要提出变更;二是因一定法定情况的发生,物流保险合同一方提出变更,另一方亦不得拒绝变更。

(五)物流保险合同的终止

物流保险合同的终止是指物流保险合同当事人确定的权利和义务关系的消灭。物流保险合同的终止主要包括以下几种情况:

1.物流保险合同解除

在物流保险合同期限尚未届满前,合同一方或双方当事人依照法律或约定行使解除权,提前终止合同效力的法律行为。物流保险合同解除的形式一般分为法定解除和意定解除两种形式。

(1)法定解除。这是指当法律规定的事项出现时,保险合同当事人一方可依法对物流保险合同行使解除权。法定解除的事项通常在法律中被直接规定出来。但是,不同的主体有不尽相同的法定解除事项。

对投保人而言,法定解除事项如下:

①在保险责任开始前,可以对物流保险合同行使解除权。

②在保险责任开始后,法律对投保人的解除权做出了两种不同的规定:一是在合同约定可以于保险责任开始后解除合同的,投保人可要求解除合同,同时对自保险责任开始之日起至合同解除之日止的保险费不得要求返还,只能对剩余部分可要求予以退还;二是在合同没有约定的情况下,投保人不得要求解除合同。

③物流保险合同订立后,因保险人破产且无偿付能力,投保人可以解除合同。

对保险人而言,法定解除事项如下:

①投保人、被保险人或者受益人违背诚实信用原则。

②投保人、被保险人未履行合同义务。在财产保险合同中,投保人、被保险人未按照约定履行其对保险标的的安全应尽的责任,保险人有权解除合同。

③在物流保险合同有效期内,物流保险标的的危险增加,投保人或被保险人有义务将物流保险标的的危险程度增加的情况通知保险人,保险人可根据具体情况要求增加保险费,或者在考虑其承保能力的情况下解除合同。

(2)意定解除。意定解除又称协议注销终止,是指物流保险合同双方当事人依合同约定,在合同有效期内发生了约定情况时,可随时注销物流保险合同。意定解除要求物流保险合同双方当事人应当在合同中约定解除的条件,一旦约定的条件出现,一方或双方当事人有权行使解除权,使合同的效力归于消灭。

2.物流保险合同的期满终止

这是物流保险合同的终止的最普遍的原因。保险期限是保险人承担物流保险责任的起止时限。如果在保险期限发生了物流保险事故,保险人按照合同的约定赔偿保险金额的一部分,物流保险合同期满时合同的权利和义务终止;如果在保险期限内没有发生物流保险事故,保险人无须赔付,物流保险合同的期满时,物流保险合同自然终止。

3.物流保险合同的履约终止

物流保险合同的履约终止是指在物流保险合同的有效期内,约定的物流保险事故已发生,保险人按照物流保险合同承担了给付全部保险金的责任,物流保险合同即告结束。

(六)物流保险合同的内容

1.保险条款

保险条款是保险单列明的反映保险合同内容的文件,是保险人履行保险责任的依据。主要包括:

(1)基本条款。它是标准保险单的背面印就的保险合同文本的基本内容,即物流保险合同的法定记载事项,也称物流保险合同的要素,主要明示保险人和被保险人的基本权利和义务,以及依据有关法规规定的保险行为成立所必需的各种事项和要求。

(2)附加条款。它是对基本条款的补充性条款,是对基本责任范围内不予承保而经过约定在承保基本责任范围内基础上予以扩展的条款。

(3)法定条款。它是法律规定合同必须列出的条款。

(4)保证条款。它是保险人要求被保险人必须履行某项规定所制定的内容。

(5)协会条款。它是专指由伦敦保险人协会根据实际需要而拟定发布的有关船舶和货运保险条款的总称。

2.基本条款的主要内容

(1)当事人和关系人的名称和住所。

(2)物流保险标的。物流保险标的也叫物流保险客体,在财产保险中是指财产本身或与财产有关的利益及责任。物流险主要针对运载车辆所承运的货物,所以它属于财产险中的一种。对于不同的物流保险标的具有不同的风险种类、性质和程度,所以保险标的的不同,使用的费用率各不相同。

(3)保险价值。保险价值也叫保险价额,是指投保人与保险人订立物流保险合同时,作为确定保险金额基础的物流保险标的的价值,也即投保人对物流保险标的所享有的保险利益在经济上用货币估计的价值额。保险价值的确定有不同的方法:第一种是按照市价确定,第二种是依照合同双方的约定,第三种是依照法律的规定。

(4)保险金额。保险金额也叫保额,是指保险人承担赔偿或者给付保险金责任的最高限额,也是投保人对物流保险标的的实际投保金额。保险金额的确定以物流保险标的的保险价值为基础,保险金的确定又以保险金额为基础。在定值保险中,保险金额为双方约定的物流保险标的的价值。在不定值保险中,对保险金额的确定主要有两种方法:第一是投保人按照物流保险标的的实际价值确定,第二是合同双方根据物流保险标的的实际情况协商确定。保险金额和保险价值之间的关系是判断足额保险合同、不足额保险合同和超额保险合同的尺度。

(5)保险费及支付办法。保险费是指投保人为获得保险保障,按照物流保险合同约定向保险人支付的费用。支付保险费是投保人的基本义务,保险费的多少是按照保险金额的大小、保险期限的长短和保险费率的高低决定的。保险费的支付方法应该在物流保险合同中约定,可以一次性支付,也可以分期支付。

(6)物流保险责任和物流责任免除。物流保险责任是指保险人承担赔偿或给付保险金的物流风险项目。物流保险责任条款确定了保险人所承担的物流风险范围。物流保险责任依物流保险种类的不同而有所差异,通常由保险人确定物流保险责任的范围,并作为合同的一部分内容。物流责任免除是保险人按照法律规定或者合同约定不承担物流保险责任的范围,即对物流保险责任的限制,是保险人不承担或给付保险金责任范围的具体规定在物流保险合同中的反映。应明确列出物流责任的免除条款,更好地确定物流保险合同双方当事人的权利和义务。

(7)保险期间。保险期间又称保险期限,是保险人对物流保险事故承担责任的起止期限。保险期间规定了物流保险合同的有效期限,是对保险人为被保险人提供保险保障的起止日期的具体规定。

(8)保险金的赔偿或者给付方法。保险金的赔偿或者给付方法是指保险人承担物流保险责任的方法。保险金的赔偿或者给付方法原则上应采取货币的形式,但也有一些财产保险合同约定对特定的损失,可以采取修复、置换等方法。保险金的赔偿或者给付方法的约定,有利于保险人更好地履行保险赔付责任,减少保险双方的赔付纠纷。

(9)违约责任和争议处理。违约责任是合同当事人未履行或未完全履行物流保险合同应当承担的法律后果。有关违约责任的内容,当事人可以自行约定,也可以直接载明按照法律的有关规定处理。争议处理是发生物流保险合同纠纷时采取的处理方式,对于合同的争议,当事人可以约定解决的方式,包括约定仲裁条款或者诉讼。

学习单元四　保险在物流金融风险管理中的应用与创新

发展物流金融能给客户、银行和物流企业带来三方共赢的效果,但也面临风险。银行和物流企业作为物流金融的提供商,其赢利来源就是提供服务、帮助客户分担风险的同时能够管理自身风险。有效分析和控制风险是物流金融成功开展的关键。

物流金融的风险转移方法主要包括合同和保险。合同可以将风险转移给其他参与者;保险可以通过固定的财务支出将不确定的风险转移给保险人,是使用最为广泛的风险转移方式。

一、物流金融的风险分析

1.银行面临的风险

根据新巴塞尔资本协议,银行的风险主要包括信用风险、市场风险和操作风险。具体而言,物流金融中银行面临的风险主要有以下方面:

(1)信用风险:融资的真实性、客户的诚信和还款能力等;

(2)市场风险:政策制度、经济环境的改变引起质押财产价格波动,汇率造成的变现能力改变等;

(3)法律风险:合同条款及质押财产的所有权、合法性争议等;

(4)安全风险:质押财产在监管过程中的变质、损坏或灭失等。

案例6-1

以次充好、以假乱真(风险等级:★★★★)

美加贸易公司以出质人将作为质物的"羊绒"存入一物流公司仓库,开展自管库逐笔控制模式的质押监管业务,按照三方监管协议的约定,美加贸易公司将每包"羊绒"打上了有美加贸易印鉴的封条,外包装上没有其他标记。贷款银行向一腾物流出具了一份质物的查询通知,品种规格写着"羊绒",一腾物流即也按照银行的查询通知回复也写"羊绒",在整个监管期间没有进行任何质物的置换与解押。到了还款期,美加贸易公司没有归还贷款并且公司负责人逃匿,银行拟变卖这批"羊绒",可是到一腾物流的所属库内抽取样品送至检验机关检验的结果却是"羊毛",于是银行将一腾物流告上法庭,要求其承担监管不力的责任,赔偿银行经济损失。

点评:以次充好、以假乱真的情况往往在质押货物入库接收时发生。对难以判定质量的质物品种,应事先安排质量检测手段和频次。如果质权人(银行)对质物质量要求的态度模糊,监管方应主动要求约定监管的方式,是仅外观审查,还是按比例拆包抽检,以明确双方的权利和义务。

2.物流企业面临的风险

(1)运营风险:从仓储、运输,到与银行及客户供应商的接触往来,物流环节众多,风险无处不在;

(2)管理风险:物流企业管理制度不健全,工作人员素质和诚信度不高,安全管理水平较弱等;

(3)技术风险:物流企业缺乏信息管理技术、价值评估技术等。

案例6-2

强行出库(风险等级:★★★★★)

开开加工厂向银行申请开展总量控制模式的质押监管,监管地点在开开加工厂的厂区内,质物品种为钢坯、带钢,不久后,由于钢材市场每况愈下,出质人为顺应市场形势,减少生产线。后来开开加工厂为了交付客户订单货物,强行出库,造成亏货,货值近3000万元。

点评:该情况往往出现在市场行情持续走低或者企业经营恶化的时候,监管公司一定要做好预防工作,当库存临近限额时,提前通知银行和企业做好应对措施。当企业在库存达到限额时仍要强行出库,银行与监管公司应互相配合,及时采取警告、阻拦、报警等方式,并做好现场证据采录。物流金融的风险转移方法主要包括合同和保险。合同可以将风险转移给其他参与者;保险可以通过固定的财务支出将不确定的风险转移给保险人,是使用最为广泛的风险转移方式。

二、保险在物流金融风险管理中的作用

从物流金融的风险分析情况看,质押是物流金融产生风险的重要环节。根据银行(质权

人，下同)和物流企业(质押监管人，下同)面临的不同风险状况，可以提供相应的保险产品以转移风险。

(一)银行的质押财产风险

《中华人民共和国物权法》规定："质权人负有妥善保管质押财产的义务；因保管不善致使质押财产毁损、灭失的，应当承担赔偿责任；"(第二百一十五条)"担保期间，担保财产毁损、灭失或者被征收等，担保物权人可以就获得的保险金、赔偿金或者补偿金等优先受偿。被担保债权的履行期未届满的，也可以提存该保险金、赔偿金或者补偿金等。"(第一百七十四条)

《中华人民共和国合同法》规定："因不可抗力不能履行合同的，根据不可抗力的影响，部分或者全部免除责任，但法律另有规定的除外。当事人迟延履行后发生不可抗力的，不能免除责任。本法所称不可抗力，是指不能预见、不能避免并不能克服的客观情况。"(第一百一十七条)

综上所述，银行对质押财产负有保管义务，因保管不善造成损失须承担赔偿责任。此外，法律虽然规定在不可抗力情形下，银行对质押财产损失免责，但这种损失导致的质押担保金额不足，对银行贷款安全直接带来风险。也就是说，根据法律以及质押合同的规定，银行对无论是保管不善或是不可抗力造成的银行质押财产损失都具有明显的可保利益。开发专门的银行质押财产保险产品可以较好地满足这种风险保障需求。

(二)物流企业的质押监管责任风险

《中华人民共和国合同法》规定："保管人应当按照约定对入库仓储物进行验收。保管人验收时发现入库仓储物与约定不符合的，应当及时通知存货人。保管人验收后，发生仓储物的品种、数量、质量不符合约定的，保管人应当承担损害赔偿责任。"(第三百八十四条)"储存期间，因保管人保管不善造成仓储物毁损、灭失的，保管人应当承担损害赔偿责任。"(第三百九十四条)

根据质押监管协议，银行将质押资产委托给物流企业保管，并在协议中约定其他质押监管业务如财产价值评估等。由此，物流企业根据法律和合同的规定，承担质押监管风险和责任。

银行质押财产险发生保险事故，银行作为被保险人可获得相应的保险赔偿。对由于质押监管原因造成的保险损失，保险人依法取得被保险人的代位权向物流企业追偿。也就是说，银行或客户投保银行质押财产险并不能免除物流企业的责任。对于这种基于法律和合同产生的风险，物流企业可以通过投保责任保险的方式将风险转嫁给保险人。

三、物流金融相关保险的产品与创新

(一)银行质押财产险

1.投保人与被保险人

银行质押财产险可由银行对质押财产进行投保并支付保险费用，作为被保险人享有保险保障。保险费作为银行质押业务费用之一，最终由申请质押的客户(出质人，下同)承担；也可根据我国目前银行业务收费的一般原则，在质押合同中要求客户进行投保并承担保险费，将银行作为被保险人或保险赔偿金优先受益人。上述两种方式均符合可保利益原则。

在后者的操作中，银行不作为投保人(保险合同当事人)而仅作为被保险人或保险赔偿金优先受益人(保险合同关系人)时，是否能同时作为保险人的兼业代理人，我国法律没有明确的规定,在实践中存在这种操作。

2. 保险财产与保险责任范围

我国现行的普通财产保险包括财产基本险、综合险和一切险。现行财产险的承保财产范围过于宽泛,不利于控制质押财产承保风险;从保险责任看,现行财产险有的过窄、有的过宽,无法准确覆盖质押财产风险。

银行质押财产保险可以针对质押财产类型,在提供各种自然灾害和火灾、爆炸等常见意外事故保障的基础上,重点承保由于盗窃、抢劫、破坏等恶意行为造成的质押财产损失;并可扩展承保因保险事故造成质押财产损失后,引起质押担保金额不足而导致的银行贷款财产损失。

需要特别指出的是,与普通财产保险不同,由于质押财产由物流企业负责监管,银行质押财产保险应当承保由于物流企业的监管过失(但不包括恶意和重大过失)导致的损失。此外,如保险合同以银行作为投保人,应当将客户及其代表或员工的恶意行为(包括法人行为和非法人行为)、物流企业的员工的恶意行为(非法人行为)也作为保险责任,而仅将物流企业及其代表的恶意行为(法人行为)作为除外责任;如保险合同以客户作为投保人,则应在此基础上,增加客户及其代表的恶意行为(法人行为)作为除外责任。也就是说,除投保人的恶意和重大过失行为之外,第三人的恶意行为应当作为本保险的责任范围,以充分保障质押财产的风险。

当然,对于承保的恶意行为造成的损失,保险公司履行赔偿义务后,依法取得代位权向第三人追偿。这种追偿对减少保险人赔偿损失的影响,可以在保险收费标准厘定上予以适当考虑。

3. 保险金额与保险期限

本保险应规定以质押财产的市场重置价值作为保险价值。未按保险价值作为质押财产保险金额足额投保的(如按质押融资金额投保),保险赔偿将按照相应比例承担责任。

保险期限内,质押财产的保险金额可根据银行的许可进行调整,保险费作相应增减。

保险期限应与质押合同规定的质押生效日及到期日相一致,以确保银行的合法权益。未经银行同意,本保险不能提前到期或退保。

4. 保险收费标准与保险费缴纳

本保险的收费标准应当根据质押财产类型、质押监管的环境和管理水平综合确定。保险费实行按保险期限一次性收费,不允许拖延付款或分期付款,避免导致合同失效的情形。

(二)质押监管责任险

1. 投保人与被保险人

物流企业为本保险的投保人和被保险人,支付保险费并享有保险保障。保险费作为物流企业向银行收取的监管费用之一,由申请质押的客户承担。

2. 保险责任与除外责任

物流企业由于过失(但不包括故意)行为造成银行的财产损失,根据法律和质押监管协议的约定应由物流企业承担的经济赔偿责任,保险人根据保险合同的约定予以赔偿。

质押监管责任险可以根据质押监管协议约定的质押监管业务范围,在保管责任基础上对其他业务和责任进行扩展承保。

非物流企业的原因、非保险损失、保险合同规定的免赔额等,不在保险赔偿范围之内。

3.赔偿限额与保险期限

保险合同赔偿限额根据质押财产金额确定,并作为计算保险费的依据。

保险期限根据质押监管协议期限确定,采用期内发生式,即对发生在保险期限内的事故承担赔偿责任。为避免保险合同期限过长,可约定保险合同标准期限为一年,超过一年的另外收取保险费。

4.保险收费标准与保险费

质押监管责任险保险的收费标准应当根据质押监管业务范围、质押财产类型、质押监管的环境和管理水平综合确定。并实行按保险期限一次性收费,不允许拖延付款或分期付款,避免导致合同失效的情形。

📚 知识链接

国内首款商品融资物流保险条款——"物流监管责任综合保险条款"诞生

2010年9月,中远物流公司商品融资物流项目正式起保,国内首款商品融资物流保险条款——"物流监管责任综合保险条款"诞生,这对于物流和保险两个行业都意味着新的突破。该商品融资物流监管责任险是由江泰保险经纪为中远物流公司量身定制。江泰保险经纪对外合作部总经理助理钟海南表示,该产品的出现是与我国商品融资物流的发展息息相关。

目前,银行业正在大力发展商品融资业务,商品融资是指购买商或者销售商以其未来或者已持有的商品权利为抵(质)押,向银行申请短期融资的业务。随着我国商品融资的抵/质押贷款模式从单一的不动产抵押向不动产/动产抵押、动产质押多元化发展,为解决银行动产质押业务中缺少对质押物的仓储与监管能力问题,银行与物流企业合作创造了一种新型业务模式——商品融资物流。在此业务模式下,银行借助物流公司在传统物流及货物监管等方面的专业能力,来保障信贷资产的安全;物流企业在对信贷资产实施监管的同时,也为自身带来新的利润增长点和客户增长渠道。

与传统第三方物流业务相比,商品融资物流业务中物流企业代表银行提供物流服务,对仓储物的管控能力有所减弱。在实际监管操作中,受业务形式的限制,大部分融资物流业务采取输出监管的形式,即物流公司委派人员在客户指定的仓库或地点监管货物,防止出质方因破产、经济危机或其他原因而主动转移质押物致使银行质权受损。由于输出监管的仓库通常非物流企业自主选择,物流企业对质押资产不具有完全的控制权,存在货主以暴力、胁迫等手段强行出货、监管人员因疏忽未及时通知银行,以及客户指定的仓库存在安全隐患等风险。这些融资物流业务中的特色风险,在传统物流责任保险项下无法得到转嫁,成为了制约我国商品融资物流发展的一大"瓶颈",也是物流企业急于解决的问题。

由于相关业务风险较特殊且无经验数据,保险公司对承保与开展仍较为谨慎,江泰对商品融资物流业务经营过程中的风险进行了调研和探讨,在条款设计时发掘其业务经营中的可保因素,与保险公司协商、推动,促成了中远项目的成功。

考虑到融资物流业务的发展趋势,该险种并没有局限在仓储环节,而是全面考虑了储存、运输、装卸、搬移、报关、报检、报验等全部物流环节。风险设计上,在传统物流责任风险的基础上特别扩展了物流企业融资物流业务过程中关注的强行出货、监管人员的不忠实行为等风险。承保范围囊括了全部物流环节的保管、监管以及谨慎放货等活动导致的货物损失责任、第三者责任等综合责任,是集"货损货差责任、额外费用责任、第三者责任、物流服务费用损失"于一体。

江泰保险经纪对外合作部总经理助理钟海南表示:"物流监管责任综合险属国内首例,我们将积极研究对中小物流企业相关风险转嫁方式和方法,促进保险及物流行业共同健康快速发展。

我国现阶段的物流保险主要运用在国内货物运输保险、进出口货物运输保险和财产保险三个方面;企业可以通过短期贸易信用保险避免赊销时应收账款不能按时按量回收的经营环境,利用信用保险将风险转接出去,保单收益权可转让给银行或质押,以便获得贸易融资;中小物流企业可以通过购买"中小企业贷款保证保险"拓宽融资渠道,实现更好的发展;作为物流金融风险管理的重要工具,银行质押财产险和质押监管责任险具有广阔的市场空间。

情境小结

物流保险市场是保险市场的一个组成部分,物流保险是物流金融的功能之一。本情境阐述的保险不但包括了传统的物流保险,还包括了短期贸易信用保险和中小企业贷款保证保险,以及针对物流金融方面的银行质押财产险和质押监管责任险。目前我国的物流保险还处于初步发展阶段,物流保险险种比较单一,企业在保险方面投入不足,物流保险险种也存在许多要改善的地方,但物流保险市场的发展前景非常可观。

实训项目

2015 年 10 月 15 日,深圳 A 公司采购了一批原材料并向 B 银行申请开展仓单质押融资,并将原材料存放于 B 银行指定的 C 物流企业的仓库中,A 公司向 D 保险公司购买了企业财产一切险,受益人为 B 银行。2015 年 10 月 18 日晚,B 企业的仓库发生火灾,包括 A 公司上述原材料在内的仓储货物全都被烧毁。经查,火灾的起因是由于仓库照明线路电线老化,因超负荷用电导致电线短路而引起的,B 企业第二天即向 A 公司和 B 银行报告了有关情况,同时 A 公司和 B 银行及时告知了 D 保险公司。

1.根据以上背景案例资料:

(1)请查找相关资料说明照明线路电线老化导致火灾是否属于不可抗力。

(2)请结合案例说明 D 保险公司是否需要赔偿,向谁赔偿。

(3)请结合案例说明 D 保险公司赔偿后行使代位求偿权向谁索赔。

2.实施步骤:

(1)以 4~6 人小组为单位进行操作,并确定组长为主要负责人;

(2)搜集资料,将各个环节操作流程、内容和工作要点填入下表,完成工作计划表;

序号	工作名称	工作内容	工作要点	责任人	完成日期

(3)组织展开讨论,确定所调查有关信息;

(4)整理资料,制作 PPT 进行汇报。

3.检查评估：

能力		自评 (10%)	小组互评 (30%)	教师评价 (60%)	合计
专业能力 (60分)	1.调查结果的准确性(10分)				
	2.业务内容的准确性(10分)				
	3.业务流程操作的准确性(10分)				
	4.调查表格或调查提纲设计的合理性(10分)				
	5.总结报告的撰写或PPT制作(20分)				
方法能力 (40分)	1.信息处理能力(10分)				
	2.表达能力(10分)				
	3.创新能力(10分)				
	4.团体协作能力(10分)				
	综合评分				

思考与练习

1.某远洋运输公司的"东风号"轮在4月28日满载货物起航,出海后由于风浪过大偏离航线而触礁,船底划破长2米的裂缝,海水不断渗入。为了船货的共同安全,船长下令抛掉一部分货物并组织人员抢修裂缝。船只修复以后继续航行。不久,又遇船舱失火,船长下令灌水灭火。在火被扑灭后发现2000箱货物中一部分被火烧毁,一部分被水浸湿。在船抵达目的港后清点共有以下损失:①抛入海中的200箱货物;②组织抢修船只而另外支付的人员工资;③被火烧毁的500箱货物;④船只部分船体被火烧毁;⑤被水浸湿的100箱货物。试问:

(1)以上的损失各属什么性质的损失?说明原因。

(2)投保什么险别的情况下,保险公司给予赔偿?为什么?(指CIC的最小险别)

2.某企业投保企业财产保险综合险,保险金额80万元,保险有效期间从2015年1月1日至12月31日。若:

(1)该企业于2月12日发生火灾,损失金额为40万元,保险事故发生时的实际价值为100万元,则保险公司应赔偿多少?为什么?

(2)12月18日因下暴雨,仓库进水而造成存货损失70万元,保险事故发生时的企业财产实际价值为70万元,则保险公司应赔偿多少?为什么?

3.简述中小企业贷款保证保险的概念、意义及发展。

学习情境七
物流金融业务的运作风险与防范

学习单元一 物流金融业务运作风险分析与产生原因

一、风险的含义与构成要素

(一)风险的含义

由于国家、时间、环境和制度的不同,人们对风险有不同的认识和定义。总体而言,根据对有关风险及其内容的分析和观点形成的不同学术观点,可以归纳为客观实体派和主观建构派。客观实体派认为:风险是指损失发生的可能性;由于风险导致的损失一般是指非计划、非预期和非故意的经济价值的减少,能够直接或间接用金钱衡量的人身伤害;风险的主要特征是:客观存在、具有不确定性和可测性。主观建构派认为:风险具有建构性,即风险不是客观存在物,而是人们主观建构而成;风险具有社会和团体性;风险具有不确定性和不可测性。两种风险学派对经济管理中的风险均具有积极的意义。

(二)风险的构成要素

风险的产生离不开风险因素、风险事故和损失等三个构成要素,也就是说风险是风险因素、风险事故和损失的统一体。

1. 风险因素

一般认为,风险因素(hazard)是指足以引起或增加风险事故发生可能的条件,也包括风险事故发生后,致使损失扩大的条件。风险因素是风险事故发生的潜在原因,是造成损失的内在或间接条件或隐患,它促进风险事故发生或增加出险频率与损失幅度。

2. 风险事故

风险事故(peril)也称危险,一般指造成生命财产损失的偶发事件,是导致损失发生的直接原因或外在原因,如导致物流仓库发生损失的叉车碰撞、员工触电、供应链金融客户故意隐瞒信息等。风险事故发生的原因就是风险因素。风险事故在多数情况下是外露的、显性的,是人们可以感受得到、看得见或摸得着的事件或事故。

3. 损失

损失(loss)是风险因素和风险事故作用下的最终结果。例如,叉车的毁损、人员的受伤、贷款的坏账等都需要花费一定的经济成本进行恢复或处理。而毁损的叉车、受伤的人员和变成坏账的贷款等损失的载体成为损失暴露体(exposure)。虽然,风险不一定以损失为果,损失也不一定以风险为因；但是风险程度与损失机会存在一定的相关性，即风险程度越大，损失越大，反之亦反。

综上所述，由于风险因素在其自身发展到一定程度直接转化为风险事故或在外部秀因的影响下转化为风险事故，风险事故可能会导致损失的发生。风险因素、风险事故和损失的转化互动过程就是风险的生成过程。

二、物流金融风险定义及其分类

将物流金融风险定义为在开展供应链金融业务的过程中，造成业务主体损失的可能性。物流金融风险首先具有金融风险的所有特征，金融风险可以分为：利率风险、外汇风险、市场风险、法律风险和信用风险；其次由于其处于供应链特定环境中，会深深打上供应链的烙印，供应链风险可以分为：合作风险、信息风险、道德风险、契约风险以及外部环境风险等。本书结合供应链和金融风险的定义和特征，将物流金融风险定义为在开展物流金融业务的过程中·造成业务主体损失的可能性。据此，在金融风险和供应链风险的基础上进行适当整合，将物流金融风险分为信用风险、操作风险、安全风险和环境风险，其中信用风险、操作风险和安全风险为供应链金融内部风险，具体如表7-1所示。

表 7-1　物流金融风险分类及内容

序号	风险类别	风险内容
1	信用风险	指由于供应链上下游成员、银行和物流监管公司违约而导致损失的可能性，包含合作风险、道德风险和契约风险
2	操作风险	指在信用调查、融资审批、处理和授信后管理与操作等环节上由于操作不善，以及因价值评估技术不高、评估系统不完善或网络信息技术的落后导致发生损失的可能性
3	安全风险	指因质物选择或保管不当导致货物丢失、变质引起价值下降而发生损失的可能性
4	环境风险	由自然灾难（如地震、海啸、洪水、台风等）、社会环境（如法律的变更和理解的误差，恐怖活动、罢工、战争、网络攻击等）、市场环境（如市场需求、交易环境的动态变化，导致质押物市场价格的波动和变现能力的改变，甚至被认定为非法物等）、技术原因（如基础设施中断、政府相关标准的改变、财务危机等）等导致发生损失的可能性

从以上分类可以看出，安全风险的解决应该从技术的角度来采取措施，环境风险更多地应该从转移和规避上寻求手段和方法，而信用风险和操作风险可以从管理方法上来进行防范。

三、物流金融的风险因素

物流金融风险分为信用风险、操作风险、安全风险和环境风险，其中信用风险、操作风险和安全风险为供应链金融内部风险。从供应链金融的定义及分类中可以看出：供应链金融风险的产生与供应链金融参与主体及其组成的完整系统以及供应链金融环境息息相关。

1. 物流金融主体因素

物流金融的参与主体包括银行、核心企业、中小企业（贷款企业，即供应商或者经销商），由于他们本身的以下原因可能会导致损失的发生。

（1）风险意识和法制观念淡薄。金融的市场化导致金融风险增大，而供应链金融作为一种针对中小企业的金融创新服务，在我国产生的时间还不太长，由于有交易背景和核心企业作为风险控制的工具，目前看来风险不太大，导致各参与主体的风险意识不高，甚至认为银行的钱是国家的钱，银行亏损由国家承担，国家不会让银行倒闭。一些银行急于在供应链金融中占领市场，忽视对金融风险的良好管理，导致大量贷款不能如期偿还，从而产生了风险。

（2）风险防范机制不健全。随着我国金融业的发展，风险防范的机制在逐步建立，但是部分金融机构还存在一些问题，如内部监督制约机构没有建立，监管流程不顺畅，机制不健全，缺乏科学、严密、有效的内部相互制约机制，包括在贷款审批、发放、资金支付在内的一些金融业务活动中，没有构建良好的风险防范机制。

（3）跨组织的风险管理机构的缺乏。供应链中没有建立起跨组织的风险管理机构，难以对供应链中包括供应链金融等需要各参与主体合作的业务进行风险管理，一旦出现风险，核心企业和中小企业、商业银行和物流监管公司有可能成为零和博弈的利益主体，为各自利益采取不同处理措施，导致供应链金融的风险放大。

2. 物流金融系统因素

物流金融参与主体所组成的系统一般包括供应链成员企业、银行和物流监管公司，该系统所具有的一些特征有可能导致损失的发生。

（1）物流金融系统的复杂性。需求信息逐级放大、失真，需求变异放大，也就是通常所说的牛鞭效应会导致供应链中盲目扩大生产规模和资金需求规模，整条供应链中实际需求小于生产规模，供过于求，出现产品滞销，资金回流困难，供应链金融风险就产生了。

（2）物流金融系统的扩展性。物流金融系统中的主体之间是相互依赖的，任何一个主体出现问题都可能波及其他主体，造成整条供应链难以正常运作，甚至导致供应链的破裂和失败。例如供应链中核心企业产品质量出现问题，销售受阻，将导致整条供应链需求的紧缩，供应链回款困难，资金流断裂。

（3）物流金融系统的文化差异性。物流金融涉及的主体众多，关系错综复杂。由于各主体组织文化的差异，导致处理问题的方式上存在很大的差异。文化差异可以表现在管理制度、信息应用平台和危机事件处理流程等方面的差异性。例如，面对一个需要大家步调一致、共同解决的问题的时候，不同的主体可能会采用不同的处理措施，从而可能造成损失的发生。

3. 物流金融环境因素

物流金融突破了单个企业的边界，其动态性和不完善性导致风险的产生。

（1）物流金融环境的动态性。政策法律、市场需求和交易环境等的动态变化会导致物流金融风险的产生。首先，国家经济政策影响和制约供应链企业的成立、运营和发展。当进行产业结构调整时，国家会出台很多相应的政策来保障产业结构的顺利升级，这些政策大多数都会鼓励和促进与产业结构升级相适应的企业的发展，而限制不符合升级产业的企业的发展，将导致许多处于传统供应链的企业面临很大的风险。市场需求和交易环境等的动态变化导致供应链企业无力继续按协议销售商品或者提供服务，不能准时还款产生物流金融风险。典型的风险因素有:需求趋势预测失误或者是某种更加先进的替代品的出现。当风险因素出现,而供应链企业没有应对策略,销售量就会下降,存货相应增加,回款减少,供应链断裂,整条供应链将受到致命的打击。党的十八大以来,我国明确了市场对资源配置具有决定性作用,正式进入由粗放型发展向集约型发展的经济转型期,近两年经济发展出现了一定程度的下行趋势,更应该注重加强对供应链金融环境风险的认知、评价、防范与管理,降低物流金融风险。

(2)外部环境条件的不完善性。一是行政干预物流金融的情况依然存在。在我国整个政治体制改革还没有完全达到市场经济发展要求的情况下,虽然商业银行不再是政府的出纳,具有一定的经营自主权,但是一些地方政府还是时不时会要求商业银行贷款给当地某些并不一定符合放款要求的企业。二是有些供应链企业受某一时间段市场利好的影响,会出现盲目扩张的可能性,对银行信贷资金具有很强的依赖性。三是物流金融法制环境不健全。物流金融是近几年来金融机构为响应国家支持中小企业发展,进行金融服务创新开展的业务,中小企业是资金需求者,参与主体还有核心企业和承担物流监管公司,主体很多,关系复杂,而国家对于在供应链金融中各主体要承担的责任、义务和享有的权利,还没有完善的法律来进行规范。

四、物流金融风险产生机理

结合以上对风险三要素、供应链金融定义和分类、供应链金融风险定义和风险因素的分析,可以构建如图7-1所示的供应链金融风险生成机理图。

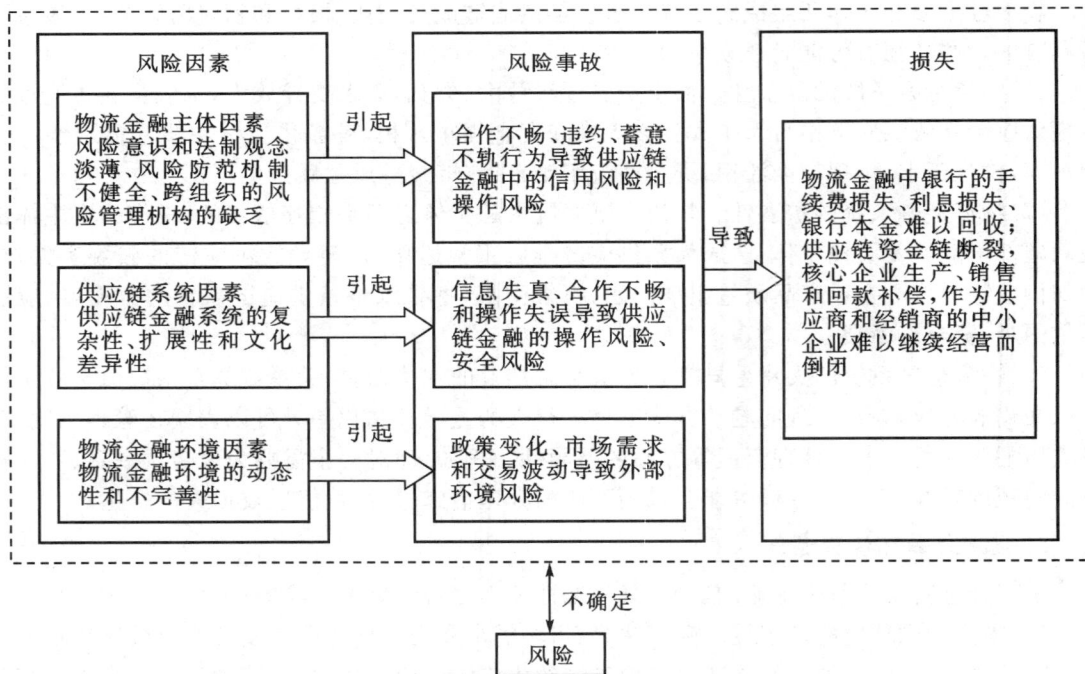

图7-1 风险生成机理图

从图7-1可以看出,物流金融风险的生成是由于物流金融主体及其组成系统的自身原因发展转化为风险事故,或在一定外部诱因的影响下引起风险事故,风险事故可能会导致损失的发生。根据引起风险发生的因素的性质不同,物流金融风险有信用风险(包括违约风险、合作风险和道德风险等)、操作风险(包括操作风险和技术风险)、安全风险和环境风险(包括法律风险和市场风险)等。了解了其生成机理,则通过加强对风险因素的管理,同时有效处理风险事故和降低风险损失等一系列策略可以进行良好的风险管理。

案例 7-1

某汽车供应链轮胎供应商质押风险因素分析

湖南 XS 物流投资有限公司与某银行长沙市分行一起合作开展了物流金融业务。在2013年拓展了一个汽车供应链业务,核心企业为在长沙的某汽车制造厂,贷款企业是汽车制造厂的轮胎供应商,采取轮胎作为动产质押融资方式。受银行委托,湖南 XS 物流公司进行客户风险调查,列出了如表 7-2 所示风险因素分析表。

表 7-2 某汽车供应链轮胎供应商质押风险因素分析表

序号	风险因素	风险事故	损失	风险类别
1	汽车供应链中的牛鞭效应会导致供应链中盲目扩大生产规模和资金需求规模,整条供应链中实际需求小于生产规模,造成供过于求	车辆销售受阻,轮胎需求减少,还款能力降低	物流金融中银行的手续费损失、利息损失、银行本金难以回收;资金链断裂,汽车生产企业生产、销售和回款补偿;轮胎供应商难以继续经营而倒闭	信用风险
2	汽车物流金融系统未采用统一的 ERP 系统导致信息传递的差异性	操作出现问题,处理危机速度降低		操作风险
3	轮胎供应商风险意识和法制观念不强,跨组织的供应链风险管理机构的缺乏	不愿意还款		信用风险
4	物流金融环境的动态性。长株潭两型社会的建设和长沙车辆保有量的增加导致汽车限号出行,影响汽车的销售	汽车销售受阻,轮胎价格下降		安全风险环境风险

表中显示了该案例的风险因素、可能引起的风险事故和将导致的损失。

学习单元二 物流金融风险防范

前面分析了物流金融业务运作过程中可能产生的风险有信用风险(包括违约风险、合作风险和道德风险等)、操作风险(包括操作风险和技术风险)、安全风险和环境风险(包括法律风险和市场风险)等。

一、市场风险防范措施

在物流金融服务过程中,能够对市场做出迅速准确的判断是十分重要的。

在市场风险防范中,主要是针对商品价格的波动。因而,物流企业必须要建立快速的市场商品信息收集和反馈体系,不但要根据不同市场的具体行情来选择最适合的经销商来进行商品的销售,同时,还要对信贷的比例进行合理的设置。为了掌握实施的市场动态,物流企业还需要对经销商的销售趋势和价格走势进行跟踪监控,以防止由于对市场信息不够明确而错失避免风险发生或者降低风险损失的最佳时机。物流企业在对进出口商品进行监管时,往往会涉及汇率波动的风险。此时,物流企业必须跟金融机构建立良好的信息沟通机制,在信息平台上,能够了解到最新的汇率变动的情况,同时预测汇率的走势,以做出合理的对策。

二、环境风险防范措施

在物流金融过程中,金融机构应当提高自身的响应能力,以应对随时发生变化的国内外经济形势。当经济形势较好时,可以适当放宽借款准入标准,经济形势动荡使,提高借款准入标准,以防止无法及时回收借款。作为金融机构,必须密切关注国内外的经济形势,并且能够对目前的经济状况做出对未来的预测,只有防患于未然,才能够将风险损失降低到最小的程度。因而,金融机构必须建立严格有效的经济形势预测体系。金融机构构建策略库,对不同的经济形势作出各种响应。当国内外经济形势发生重大变化时,能够根据策略库内相似的信息进行对策实施,以在最短的时间内进行响应。如果策略库内没有相类似的情况,则在响应之后,将响应的信息记录在策略库内,以便下次发生类似情况是可以作为响应的依据。

三、操作风险防范措施

第三方物流企业同时被金融机构和中小借款企业所信任的,因而更需要加强内部每个环节的具体操作规范性。

(一)制定严格的操作规定

在操作风险中,具体操作风险的影响程度最大。第三方物流企业在物流金融业务开展的过程中,应当制定严格的操作规定,并加强巡查,以防止由于监管人员的操作失误所带来的风险。

(1)按照国家标准和行业标准的要求,制定合理的货物仓储保管规则。同时,如果出质人有附加的保管要求,则必须要在仓储协议中明确指出,并据此来严格执行。

(2)库外监管与实际保管人签订《仓储保管协议》,对每一个环节的操作都做出具体责任和义务的规定,一旦发生操作失误,责任能够追究到个人。

(3)与银行保持紧密的联系,一旦质押物的外观、质量、数量等发生变化时,能够及时告知银行,以便快速采取应对措施。

(4)换货时,必须要求出质人提供给完整的品质证明。

(5)与相关部门做好沟通,保持密切的联系,确保当发生特殊情况时,能够对货物进行直接控制。

(6)对于那些没有保管经验的工作人员,必须要进行培训后再上岗,务必使每个工作人员都能够对自己的工作有一个非常详细的了解,并保证其在工作中操作的零失误。对重要岗位人员的招聘,必须要求其忠诚性和可靠性,以及有本单位员工的担保或者推荐。

(二)制定相对统一的业务流程和规范

物流金融业务的操作风险中,模式风险与业务流程风险的影响程度是相近的。目前,物流金融发展了多种不同的模式,不同的地区、不同的银行所采用的模式都不相同,其操作流程也不尽然相同。因而,第三方物流企业与金融机构必须制定相对统一的业务流程和规范。这样,即便不同地区的员工也能够按照相同的业务流程来进行工作,降低因物流金融模式的不同和业务流程的不同和不规范所带来的风险。

规范物流金融风险的业务流程应当从以下几个方面着手:

(1)加强合同管理。在物流金融过程中,第三方物流企业只是作为监管的第三方,只对质押品承担监管和保管的责任,而不承担任何法律责任。因而,在合同的签订过程中,物流企业要约定自己的责任范围。

(2)物流金融业务的相关单据一定要保证其规范性,要有"签字意识",所有资料的台账都必须有相关人员的签名,明确各自的责任范围和义务范围,这是出于保护自身合法利益的需要。

(3)将业务巡查加入到物流金融业务环节中,以弥补工作人员因为操作失误带来的风险。

四、法律风险防范措施

到目前为止,我国还没有完善的物流金融业务的法律规章制度,因此,在物流金融业务的开展过程中,更加要注重一切依照法律程序来实施,防止钻法律漏洞的不法分子。对于一些有争议的事项,可以进行协商,达成一致协议后在进行,以免发生不必要的损失。

(1)在法律风险中,法律规章制度风险的影响程度比较大。要想完善现有的法律法规体系,一方面需要政府对于相关政策体系的发布,另一方面,要提高这些法律规章制度的可操作性,加大执法力度,以避免一些不法行为的发生。

(2)对于质押物货权的合法性方面,金融机构要对那些不符合质押物要求的商品进行罗列,在开展物流金融业务之前,必须对质押物的货权进行详细的考察,不符合质押物要求的商品,坚决不能接受。

五、质押物本身的风险防范措施

(一)质押物的选择

质押物的选择直接关系着物流金融业务所面临的风险的大小。一般而言,通常会选择那些价格起伏不是很大的商品,例如金属等,以保证质押物能够在市场中以稳定的价格畅销。另外,考虑到国内外的经济形势,稀缺性物资往往由于与国民经济息息相关,且价格稳定性较强,而备受物流金融业务的钟爱。同时,那些使用范围较大,处置起来比较方便,物流质量稳定、不容易变质的商品也是作为质押物的理想商品。各种原材料由于其稳定的市场需求,也是可以作为质押物来进行物流金融业务的开展的。

随着物流金融业务的逐渐发展,各参与主体的经验和技术都发展到了较为成熟的阶段,质押物的品种也越来越多,诸如建材、食品、汽车、加点等商品作为质押物也逐渐为物流金融各参与主体所接受。

（二）质押物仓储风险的防范措施

（1）第三方物流企业首先要对自身硬件设施进行一定程度的改善。为了给质押物提供良好的存储条件，物流企业的仓库一定要符合标准的规模。仓库中的专业设备要符合一定的标准，以便在仓库内进行位移时产生不必要的风险。

（2）在质押物进行仓储期间，必须要严格按照规章制度来进行操作。质押物入库时，对凭证的检验需要合理规范、严格控制。仓单的领取、批准和发放都要进行登记，由专人进行负责。质押物在出库时，必须要对印鉴进行认真的核对，并同货主、提货人和银行保持密切的联系，以便随时进行沟通。

（三）是否投保风险防范措施

一般而言，在实际的操作过程中，银行通常会要求融资方对质押物进行投保，以保证质押物在业务期间发生非人为的意外而造成大范围的损失。为质押物购买保险往往是防止质押物风险损失的最有效的措施。

六、客户资信风险防范措施

（一）重点考察客户的财务状况

在物流金融业务中，对客户的选择上，财务指标往往是一个至关重要的考察指标。一般认为，那些财务状况越好的企业，往往越有能力按时还款给银行。因而，银行在对中小企业做财务调查时，应重点关注客户的资产负债率等财务指标。

（二）考察客户的信誉状况

对融资企业的信誉状况的考察，通常通过收集资料、管理档案、调查资信等方式来实现，主要考察该企业的历史履约情况和履约意愿，包括偿还债务的历史情况，是处于资源还是处于被法院强制执行来履行还款约定，以及以往对于合约的执行能力等。同时，对融资企业进行全方位的信誉管理，建立客户的信誉数据库，对于过往信誉较好的企业可以适当放宽贷款准入标准；对于过往信誉相对较差的企业，适当调高贷款的准入标准，并在业务开展过程中，进行实时监控。

（三）考察客户未来成长潜力

在物流金融业务中，银行对于融资企业的考察不仅仅只是财务和信誉状况的考察。必须深入到融资企业所在的行业的发展潜力，以及融资企业自身所具备的能力进行全方位的综合考虑，对于那些目前发展并不是太好，但具有未来发展潜力的融资企业，可以适当放宽贷款的准入标准。相反，对于那些目前发展较好，但行业发展后劲不足的企业，银行应当酌情对其进行贷款。

（四）考察客户的经营能力

企业的经营能力主要体现在企业主营业务的增长情况上。因而，第三方物流企业在考察融资企业时，往往选择那些产品质量稳定、退货率和返修率低、订货量大、行业地位较高的生产商，或者是销售渠道畅通、销售能力及业绩稳定的销售商。同时，制定融资企业经营能力的硬性标准要求，凡事无法达到该硬性标准的企业，均不接受其参与物流金融业务的开展。

七、监管风险防范措施

(一)与实力强大的物流企业进行合作

银行在开展物流金融服务前,对第三方物流企业进行充分的调查是十分有必要的,必须选择那些库存管理水平、仓管信息水平较高、资产规模较大、具有一定偿付能力的大型专业物流公司进行合作才能够保证其在监管过程中,有足够的能力进行风险控制。

(二)加强物流企业监管的管理制度

第三方物流企业所构建的组织构架必须结合自身的状况和特点,在分工和职责的界定方面尽量做到详细规范,而同时部门之间又要相互激励,相互监督。针对不同的情况,对监管员工和项目经理的工作职责做出明确的规定。实行监管轮岗制,可以有效防止监管人员与企业串通。

(三)构建信息平台,加强各参与者之间的沟通

信息平台的构建,能够使物流企业更好完成监管工作,提高工作效率。通过信息平台,物流企业可以随时进行质押货物数量和储存状态的查询,并且可以实现打印仓单,存量控制,打印出库单等过程。同时,银行和融资企业也可以对上述信息进行查询。信息平台的构建还能够使物流企业对金融业务各个参与者随时进行信息的沟通和分享,以防止信息不对称所造成的风险。

知识链接

国家标准——质押监管企业评估指标

1. 质押监管企业的资格和条件

(1)质押监管企业应是在国家工商行政部门登记注册的企业法人,也可以是企业法人承担担保责任的非法人企业。

(2)从事仓储保管业务三年(含)以上。

(3)注册资本和净资产规模达到委托方的要求。

(4)有良好的商业信誉,三年内无违法违规等行为。

(5)有完整的组织架构和相应的从业人员,并有明确的职责。

(6)有与业务需求相符的规章制度。包括质物进出库、保管监管、统计、档案管理、安全等。

(7)有与业务需求相符的流程管理。包括质物计量、质量确认、质物交接、单证制作和流转、通讯联系、进出库、装卸搬运、盘点、业务检查、过程控制等。

(8)有产权明晰、实际控制数量足够的质物存储和装卸场所。包括库房、货场、容器等。监管场所应安全可靠,具有防火、防水、防风、防雷、防盗功能,必要时装备监视探头。

(9)有符合国家要求的计量工具和计量方式。

(10)装卸搬运、包装、制冷、供暖、电力等设备性能和运转良好。

(11)应为监管人员设置独立的办公场所和通讯设施,包括电话、互联网、电子计算机、传真机等,并保证每天 24 小时畅通,故障率不超过 10%。

(12)应配有计算机仓储管理系统,具备客户查询、追踪功能。

（13）在出质人或第三方库实施监管的，当事人应按上述要求划分权利和责任。

（14）出质人、质权人、监管人三方协商一致的其他条件。

2.质押监管企业评估表（见表7-3）

表7-3 质押监管企业评估表

类别	序号	指标	评估分数	证明材料
基本条件	1	企业法人或企业法人担保的非法人企业（10分）		1.企业营业执照 2.企业组织机构代码证 3.企业税务登记证
	2	财务资产情况：注册资本500万元以上（10分）		1.资产负债率 2.利润分配表 3.事务所出具的审计报告
	3	监管库的所有权和使用权（10分）		1.监管人自有仓库的产权证 2.第三方仓库的产权证和租赁协议 3.出质人仓库的权属证明
管理状况	4	监管场所安全情况（10分）		1.监管仓库、货场、容器满足需要 2.防火、防洪、防雷、防盗设施设备齐全 3.计量工具合格，并按照规定进行年检 4.作业设备齐全有效
	5	监管部门和人员（10分）		1.监管部门设立的文件 2.监管人员职务及任职文件 3.培训证明（专业）
	6	制度（10分）		1.出入库制度 2.监管制度 3.监管业务流程 4.单证管理 5.安全制度 6.巡查制度 7.合同管理制度 8.仓储管理办法

类别	序号	指标	评估分数	证明材料
管理状况	7	作业(20分)		1. 监管区域标识明显 2. 质物标识标签明显 3. 装卸搬运操作规范 4. 质物存放安全 5. 盘点规定及记录 6. 账卡物相符率 7. 电话、打印机、计算机配备情况 8. 监视探头使用情况 9. 监管员工作环境
诚信情况	8	信誉(20分)		1. 银行信用等级 2. 不良行为记录 3. 安全事故史 4. 重大诉讼事项 5. 质量9001认证情况
		综合评估结果(100分)		

说明:1.评估采取打分累计的原则执行。

　　　2.评估结果的运用:

综合评估结果为85分(含)以上,属优秀监管企业;综合评估结果为60(含)~85分,属合格监管企业;综合评估结果为60分以下的,属不合格监管企业,不准从事监管业务。

八、信用风险防范措施

　　建立完善客户资信评估体系,在物流金融业务中,无论银行对物流企业的评价,还是物流企业对经销商的评价都需要一个完善的信用评价体系。物流企业自身的信用评价体系可能并不完善,可以向银行的评价体系进行学习,并根据自身的货物流动和市场波动的特点,构建适用于物流企业自身的信用评价体系。

案例 7 - 2

客户信用评价

　　XS物流公司与某银行合作开展物流金融业务,为产生一汽车供应链提供金融服务,供应链的轮胎供应商申请贷款。物流公司受银行委托进行风险评估和质押物监管,物流公司安排风控部门进行客户资信调查和出具客户信用评级报告。公司针对此项业务对客户设计了信用评价指标体系和评价标准,公司10个资深资信评级员工打分如表7-4所示。

表7-4　物流金融客户信用评价指标

一级指标	二级指标	信息来源
A₁ 客户信用状况	B₁ 企业及其负责人信誉 *	客户调研
	B₂ 违约记录	信用记录
	B₃ 速动比率	财务报表
	B₄ 资产负债率	财务报表
A₂ 供应链信用状况	B₅ 跨组织管理水平 *	业内评价
	B₆ 盈利能力	财务报表
	B₇ 产权明晰程度 *	财务报表
	B₈ 担保状况	供应链内部协议
A₃ 地区信用状况	B₉ 地区信用状况 *	信用评级机构
	B₁₀ 地区法制环境 *	

表中标注"*"的指标难以进行定量评价,专家采用100评分。

运用层次分析法确定各指标权重(过程略),并通过模糊综合评价法进行评估如表7-5所示。

表7-5　二级指标评价标准和轮胎供应商信用状况评分表(%)

评价指标	评分标准					权重
	100	75	50	25	0	
B₁ 企业及其负责人信誉	好	较好	一般	较差	差	0.1385
	90	10	0	0	0	
B₂ 违约记录	最近12个月内违约记录次数					0.1385
	0 次	1 次	2 次	3 次	4 次	
	0	100	0	0	0	
B₃ 速动比率	速动比率高于行业平均值的比率					0.2769
	20%	10%	0	−10%	−20%	
	0	100	0	0	0	
B₄ 资产负债率	低于行业平均值的比率					0.0461
	20%	10%	0	−10%	−20%	
	0	100	0	0	0	

评价指标	评分标准					权重
	100	75	50	25	0	
B₅ 跨组织管理水平	好	较好	一般	较差	差	0.0783
	80	10	10	0	0	
B₆ 盈利能力	资产利润率高于行业平均值的比率					0.0391
	10%	5%	0	-5%	-10%	
			100	0	0	
B₇ 产权明晰程度	很明晰	明晰	较明晰	基本明晰	不明晰	0.0261
	80	20	0	0	0	
B₈ 担保状况	担保比例					0.1565
	20%	15%	10%	5%	0%	
	0	100	0	0	0	
B₉ 地区信用状况	好	较好	一般	较差	差	0.0667
	50	40	10	0	0	
B₁₀ 地区法制环境	好	较好	一般	较差	差	0.0333
	80	10	10	0	0	
I	8125.825					81.258

I为模糊综合评价值,其得分在[90~100]的客户定义为优质客户,在[60~90]的为一般客户,在[0~60]的为劣质客户。优质客户优先发放贷款;一般客户应根据信用评价值进行细分,并以此为依据确定授信额度,劣质客户不发放贷款。

经统计计算,该汽车供应链中的轮胎供应商信用评价指标体系计算得分为81.26,银行和物流监管公司将该公司确定为一般客户,可以发放一定额度的贷款。该指标体系和评价标准具有一定的实用性,能用于开展供应链金融客户信用评价。

银行与合作的监管企业可以根据服务的客户、供应链和地区信用状况,调整上述的信用评价指标和权重。当贷款客户不是上市公司,收集不到公开的财务信息的时候,必须要求客户提供具有公认公信力的第三方审计机构出具资信证明,也可以调整些指标,重新构建评级指标体系。

情境小结

本情境首先介绍了物流金融风险的含义、分类,物流金融的风险类型主要归纳为四大类,分别为信用风险、操作风险、安全风险和环境风险。然后介绍了物流金融的风险因素、产生机理,最后分析了物流金融风险的防范措施。

实训项目

物流金融风险因素分析

华中某物流企业与某银行武汉市分行一起合作开展了物流金融业务。在 2015 年拓展了一个钢材供应链业务,核心企业为在武汉的某钢材生产厂,贷款企业是钢材生产厂的原材料——铁矿石供应商,采取铁矿石作为动产质押融资方式。受银行委托,华中某物流企业公司进行客户风险调查,列出了如表 7-6 所示风险因素分析表。

表 7-6　某汽车供应链轮胎供应商质押风险因素分析表

序号	风险因素	风险事故	损失	风险类别
1				
2				
3				
4				

1. 请结合背景案例资料,分析该质押业务中可能的风险因素、风险事故、损失和所属风险类别。

2. 实施步骤:

(1)以 4~6 人小组为单位进行操作,并确定组长为主要负责人;

(2)搜集资料,将各个环节操作流程、内容和工作要点填入下表,完成工作计划表;

序号	工作名称	工作内容	工作要点	责任人	完成日期

(3)组织展开讨论,确定所调查有关该质押业务中可能存在的风险及其造成的损失和风险类别;

(4)提炼总结,整理资料,制作 PPT 进行汇报。

3.检查评估：

能力		自评 (10%)	小组互评 (30%)	教师评价 (60%)	合计
专业能力 (60分)	1.调查结果的准确性(10分)				
	2.业务内容的准确性(10分)				
	3.业务流程操作的准确性(10分)				
	4.调查表格或调查提纲设计的合理性(10分)				
	5.总结报告的撰写或PPT制作(20分)				
方法能力 (40分)	1.信息处理能力(10分)				
	2.表达能力(10分)				
	3.创新能力(10分)				
	4.团体协作能力(10分)				
综合评分					

思考与练习

1. 物流金融的风险因素有哪些？

2. 物流金融的风险防范措施有哪些？

学习情境八
供应链金融服务

学习单元一　供应链金融服务认知

　　近年来,供应链金融作为一个金融创新业务在我国得到迅猛发展,已经成为商业银行和物流供应链企业拓展业务空间、增强竞争力的一个重要领域。一般来说,一个特定商品的供应链从原材料采购,到制成中间及最终产品,最后由销售网络把产品送到消费者手中,将供应商、制造商、分销商、零售商、直到最终用户连成一个整体。在这个供应链中,竞争力较强、规模较大的核心企业因其强势地位,往往在交货、价格、账期等贸易条件方面对上下游配套企业要求苛刻,从而给这些企业造成了巨大的压力。而上下游配套企业恰恰大多是中小企业,难以从银行融资,结果最后造成资金链十分紧张,整个供应链出现失衡。随着社会化生产方式的不断深入,市场竞争已经从单一客户之间的竞争转变为供应链与供应链之间的竞争,供应链内部各方相互依存,"一荣俱荣、一损俱损";与此同时,由于赊销已成为交易的主流方式,处于供应链中上游的供应商,很难通过"传统"的信贷方式获得银行的资金支持,而资金短缺又会直接导致后续环节的停滞,甚至出现"断链"。维护所在供应链的生存,提高供应链资金运作的效力,降低供应链整体的管理成本,已经成为各方积极探索的一个重要课题,因此,"供应链融资"系列金融产品应运而生。

一、供应链金融综述

(一)供应链金融的概念

　　供应链金融(supply chain finance,SCF),是商业银行信贷业务的一个专业领域(银行层面),也是企业尤其是中小企业的一种融资渠道(企业层面)。它是指银行向客户(核心企业)提供融资和其他结算、理财服务,同时向这些客户的供应商提供贷款及时收达的便利,或者向其分销商提供预付款代付及存货融资服务。简单地说,就是银行将核心企业和上下游企业联系在一起提供灵活运用的金融产品和服务的一种融资模式。供应链金融是一种较为复杂的融资模式,涉及多个企业之间的合作和协调,主要包括金融机构、第三方物流企业、中小融资企业及供应链中占主导地位的核心企业。另外,良好的外部商务环境能为企业的发展和相互合作带来很多方便,在供应链金融服务中也是一个很重要的因素。供应链金融的整体框架如图 8 - 1 所示。

　　对于供应链金融可以有三种不同的理解,它们分别来自供应链核心企业的视角、电子交易服务平台的视角以及银行的视角。

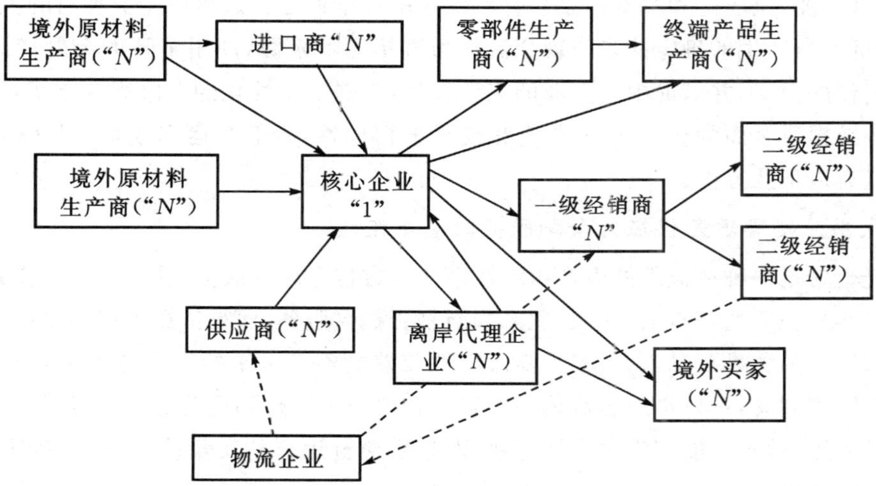

图 8-1 "1+N"供应链融资构成要素和相互关系分析

1.供应链核心企业的视角

供应链金融是一种在核心企业主导的企业生态圈中,对资金的可得性和成本进行系统性优化的过程。这种优化主要是通过对供应链内的信息流进行归集、整合、打包和利用的过程中,嵌入成本分析、成本管理和各类融资手段而实现的。

2.电子交易平台服务商的视角。

供应链金融的核心就是关注嵌入供应链的融资和结算成本,并构造出对供应链成本流程的优化方案。而供应链融资的解决方案,就是由提供贸易融资的金融机构、核心企业自身,以及将贸易双方和金融机构之间的信息有效连接的技术平台提供商组合而成。技术平台的作用是实时提供供应链活动中能够触发融资的信息按钮,比如订单的签发、按进度的阶段性付款、供应商管理库存(VMI)的入库、存货变动、指定货代收据的传递、买方确认发票项下的付款责任等。

3.银行的视角

从银行业务拓展方式的角度,认为供应链金融是指银行通过审查整条供应链,基于对供应链管理程度和核心企业的信用实力的掌握,对其核心企业和上下游多个企业提供灵活运用的金融产品和服务的一种融资模式;从供应链融资的功能角度,认为供应链金融就是要将资金流整合到供应链管理中来,既为供应链各个环节的企业提供商业贸易资金服务,又为供应链弱势企业提供新型信贷融资服务的服务产品创新模式;从融资的功能指向角度,认为供应链融资是通过对供应链成员间的信息流、资金流、物流的有效整合,运用各种金融产品向供应链中所有企业(尤其是中小企业)提供的组织和调节供应链运作过程中货币资金的运作,从而提高资金运行效率的一种新型融资模式。

(二)供应链金融的特点

从产业供应链角度出发,供应链金融的实质就是金融服务提供者通过对供应链参与企业的整体评价(行业、供应链和基本信息),针对供应链各渠道运作过程中企业拥有的流动性较差的资产,以资产所产生的确定的未来现金流作为直接还款来源,动用丰富的金融产品,采用闭合性资金运作的模式,并借助中介企业的渠道优势,来提供个性化的金融服务方案,为企业、渠道以及供应链提供全面的金融服务,提升供应链的协同性,降低其运作成本。具体看,供应链金融的特点有以下几方面:

1.现代供应链管理是供应链金融服务的基本概念

供应链金融是一种适应新的生产组织体系的全方位金融性服务,特别是融资模式,它不是单纯的依赖客户企业的基本面资信状况来判断是否提供服务,而是依据供应链整体运作情况,以企业之间真实的贸易背景入手,来判断流动性较差的资产未来的变现能力和收益性。通过融入供应链管理理念,可以更加客观地判断客户企业的抗风险和运营能力。可以说,没有实际的供应链做支撑,就不可能产生供应链金融,而且供应链运行的质量稳定性,直接决定了供应链金融的规模和风险。

2.大数据对客户企业的整体评价是供应链金融服务的前提

整体评价是指供应链服务平台分别从行业、供应链和企业自身三个角度对客户企业进行系统的分析和评判,然后根据分析结果判断其是否符合服务的条件。

3.闭合式资金运作是供应链金融服务的刚性要求

供应链金融是对资金流、贸易流和物流的有效控制,使注入企业内的融通资金的运用限制在可控范围之内,按照具体业务逐笔审核放款,并通过对融通资产形成的确定的未来现金进行及时回收与监管,达到过程风险控制的目标。即供应链金融服务运作过程中,供应链的资金流、物流运作需要按照合同规定的确定模式流动。

4.构建供应链商业生态系统是供应链金融的必要手段

供应链金融要得以有效运行,还有一个关键点在于商业生态网的建立。在供应链金融运作中,存在着商业生态的建立,包括管理部门、供应链参与者、金融服务的直接提供者以及各类相关的经济组织,这些组织和企业共同构成了供应链金融的生态圈,如果不能有效地建构这一商业生态系统,或者说相互之间缺乏有效的分工,不能承担相应的责任和义务,并且进行实时的沟通和互动,供应链金融就很难得以开展。

5.企业、渠道、供应链、特别是成长型中小企业是供应链金融服务的主要对象

与传统信贷服务不同,供应链金融服务运作过程中涉及渠道或供应链内的多个交易主体,供应链金融服务提供者可以获得渠道或供应链内的大量客户群和客户信息,为此可以根据不同企业、渠道或供应链的企业,尤其是成长型的中小企业往往是供应链金融服务的主体,从而使这些企业的资金流得到优化,提高企业的经营管理能力。传统信贷模式下中小企业存在的问题,都能在供应链金融模式下得到解决(见表8-1)。

表 8-1 传统金融和供应链金融视角下对中小企业认知的差异

传统金融视角下的中小企业	供应链金融视角下的中小企业
信息披露不充分	供应链中的交易信息可以弥补中小企业的信息不充分、采集成本高的问题
信用风险高	供应链成员中小企业要成为供应链运行中参与者或合作伙伴,往往有较强的经营能力,而且其主要的上下游合作者有严格的筛选机制,因此信用风险低于一般意义下中小企业的风险
道德风险大	供应链中对参与成员有严格的管理,亦即认证体系,中小企业进入供应链是有成本的,资本本岀也是资产。声誉和退出成本降低了道德风险
成本收益不经济	借助供应链降低信息获取成本,电子化、外包也可以降低一部分成本

6.流动性较差的资产是供应链金融服务的针对目标

在供应链的运作过程中,企业会因为生产和贸易的原因,形成存货、预付款项或应收款项等众多沉淀环节,并由此产生了对供应链金融的迫切需求,因此这些流动性较差的资产就为服务提供商或金融机构开展金融服务提供了理想的业务资源。但是流动性较差的资产要具备一个关键属性,那就是良好的自偿性。这类资产会确定未来现金流,如同企业经过"输血"后,成功实现"造血"功能。供应链金融的实质,就是供应链金融服务提供者或金融机构针对供应链运作过程中,企业形成的应收、预付、存货等各项流动资产进行方案设计和融资安排,将多项金融创新产品有效地在整个供应链各个环节中灵活组合,提供量身定制的解决方案,以满足供应链中各类企业的不同需求,在提供融资的同时帮助提升供应链的协同性,降低其运作成本。

(三)供应链金融的构成

完整的金融体系包括金融产品、金融市场、金融主体和金融制度。对于供应链金融而言,这几个要素有其特殊之处:从广义上讲,供应链金融是对供应链金融资源的整合,它是由供应链中特定的金融组织者为供应链资金流管理提供的一整套解决方案。静态层次上,它包含了供应链中参与方之间的各种错综复杂的资金关系;供应链金融服务通过整合信息、资金、物流等资源,来达到提高资金使用效率并为各方创造价值、降低风险的目的。一个完整的供应链金融体系包括以下要素:

1.供应链金融产品

供应链金融产品主要是金融机构提供的信贷类产品,其中包括对供应商的信贷产品,如存货质押贷款、应收账款质押贷款、保理等,也包括对分销商的信贷产品,如仓单融资、原材料质押融资、预付款融资等。此外,除了资金的融通,金融机构还提供财务管理咨询、现金管理、应收账款清收、结算、资信调查等中间增值服务,以及直接对核心企业的系列资产、负债和中间业务提供服务。因此,供应链金融的范畴大于供应链融资或供应链授信。

2. 供应链融资市场

供应链融资市场基本上属于短期的货币(资金)市场,尽管供应链金融有着特异化的风险控制技术、自成体系的产品系列以及特别的盈利模式,但是从融资用途和期限的角度看,基本上可以归入广义的短期流动资金授信的范畴。

3. 供应链金融体系中的参与主体

供应链金融体系中的参与主体大致包括以下四类主体:①资金的需求主体,即供应链上的节点企业;②资金的供给及支付结算业务的提供主体,主要是商业银行为代表的金融机构;③供应链金融业务的支持型机构,包括物流监管公司、仓储公司、担保物权登记机构、保险公司等;④监管机构,在国内,目前主要是各级银监部门。

4. 供应链金融制度

供应链金融制度主要涉及两方面的内容:一是相关法律法规,比如动产担保物权的范围规定、设定程序、受偿的优先顺序、物权实现等的相关法律,以及监管部门的业务监管相关制度;二是技术环境,主要包括与产品设计相关的金融技术和信息技术。

(四)供应链金融的意义

"供应链金融"发展迅猛,原因在于其"既能有效解决中小企业融资难题,又能延伸银行的纵深服务"的双赢效果。

1. 企业融资新渠道

供应链金融为中小企业融资的理念和技术瓶颈提供了解决方案,中小企业信贷市场不再可望而不可即。对于很多大型企业财务执行官而言,供应链金融作为融资的新渠道,不仅有助于弥补被银行压缩的传统流动资金贷款额度,而且通过上下游企业引入融资便利,自己的流动资金需求水平持续下降。

2. 银行开源新通路

供应链金融提供了一个切入和稳定高端客户的新渠道,通过面向供应链系统成员的一揽子解决方案,核心企业被"绑定"在提供服务的银行。通过供应链金融,银行不仅跟单一的企业打交道,还跟整个供应链打交道,掌握的信息比较完整、及时,银行信贷风险也少得多。在供应链金融这种服务及风险考量模式下,由于银行更关注整个供应链的贸易风险,对整体贸易往来的评估会将更多中小企业纳入到银行的服务范围。即便单个企业达不到银行的某些风险控制标准,但只要这个企业与核心企业之间的业务往来稳定,银行就可以不只针对该企业的财务状况进行独立风险评估,而是对这笔业务进行授信,并促成整个交易的实现。

3. 经济效益和社会效益显著

供应链金融的经济效益和社会效益非常突出,借助"团购"式的开发模式和风险控制手段的创新,中小企业融资的收益—成本比得以改善,并表现出明显的规模经济。

4. 供应链金融实现多流合一

供应链金融很好地实现了"物流""商流""资金流""信息流"等多流合一。

(五)供应链金融与传统信贷的区别

供应链金融与传统信贷的区别主要有以下方面:

（1）国外供应链金融注重贸易融资，力图维护供应链稳定，避免核心客户流失，这是国外商业银行的竞争格局导致的。国内供应链金融有明显的新客户导向，以及缓解中小企业融资困境的政策背景，思路并不相同。

（2）对贷款风险控制的重点从单一企业的主体信用评估转变为通过控制供应链运作过程来降低风险，强调贷款的自偿性。为实现对供应链运作过程的控制，单纯依靠银行传统的信贷功能已经无法满足要求，因此，实践中银行通常与掌握供应链信息的物流企业进行合作，双方建立联盟（简称贷方）向有融资需求的供应链企业（简称借方）进行贷款。

（3）传统信贷的评估聚焦于单个企业节点，贷款质量基本上由企业经营情况决定。而供应链金融的风险关键在于链条的稳定性，对于供应链的评价不仅优先，而且更加复杂。譬如供应链节点之间的关系是否"健康"，这一超出经营数据之外的因素在供应链金融中至关重要。

（4）在实现模式上，传统信贷评估的是企业综合信用，这一动态指标相对难以掌握，这也是资产支持型融资成为主流的原因。但供应链金融强调的是交易确定性和资金封闭性，要求资金与交易、运输、货物出售严格对应，对供应链信息流的掌控程度，决定了供应链金融方案的可行性。传统信贷依赖报表和货权，在供应链金融中还要加上动态信息，因为风险已经从单一节点沿着供应链上移。

（5）与一对一的传统信贷相比，供应链金融还附加了核心企业这一变数，其配合意愿、对成员企业的约束力也是影响供应链质量的重要指标。换句话说，既然供应链金融集成了整个链条的信用，那么单一节点的风险也会因此更复杂。

（6）从客户群体来看，传统信贷更注重资产价值，对于所在行业的特征没有严格要求。比较而言，供应链金融对行业运行模式的要求更苛刻。

知识链接

供应链金融——中远物流

中远物流依托中国远洋集团的良好信誉和业界声望，与深发展银行、民生银行等十三家银行结成了战略联盟，以及投身供应链金融服务，为有潜力的客户提供金融信贷支持，扶持了一批中小客户的快速成长。中远物流还在提升和充分挖掘客户价值的基础上，加大与码头运营商的合作力度，首创了"海陆舱"模式，并通过建立多个物流金融专业平台（实体公司），强化了中远物流在码头进出口、远洋运输、船代、货代、报关报检、存储、货物质押贷款监管、公路运输、铁路运输、内贸海运等现有物流业务。在中远物流的示范带动下，中外运、中储、中海、中铁等国有大型物流企业也开始发展类似业务。

二、物流金融与供应链金融的关系

（一）两种融资方式的相关概念

1.物流金融的界定

（1）定义。物流金融是包含金融服务功能的物流服务，指贷款企业在生产和发生物流业务时，其为降低交易成本和风险，通过物流企业获得金融机构的资金支持。同时，物流金融也是物流企业为贷款企业提供物流监管及相应的融资及金融结算服务，使物流产生价值增值的服务活动。物流金融模式如图8-2所示。

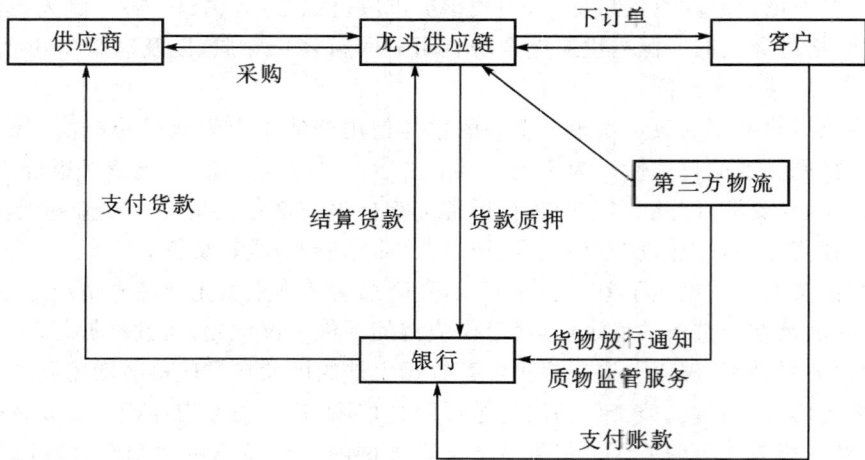

图 8-2　物流金融服务模式

　　图 8-2 为通常意义上的物流金融业务关系,从图中可以看出,物流金融仅为供应链或非供应链的某一贷款企业进行服务,由于仅面向一个企业,此融资方式流程简洁,不存在关联担保,且融资关系简单清楚,风险性小。

　　(2)运作主体。从定义可以看出,物流金融主要涉及三个主体:物流企业、金融机构和贷款企业。贷款企业是融资服务的需求者;物流企业与金融机构为贷款企业提供融资服务;三者在物流管理活动中相互合作、互利互惠。

　　(3)运作模式。根据金融机构参与程度的不同,物流金融的运作模式可分为资本流通模式、资产流通模式及综合模式。其中资本流通模式是金融机构直接参与物流活动的流通模式,包含四种典型模式:仓单质押模式、授信融资模式、买方信贷模式和垫付贷款模式;资产流通模式是金融机构间接参与物流活动的流通模式,其流通模式有两种:替代采购模式和信用证担保模式;综合模式是资本和资产流通模式的结合。

　　2.供应链金融的界定

　　(1)定义。供应链金融指给予企业商品交易项下应收应付、预收预付和存货融资而衍生出来的组合融资,是以核心企业为切入点,通过对信息流、物流、资金流的有效控制或对有实力关联方的责任捆绑,针对核心企业上、下游长期合作的供应商、经销商提供的融资服务,其目标客户群主要为处于供应链上、下游的中小企业,目前供应链金融已应用在了汽车、钢铁、能源、电子等大型、稳固的供应链中,如图 8-3 所示。

　　由图 8-3 可以看出,供应链金融是为某供应链中一个或多个企业的融资请求提供服务,它的出现避免了供应链因资金短缺造成的断裂。在具体融资过程中,物流企业辅助金融机构完成整条供应链的融资,供应链金融模式不同,其参与程度也不同。由于面对整条供应链的企业,金融机构易于掌握资金的流向和使用情况。

　　(2)运作主体。供应链金融主要涉及三个运作主体,金融机构、核心企业和上下游企业。其中核心企业和上、下游企业是融资服务的需求者,金融机构为融资服务的提供者,物流企业仅作为金融机构的代理人或服务提供商,为贷款企业提供仓储、配送、监管等业务。

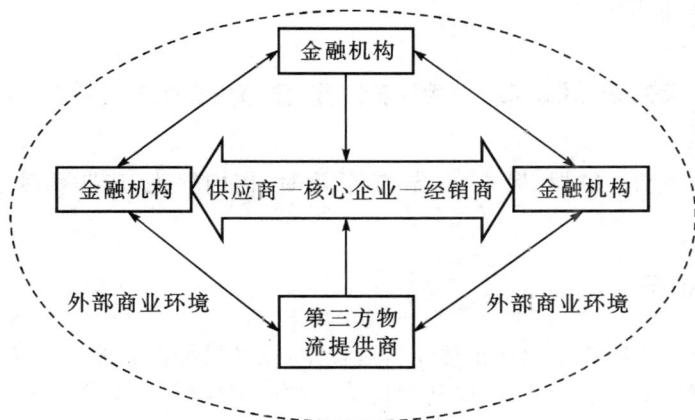

图 8-3 供应链金融构成要素和相互关系

(3)运作模式。从风险控制体系的差别以及解决方案的问题导向维度,供应链金融的运作模式分为存货融资、预付款融资、应收账款融资模式;采取的标准范式为"1+N",即以核心企业"1"带动上、下游的中小企业"N"进行融资活动,"+"则代表两者之间的利益、风险进行的连接。

(二)两种融资方式的区别

1.服务对象

物流金融是面向所有符合其准入条件的中小企业,不限规模、种类和地域等;而供应链金融是为供应链中的上、下游中小企业及供应链的核心企业提供融资服务。

2.担保及风险

开展物流金融业务时,中小企业以其自有资源提供担保,融资活动的风险主要由贷款企业产生。供应链金融的担保以核心企业为主,或由核心企业负连带责任,其风险由核心企业及上下游中小企业产生,供应链中的任何一个环节出现问题,将影响整个供应链的安全及贷款的顺利归还,因此操作风险较大。但是,金融机构的贷款收益也会因整条供应链的加入而随之增大。

3.物流企业的作用

对于物流金融,物流企业作为融资活动的主要运作方,为贷款企业提供融资服务;供应链金融则以金融机构为主,物流企业仅作为金融机构的辅助部门提供物流运作服务。

4.异地金融机构的合作程度

在融资活动中,物流金融一般仅涉及贷款企业所在地的金融机构;对于供应链金融,由于上、下游企业及核心企业经营和生产的异地化趋势增强,因而涉及多个金融机构间的业务协作及信息共享,同时加大了监管难度。

5.融资方式的选择

金融机构正确、合理地为贷款企业选择融资方式是各运作主体收益最大化的前提;若其未详细考察企业的内部经营情况和外部环境,仅凭以往放贷经验盲目地为贷款企业提供融资方案,将导致金融机构降低收益、失去潜在客户群及增加不良贷款,同时,影响贷款企业的生产经营,甚至阻碍所在供应链的发展。

学习单元二　供应链金融的主要业务

供应链金融包括动产质押、保兑仓、先票/款后货、国内保理、应收账款质押、仓单质押等业务。

一、动产质押业务

动产质押业务是指融资企业在正常经营过程中,以其已经拥有的银行认可的动产作质押,交由银行认可的监管企业进行监管,以动产价值作为还款保障,以融资企业成功组织交易后的货物销售回笼资金作为融资企业第一还款来源,偿还银行信贷资金的融资业务。银行提供静态质押和动态质押两种业务模式,静态质押模式下客户必须通过打款赎货的方式提货;动态质押模式下客户可通过以货换货的方式,采用银行认可的新的等值货物置换已质押的货物。其融资产品优势和运作流程如下:

(一)产品优势

对融资企业(核心企业上下游企业)来说,提供了一种新的融资担保形式,降低融资门槛,拓宽了融资渠道;盘活了客户的存货资产,降低了因增加存货带来的资金周转压力;融资品种多样,操作简便灵活。对核心企业来说,稳定与上下游购销关系,强化对上下游企业的控制力度,提升供应链整体竞争力;扩大了产销量及客户群体,提升了行业竞争力和品牌地位;减少直接融资,节约财务成本,优化财务数据。

(二)适用范围

(1)除存货以外缺乏其他合适的(抵)质押物或者担保条件的客户。

(2)客户所持有的存货应所有权清晰,性质稳定,规格明确,便于计量,价格波动不大且易于变现。

(3)核心企业愿意在银行帮助下借助自身信用为供应商和经销商融资提供支持,从而稳定上下游销售渠道。

知识链接

动产质押业务申办流程

1.动产质押业务申办条件

(1)为经工商行政管理机关或主管机关核准登记的企事业法人或其他经济组织。

(2)能够通过银行的债项评级。

(3)拟质押动产为银行已批准开办质押的动产或符合《动产质押业务管理办法》要求的条件。

(4)核心企业已经银行认定或符合《动产质押业务管理办法》要求的条件。

(5)信贷用途符合国家法律法规相关规定和银行规定。

2.客户需提供的资料

客户除需要提供银行授信业务的基础资料外,还需提供如下资料:

(1)动产质押业务申请书。

(2)表明融资企业对动产拥有所有权、处分权证明(购销合同、付款凭证、发票等),及同意质押的有关文件、材料。公司作为出质人的,应根据其公司章程要求,提供由股东会或董事会出具的同意质押的决议。

(3)提供质物清单,包括品种、规格、数量、生产厂商、进货价格、国家许可生产或进口证明、质量合格证明、产品说明书等。

(4)最近两个年度与核心企业的购销合同、发票等过往交易记录。融资企业为核心企业下游经销商的,还应提供核心企业对于经销商的准入、退出机制,以及认定为核心企业经销商的证书等相关材料。

3.动产质押授信流程

(1)在银行、客户、监管方三方鉴定《仓储监管协议》的前提下,客户向监管方交付抵押物。

(2)银行对客户进行授信。

(3)向银行追加保证金(或补充同类质物)。

(4)银行向监管方发出发货指令。

(5)监管方发货。

二、标准仓单质押融资业务

标准仓单质押融资业务是指银行以借款企业自有或有效受让的标准仓单作为质押物,根据一定质押率向借款企业发放的短期流动资金贷款。在借款企业不履行债务时,银行有权依照《中华人民共和国担保法》及相关法律法规,以该标准仓单折价或以拍卖、变卖该仓单的价款优先受偿。

三、先票/款后货

先票/款后货是基于核心企业(供货方)与经销商的供销关系,经销商通过银行融资提前支付预付款给核心企业并以融资项下所购买货物向银行出质,银行按经销商的销售回款进度逐步通知监管企业释放质押货物的授信业务。

四、保兑仓业务

保兑仓是指以银行信用为载体,以银行承兑汇票为结算工具,由银行控制货权,卖方(或仓储方)受托保管货物并对承兑汇票保证金以外金额部分由卖方以货物回购作为担保措施,由银行向生产商(卖方)及其经销商(买方)提供的以银行承兑汇票的一种金融服务。

五、国内保理业务

国内保理是指保理商(通常是银行或银行附属机构)为国内贸易中以赊销的信用销售方式销售货物或提供服务而设计的一项综合性金融服务。卖方(国内供应商)将其与买方(债务人)订立的销售合同所产生的应收账款转让给保理商,由保理商为其提供贸易融资、销售分户账管理、应收账款的催收、信用风险控制与坏账担保等综合性金融服务。

六、应收账款质押

应收账款质押是指融资企业以合法拥有的应收账款质押给银行,银行以贷款、承兑等各种形式发放的、用于满足企业日常生产经营周转或临时性资金需求的授信业务。

知识链接

供应链金融服务商——深圳发展银行

深圳发展银行是国内最全面最专业的供应链金融服务提供商,无论企业处于供应链的任何环节,深圳发展银行都有融资解决方案,丰富的贸易融资产品可以全方位地满足广大流通企业、生产企业的贸易融资需求。深圳发展银行的"1+N"供应链服务方案,渗透到以核心企业为中心的产、购、销各个环节,操作品种涉及粮食、汽车、有色、钢材、煤炭、矿石、油品、木材、化工等行业。这种融资方案既包括对供应链单个企业的融资,也包括该企业与上游卖家或下游买家的段落供应链的融资安排,更可覆盖整个"供—产—销"链条提供整体供应链贸易融资解决方案。

深圳发展银行的贸易融资产品分为三大类,即预付类融资、存货类融资和应收类融资。

一、预付类融资

预付类融资主要包括,即先票后货标准模式、先票后货担保提货模式、未来货权质押开证模式(国际信用证、国内信用证)、商票保贴等。

1. 先票后货标准模式

先票后货标准模式是一种授信项下对未来货权的监管和质押模式,由银行先行开出银行承兑汇票(或贷款、商票保贴函、信用证等等),并对整个采购过程实施封闭运作,严格控制在途货物单据,当授信资金项下的货物到达后,形成现货抵(质)押。

先票后货标准模式主要适用于现有库存不足的经销商,主要解决企业预付款和在途货物的资金压力。

2. 先票后货担保提货模式

先票后货担保提货模式与先票后货标准模式的不同之处在于,厂商见银行指令发货,货物无须抵(质)押,直接发送给经销商,减少中间仓储环节,加快周转速度。

3. 信用证项下未来货权质押模式

信用证项下货权质押模式是指利用信用证的有条件付款特征和其他相关措施控制未来货权的模式,在货物到达之前以提单等物权凭证作为质押标的,待货物到后转为现货抵(质)押。

国际信用证项下未来货权质押模式主要解决进出口企业因自身规模实力限制或缺乏担保而出现的融资困难。国内信用证项下未来货权质押模式主要解决上游企业的实力较弱和陌生交易资信不透明问题,引入银行公信力,促进交易完成。

二、存货类融资

存货类融资主要包括现货抵(质)押模式、标准仓单质押模式、非标准仓单质押模式等。

1. 现货抵(质)押模式

现货抵(质)押模式是指受信客户先将自己合法拥有的动产或货权进行抵(质)押,银行经审核确定抵(质)押物所有权明确、数量或价值充足、抵(质)押手续有效后,通过开立银行承兑汇票或流动资金贷款等方式向企业提供融资支持的业务。要求受信企业在监管仓库保有一定的最低库存量,入库自由;实际库存量如果高于最低存量,多余部分可以自由出库;最低存量临界点以下的货物出库,必须补足相应的保证金。

现货抵(质)押模式适用于正常经营情况下保有一定的存货量的企业,主要解决企业库存所占用的资金。

2.标准仓单质押模式

标准仓单质押模式是指以期货交割仓库出具的标准仓单作为质押向银行融资的业务。该模式适用于棉花、大豆、有色金属等期货交易所认可的大宗商品经销商。

3.非标准仓单质押模式

非标准仓单质押模式是指以具备出单资格的仓储公司出具的非标准仓单作为质押向银行融资的业务。

三、应收类融资

应收类融资主要包括国内保理、池融资、信用保险项下国内保理、出口双保理、离在岸联动出口保理、融资租赁保理业务、国内保理业务商业汇票结算方式等。

1.国内保理业务

国内保理指深圳发展银行受让国内卖方因向另一同在国内的买方销售商品或提供服务所形成的应收账款,并在此基础上为卖方提供应收账款账户管理、应收账款融资、应收账款催收和承担应收账款坏账风险等的一系列综合性金融服务。该业务主要解决企业应收账款问题。

2.池融资业务

池融资是深圳发展银行首创的融资理念,具体应用是将企业日常、琐碎、零散、小额的应收款、背书商业汇票、出口退税申报证明单据等积聚起来,转让给深发展,深发展为企业建立相应的应收账款"池",并根据"池"容量为企业提供一定比例的融资,企业可随需而取,将零散应收账款快速变现。

深发展"池融资"业务包括出口发票池融资、票据池融资、国内保理池融资、出口退税池融资、出口应收账款池融资五大业务内容,全面系统地为盘活企业应收款、融通资金链构筑了多维通道。

3.离在岸联动出口保理业务

离在岸联动出口保理业务秉承了深圳发展银行供应链金融的理念,把在岸到离岸再到海外用户这条供应链整个纳入服务范围,以全程的应收账款债权转让为基础,为离岸公司提供信用担保,为在岸公司提供应收账款融资。

4.融资租赁保理业务

融资租赁保理是在融资租赁行业的创新应用,其产品功能是,在租赁公司将融资租赁服务产生的未到期应收租金转让给银行的基础上,银行为租赁公司提供应收账款账户管理、应收账款融资、应收账款催收和承担应收账款坏账风险等一系列综合性金融服务。据了解,此产品将使融资租赁市场的各参与方同时受益,是深发展基于融资租赁行业而针对性研发的全新金融服务模式。

5.国内保理业务商业汇票结算方式

国内保理业务商业汇票结算方式是指在国内保理业务项下,若企业交易采用先赊销后支付商业汇票方式结算,深发展可以"赊销账期＋商业汇票期限"作为卖方企业的账期,给予企业更长的融资期限。在取得商业汇票后,深发展还能为卖方企业提供方便灵活的处理,企业既可以选择到深发展办理票据贴现,并以贴现款项归还银行融资;也可以将商业汇票背书转让给深发展,由深发展进行到期托收,并以托收款项来归还融资。

6.信用保险项下国内保理业务

信用保险项下国内保理是指国内卖方企业在投保信用保险的前提下,深圳发展银行受让其因向另一同在国内的买方销售商品或提供服务所形成的应收账款,并在此基础上为卖方提供应收账款账户管理、应收账款融资、应收账款催收和承担应收账款坏账风险等的一系列综合性金融服务。

学习单元三　供应链金融风险管理

一、供应链金融主要风险类别

供应链金融作为一种针对中小企业的结构性金融创新,在运作模式上具有参与主体多元化、资金流动封闭化、强调动产担保物权等一系列特征,供应链金融业务的风险主要集中在以下四种。

(一)政策风险

国家政策的变化会影响相关行业的整个产业链。当进行产业结构的调整时,国家会出台一系列政策,支持或限制某个产业的发展。国家出台政策限制一个产业发展,这个产业链从源头到最后的零售商都会受到影响,或生产规模缩小、或价格被迫上限。如果银行选取了这条产业链上的核心企业开展了供应链融资业务,那么相关信贷业务都会被波及。

(二)操作风险

供应链金融业务是以对资金流、物流的控制为基础的,这其中贷后操作的规范性、合法性和严密性是贷款能否收回的重要保障,所以供应链金融业务的操作风险远大于传统业务。

(三)市场风险

由于在供应链金融业务中,作为贷款收回的最后防线的授信支持性资产多为动产,且根据供应链所属行业不同,动产种类也很多。这些动产的价格随市场供需的变化而波动,一旦贷款的收回需要将这些资产变现,而价格处在低谷,就给银行的供应链金融业务带来了市场风险。这种以动产为保障的信贷模式的市场风险在整体业务风险中所占比例也较高。

(四)供应链金融业务特殊风险

供应链金融业务与传统信贷业务相比有一些不同的特质,构成了供应链金融业务特殊风险的起因。首先,受信企业具有产业链相关性。供应链金融的授信对象是在一条供应链上的企业,以大客户为核心,而以它的上下游为扩展。这条供应链上的一系列企业在产业经济学意义上被定义为具有产业相关性的企业。给具有产业相关性的企业发放贷款是具有连带的信用风险的,这是因为供应链上任何一家企业的问题将通过供应链传导给整个链上的企业。且银行现阶段发展的供应链受信对象多集中在几个大型的产业链上,如汽车业、医疗器械类、电力类等。当这些大型产业链上的任意一个重要结点发生使银行撤出资金的风险问题时,不仅银行在链上其他企业的授信业务会受到影响,甚至整个产业链的发展也会受到波及。其次,供应链上主要受信企业规模较小。在传统的信贷业务中,银行偏向于选择大型信用评级较高的企业作为授信对象。而在供应链金融业务中,最需要资金支持的往往不是一条供应链上的核心企业,而是其上下游的供应商、分销商等相对小的企业。由于中小企业在供应链中处于买方或卖方的劣势地位,流动负债在其报表中所占份额很大。银行给这些中小企业放贷,面临着授信对象规模小、信用评级历史短或有空缺的情况,相较规模大的企业而言风险较大。最后,银行授信以交易为基础决定其风险与传统业务不同。供应链金融是基于企业间的实质性交易来发放贷款的,这就决定了交易的可控性、真实性成为贷款能否收回的重要保障。传统业务中,银行会将目光放在企业的评级、财务状况上,不会对企业的每笔交易都做调查。而供应链金融业务中,授信因交易而存在,如果企业造假交易信息而银行又没有及时发现,就会产生巨大的信用风险。在控制企业的交易过程中,银行也容易处于被动地位,所以说授信以交易为基础给银行信贷带来了与传统信贷不同的风险。

二、供应链金融业务的风险管理

(一)供应链金融业务的风险管理流程

供应链金融业务风险管理流程与传统业务一样分为风险识别、风险度量和风险控制,但是侧重点不同。

风险识别是风险管理工作的第一步,也是风险管理的基础。在这个过程中,银行对可能带来风险的因素进行判断和分类。这部分做法和传统信贷业务基本一致,但识别风险时,要注意与传统业务风险种类的区别。

风险度量则是运用定量分析的方法分析与评估风险事件的发生概率。传统信贷业务有开展多年积累的数据基础,各银行都有完备的数据库,量化分析时有比较成熟的模型。而供应链金融业务是一个比较新的金融服务领域,数据积累少,且客户群中小企业较多,所以目前并不具备量化模型评估的条件。这就要求银行在供应链金融业务风险度量时注意数据的积累,逐步推进风险量化与模型构建。

风险控制指银行采取相应措施将分析结果中的风险控制在一定范围之内。通常意义上,银行对于风险可采取的措施包括风险回避、风险防范、风险抑制、风险转移和风险保险等。在我国供应链金融业务中,风险转移和保险还很不普遍,风险防范和风险控制主要通过操作控制来完成,因此风险控制在风险管理中是很重要的步骤。

(二)供应链金融业务风险管理措施

1.创建独立的风险管理体系

供应链金融信贷业务具有与传统信贷业务不同的风险特征,所以在对其进行风险管理时,要创建独立的风险管理体系。把供应链金融业务的风险管理系统独立出来,可以使风险管理系统的整体运行更有效率。不要用传统的财务指标来约束供应链金融信贷业务的发展,要引入新的企业背景与交易实质共同作为评判因素的风险管理系统。

2.供应链核心企业的选择管理

供应链金融的风险管理首先是供应链中核心企业的选择问题。为了防范核心企业道德风险,银行应设定核心企业的选择标准。

(1)考虑核心企业的经营实力。如股权结构、主营业务、投资收益、税收政策、已有授信、或有负债、信用记录、行业地位、市场份额、发展前景等因素,按照往年采购成本或销售收入的一定比例,对核心企业设定供应链金融授信限额。

(2)考察核心企业对上下游客户的管理能力。如核心企业对供应商、经销商是否有准入和退出管理;对供应商、经销商是否提供排他性优惠政策,比如排产优先、订单保障、销售返点、价差补偿、营销支持等;对供应商、经销商是否有激励和约束机制。

(3)考察核心企业对银行的协助能力。即核心企业能否借助其客户关系管理能力协助银行加大供应链金融的违约成本。

3.物流企业的准入管理

在供应链金融风险管理中,物流企业的专业技能、违约赔偿实力以及合作意愿三项是起着决定作用的关键指标。其中,专业技能和违约赔偿实力两项指标分别关系到供应链金融的违约率和违约损失率,可以进一步细化这两项指标,采用打分法形式对物流企业进行评级和分类。对于合作意愿指标,除了考虑物流企业与银行合作的积极性,还应考虑物流企业具体业务操作的及时性,以及物流企业在出现风险时承担相应责任的积极性。根据上述三项指标筛选的物流企业应能在链接供应链有序运转的同时,协助银行实现对质押货物的有效监管;在出现风险时发挥现场预警作用,将质押货物及时变现,最大程度地降低银行供应链金融违约损失率。

4.中小企业担保物权的认可管理

在供应链金融中,中小企业的预付账款、存货、应收账款,作为授信的支持性资产,是较为典型的三类广义动产担保物权。银行在选择适合的动产担保物权时,要根据不同种类,设定相应的认可标准。

对于应收账款,需要具备如下特征:

(1)可转让性,即应收账款债权依法可以转让;

(2)特定性,即应收账款的有关要素,包括额度、账期、付款方式、应收方单位名称与地址、形成应收账款的基础合同、基础合同的履行状况等必须明确、具体或可预期;

(3)时效性,即应收账款债权没有超出诉讼时效或取得诉讼时效中断的证据;

(4)应收账款提供者的适格,通常要求应收账款提供者具备法律规定的保证人资格。

对于存货,应满足如下要求:

(1)权属清晰,即用于抵质押的商品必须权属清晰;

(2)价格稳定,即作为抵质押物的商品价格不宜波动剧烈;

(3)流动性强,即抵质押物易于通过拍卖、变卖等方式进行转让;

(4)性质稳定,即谨慎接收易燃、易爆、易挥发、易渗漏、易霉变、易氧化等可能导致抵质押物价值减损的货物。对于预付账款,即取得未来货权的融资,除了应考虑上述存货的选择要求外,还应考虑供应链金融的具体模式、上游核心企业的担保资格等因素。

5.借贷机构的内部控制管理

在国内银行当前技术手段和管理结构背景下,商业银行应在地区或城市分行层次设置供应链金融的集中操作平台,以统一对不同客户服务的界面,保证操作的规范性,促进产品的标准化。虽然在个性化服务方面可能难以完全顾及,但是分行层次的集中操作,可以避免支行的重复劳动,取得操作的规模经济,有利于及时、准确执行新的操作政策,避免政策传导的时滞和疏漏。同时,由于贷后操作环节在供应链金融风险管理中至关重要,实施集中操作的商业银行要明确界定分支行间的贷后管理责任,为支行贷后管理的信息登记与咨询提供便利渠道,以便跟踪保兑仓融资模式下的到货情况、融通仓融资模式下的赎货情况、应收账款融资模式下的货款回笼情况,及时比对操作平台提供的信息和贷后管理获取的信息,发现受信企业经营活动异常的蛛丝马迹,对抵质押物采取保全措施,提高受信企业的违约成本,实现供应链金融项下银行债权。

6.供应链金融风险评估模型的构建

在发展供应链金融业务的同时,也要注意信用评级系统数据库中数据的逐步积累。当今银行风险控制的发展趋势是数量化、模型化,供应链金融作为一项新的信贷业务,风险评估模型更是不可或缺,而构建完善模型的基础就是具有代表性数据的收集。所以银行要注意投入物力、人力开发供应链金融风险的评估模型,使此业务今后的风险管理成本减少、更有效率。

7.专业的供应链融资操作队伍的组建

开展供应链金融业务不仅需要掌握传统融资的方法与技巧,更需要具备创新型融资的知识与技能,以及深层次的从业经验。从事供应链融资,需要对产品特性的深入了解,也需要有卓越的风险分析能力与交易控管能力,以使银行能够掌控供应链金融业务风险。

学习单元四 供应链融资担保

在我国,信用体系建设落后于经济发展速度,金融机构不良资产过大,企业之间的资金相互拖欠严重,三角债盛行,市场交易因信用缺失造成的无效成本巨大。社会信用体系建设是一个庞大的社会系统工程,不可能一蹴而就,因此构建供应链融资下的担保体系,委托第三方专业担保机构负责担保的外包担保替代传统信用担保已成为一个必然发展趋势。展望未来,我国现行供应链融资方案将长期存在,进一步优化和完善现有供应链融资方案的设计需要,供应链融资担保作为一种创新型服务产品应运而生。

一、融资担保分析

供应链融资方案中,银行通过"巧用强势企业信用,盘活企业存货,活用应收账款"三大路径将中小企业融资的风险化于无形,通过供应链融资的组合,却把原来中小企业融资难的三大障碍"信用弱、周转资金缺乏、应收账款回收慢"解决了,从而使这一模式具有低风险的存在基础。供应链融资担保是实现了银行、供应商、采购商、担保机构四方共赢的融资担保方案。

1.银行

通过融资担保,银行可以有效防控风险,拓展优质中小企业客户群,实现公司业务联动,拓宽零售信贷发展空间,还可以提升重点客户服务水平,巩固重点客户银企关系,实现结算资金体内循环,提高银行综合收益。

2.核心企业

核心企业和供应商实行的是相互合作、共荣共生的关系。一方面,核心企业依赖于供应商提供优质的商品服务,同时,以日益增多的商业利润不断地扩大经营规模,另一方面,供应商又依赖于核心企业销售其商品,以腾出资金和赚取利润来扩大生产规模,进行可继续的发展。合作双方为了争取最大的利润空间,有时又相互矛盾。核心企业与供应商的对抗,对企业的长期发展是很不利的,必将从相互制约、互有所图的关系向新型的相互合作、共生共荣的双赢伙伴关系发展。核心企业将会对供应商给予一定的扶持和相关的资金帮助。供应链融资将切实帮助核心企业扶持其供应链中的供应商。

3.供应商

供应商作为供应链融资服务的受益者是显而易见的,利用应收账款自偿,做到借一笔、完一笔、还一笔,自贷自偿。首先,从银行获得相应的融资帮助企业解决了贷款难的问题,解决了资金问题,有利于其可持续发展。其次,企业加快了资金使用的效率,赚取更多的利润。

4.担保公司

担保公司在其间提供了新型的服务担保,获取了相关的收益。服务担保是指金融机构提供的综合融资服务项目,包括资产评估、财务服务与分析、不良资产处理等一系列融资服务。鉴于当前的银行资源、客户、风险、政策等综合性情况,银行希望并需要担保公司能提供配套的相关服务担保等一系列的融资金融服务来配合银行的核心工作。中小企业群体根据自身的条件也希望有担保公司配合来完成其对发展资金的需求。

二、供应链融资担保的难点

供应链融资担保是集合了四方一起的新型金融服务。由于涉及面广泛,企业沟通繁琐,且每个具体的供应链都有其独特的情况,这给担保公司在其间参与设置了各方面复杂的障碍。具体有以下几点:

1.供应链的寻找

供应链的寻找也即是核心客户的寻找,所有的融资都是以一个供应链的核心企业为中心连接点。核心企业是在一个行业内的知名企业,如上市公司或者中国五百强企业。核心企业的资本实力雄厚,财务信用状况良好,业务链庞大,有多个企业围绕在其旁边与其形成一个完整的供应链系统。而往往核心企业凭借其实力在与供应商合作的时候在资金结算方面都有一定的优势,表现在有一定时间的账期,这样势必占用供应商的资金资源,造成供应商资金出现问题,有相应程度的融资需求。

2.核心企业的意愿

核心企业是供应链系统的连接点,也是供应链融资系统的关键,对供应商扶持的意愿是供应商是否能融资的关键。在整个融资方案中,核心企业愿意为其供应商提供相应的保证,确认供货单证及其承担相应的费用等责任都关乎整个融资服务。因此,获取核心企业的支持就变得特别重要,且核心企业为此项融资愿意付出的代价也相当重要。

3.资金提供

银行在融资服务中是整个融资服务的资金提供者,根据核心企业与供应商的信用状况,结合自身的人力资源及资金状况,会考虑是否融资、融资额度多少以及是否需要担保公司的介入,也是供应链融资担保的一个重要方面。银行针对核心企业信用资质特别好的,且供应商的企业资质银行也能认可,核心企业在融资中愿意付出的代价也相对比较低,结合融资的难易度,银行可能觉得没有必要引入担保公司进行相关的担保金融服务;银行针对核心企业信用资质很好,但供应商的企业资质一般,或者核心企业的信用资质一般,在这几种情况下,银行可能会非常愿意担保公司参与降低银行风险。因此,核心企业的选择,银行的交流,权衡利益风险的谈判沟通变得也很重要。

4.融资成本

供应商是整个供应链融资的资金获得者。供应商获得相应的资金支持最关键的是融资成本问题,如果融资成本供应商能够接受,启动供应链融资担保就不是问题。

三、供应链融资担保的应用模式

供应链融资担保开展业务可以采用由核心企业辐射供应商的模式,也可以通过供应商入手切入核心企业的模式,如图 8-4 所示。

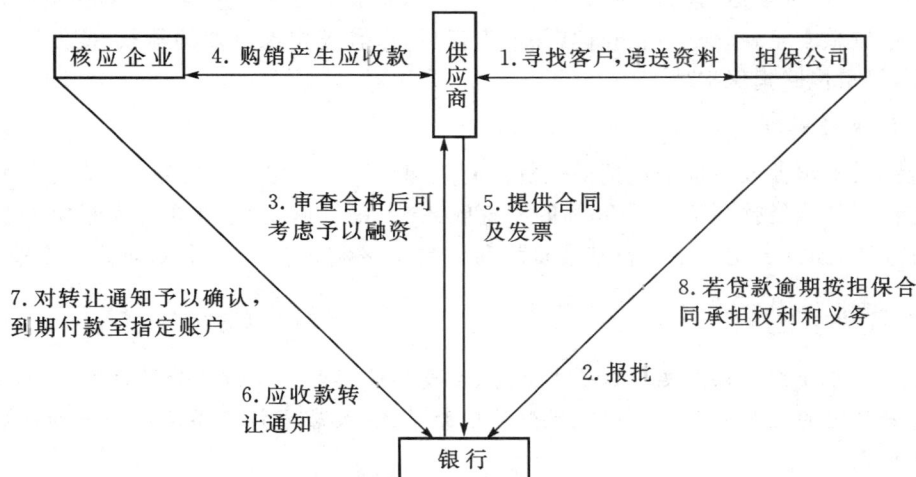

图 8-4 供应链融资担保各方关联关系及流程

1.前期接洽

(1)针对核心企业的寻找,可通过报刊、杂志、电视、网络等媒体资源,寻找具备核心企业资质的相应企业信息,了解相关的供应链,通过电话营销(主要是采购部、财务部等主要部门)介绍相关的供应链融资服务,获取与企业当面会谈的机会。

(2)在与核心企业会谈中,应详细了解相关的供应链信息,主要包括供应链金额、账期等付款结算方式、对相关供应链中相关企业的支持度等与项目相关的信息。经过协商,获取核心企业的相应支持及其相关条件。

（3）与银行协商，详细介绍相应的供应链企业信息，获取银行融资额度的相关支持。

（4）在三方协商一致的条件下，签订《三方供应链融资框架协议》。

（5）在《三方供应链融资框架协议》的支持下，通过核心企业提供的相关信息与供应商进行联系融资项目，有意向者收集融资所需要的企业资料并签订相关的供应链融资担保协议和协助企业办理相关法律登记手续。

（6）整理供应商资料报银行审批。

2. 中期执行

供应商融资资料报送银行后，应及时与银行保持联系，互通相关审批信息，及时按照银行要求完成相应的补充资料等工作，并将相关信息反馈给供应商。待融资审批成功后，根据协议收取相关费用，并按照协议内容完成相应的供应链客户管理等工作。

3. 后期跟进

（1）融资合同到期前，定期回访客户，做好融资执行过程中的衔接工作，确实保证按合同顺利进行，并做好相应的风险控制。

（2）融资合同到期时，督促企业还款，务必做到"借一笔、完一单、还一笔"，定时与企业联系，定期对企业回访，了解其贷款使用情况、企业的生产、经营状况，并督促客户及时按约定还款等事宜，对申请人进行监督。

（3）融资合同到期后，被担保企业按合同约定到期偿还贷款本息，项目终止；被担保企业未能到期偿还贷款本息，担保公司履行其保证责任后，享有被担保企业的债权，应及时对该企业进行催收，尽量挽回担保损失。

4. 担保收费标准

供应链融资担保收费标准包括银行贷款利息佣金及企业担保费两部分。其中银行贷款利息佣金为银行基准贷款利率上浮30%的利息收入，由银行返还；企业担保费根据担保公司审批的条件收取，原则上也等于银行基准贷款利率的30%利息收入，银行放贷之日企业收取。

情境小结

本情境首先介绍了供应链金融基本概念、主要构成因素及与物流金融的关系，然后介绍了供应链金融目前的主要业务内容以及风险管理的措施，最后分析了供应链融资担保的操作难点和应用模式。

实训项目

1. 训练目标：通过多个供应链金融实例的分析和经验教训的总结分享，进一步了解供应链金融的业务内容、构成要素、主要风险及如何降低风险等。

2. 训练内容：到各网站搜集供应链金融成功和失败的案例，分析供应链物流金融成功的构成要素，存在的主要风险及降低风险的主要措施，并对供应链金融的发展前景进行展望，发表自己的看法。

3. 实施步骤：

（1）借助于网络搜集典型的供应链金融的案例；

（2）以4~6人小组为单位进行操作，并确定组长为主要负责人；

（3）搜集资料,将各个环节操作流程、内容和工作要点填入下表,完成工作计划表;

序号	工作名称	工作内容	工作要点	责任人	完成日期

（4）组织展开讨论,探讨供应链物流金融成功的构成要素、存在的主要风险、降低风险的主要措施、供应链金融的发展前景等;

（5）整理资料,撰写总结报告并制作PPT进行汇报。

4.检查评估:

能力		自评 (10%)	小组互评 (30%)	教师评价 (60%)	合计
专业能力 (60分)	1.调查结果的准确性(10分)				
	2.业务内容的准确性(10分)				
	3.业务流程操作的准确性(10分)				
	4.调查表格或调查提纲设计的合理性(10分)				
	5.总结报告的撰写或PPT制作(20分)				
方法能力 (40分)	1.信息处理能力(10分)				
	2.表达能力(10分)				
	3.创新能力(10分)				
	4.团体协作能力(10分)				
	综合评分				

思考与练习

1.简述供应链金融与传统信贷的区别。

2.简述供应链金融的主要业务内容。

3.供应链金融的主要风险类型及降低风险的主要措施。

4.简述供应链融资担保的应用模式及主要流程。

学习情境九

物流金融服务创新

学习单元一　快递企业融仓配一体化服务

我国快递企业经过近二十年的发展,已经初步搭建起了全国范围的服务网络,但快递企业间服务同质化严重,往往采取低价的方式来吸引客户,客户依赖度低,企业利润薄,使得企业不具备可持续发展的能力。同时面对着来自电商企业自建物流和国外物流企业的双重竞争压力,国内电商企业如京东早在2010年就开始布局物流网络,截至2015年已在全国建立了100多个仓储设施,并且其在建设的时候就将仓储、配送等物流作业环节融合在一起。国外如亚马逊通过其雄厚的资金和管理经验,迅速在国内布局物流服务网络。京东和亚马逊都是电商企业,为了提升网络购物体验,更好的掌控物流环节,跨界建设物流体系,在为自身平台上的电商企业提供仓储、配送一体化物流服务的同时也面向其他电商平台客户,虽然目前他们的配送范围只能到达一、二线城市,但也对快递企业形成有力的冲击。而且随着网络购物体验要求越来越高,电子商务企业规模越来越大,竞争越来越激烈,传统电商物流模式,仓储由电商企业或第三方仓储物流企业负责,配送则交由快递企业运作,仓储、配送脱节的物流运作模式已不能满足当前电商企业和网络购物体验的发展需求。所以,迫切需要有能够提供仓储、配送一体化运作的综合电商物流服务供应商。面对来自客户的服务需求升级和国内外其他企业的竞争压力,倒逼快递企业不得不进行转型升级。

一、电商物流服务模式分析

随着电商企业规模越来越大,竞争越来越激烈,迫切需要一个能为其提供仓储、配送、结算和融资的一体化物流服务供应商,而将其更多的资金、时间和资源放在核心竞争力上如商品营销、网站运营与管理和大数据分析等。以电商企业为主要客户的快递企业在自身转型升级时首先应考虑以电商物流为切入点,了解电商企业的服务需求,为其提供综合一体化服务解决方案,提升电商企业与快递企业间的协同度。面对电商企业物流服务需求的变化,快递企业应积极拓展服务内容,延伸服务链条,从原来单纯的配送、代收货款环节延伸到仓储、融资等环节。

(一)仓配一体化电商物流服务模式分析

仓配一体化服务是指快递企业为电商企业提供仓储和配送一体化服务解决方案,其具体的运作模式是首先由电商企业向生产商或供应商发出采购信息,货物直接由供应商发往就近的快递企业的仓储设施,由快递企业负责货物的检验,然后入库并将入库信息反馈给电商企业,电商企业根据历史销售数据和商品页面浏览数据等信息计算出不同区域城市的销售比例并向快递企业发出调仓指令,将货物发往离客户较近的仓储设施实施在库管理,当客户下单订购时,电商企业及时将订购信息通过系统传递给快递企业,快递企业在接到订单后进行电子面单打印、分拣、精细加工、包装、配送、退换货处理等实体物流服务,如果客户选择的是货到付款,则由快递公司代为收取货款并在规定的时间内转账给电商企业,具体操作流程如图 9-1 所示。

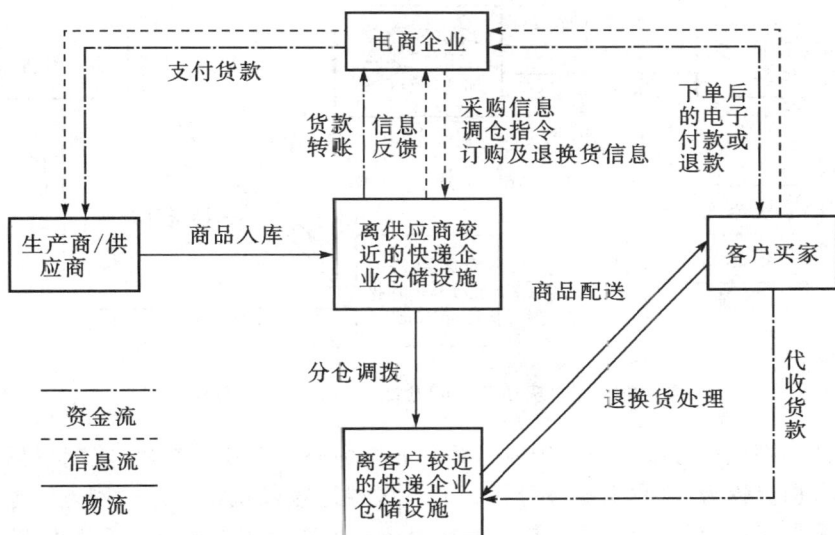

图 9-1 快递企业仓配一体化运作流程图

(二)融仓配一体化电商服务模式分析

针对有一定合作基础、产品销路好、有融资需求的电商企业,快递企业可以为其提供仓配+融资服务即融仓配一体化服务。具体运作模式为首先由电商企业向生产商或供应商发出采购信息,货物直接由生产商或供应商发往就近的快递企业的仓储设施,由快递企业负责货物的检验,并代电商企业向供应商支付货款,然后入库并将入库信息和货款支付信息反馈给电商企业,电商企业根据历史销售数据和商品页面浏览数据等信息计算出不同区域城市的销售比例并向快递企业发出调仓指令,将货物发往离客户较近的仓储设施实施在库管理,当客户下单订购时,电商企业及时将信息通过信息系统传递给快递企业,快递企业在接到订单后进行电子面单打印、分拣、精细加工、包装、配送、退换货处理等实体物流服务。如果客户是通过互联网方式完成支付,则电商企业需在规定的时间内向快递企业偿还垫付的货款,如果客户选择的是货到付款,则由快递公司将代为收取的货款抵扣垫付的货款,具体操作流程如图 9-2 所示。

二、融仓配电商物流服务模式特征分析

(1)从图 9-1、图 9-2 中可以看出,电商企业只负责信息处理,主要将供应商的采购信息、客户的订购及退换货信息和调仓信息通过信息系统传递给快递企业,商品的物流作业完全交由第三方物流企业完成,电商企业可以将更多的资源放在核心竞争力上。

(2)优化了传统快件流转的作业流程,降低了成本。传统电商快件寄递流程为:客户下

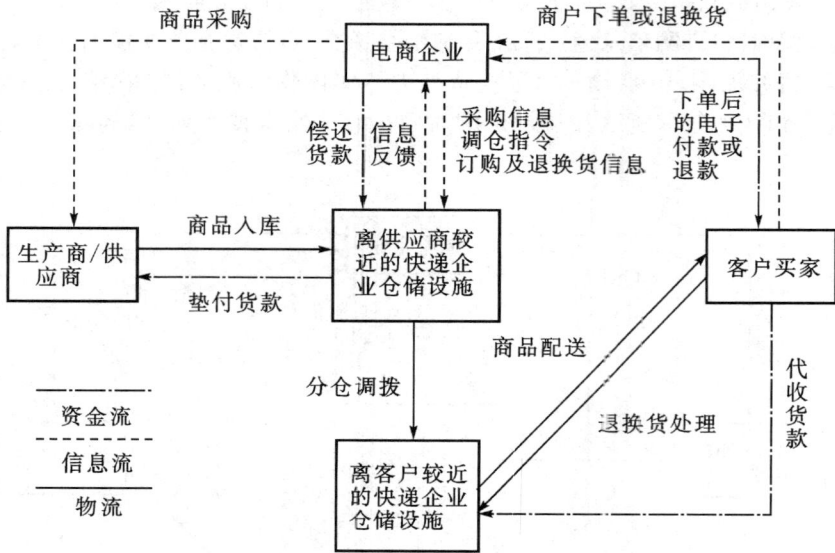

图 9-2　快递企业融仓配一体化运作流程图

单一上门取件—网点—分拨中心—干线运输—分拨中心—网点—客户,仓配一体化操作模式下电商快件寄递流程为:客户下单—分拨中心—区域运输或城市配送—网点—客户。仓配一体化操作模式下通过大数据分析,将商品提前设置在离买家更近的仓储设施内,省去原来客户下单后的取件和干线运输环节,节省了投递时间并且原来的异地件可能变成现在的同城件,降低了电商企业的投递成本。流程的优化缩短了商品到客户处的时间,降低了成本进而提升了客户网络购物的服务体验。

(3)在融仓配服务模式中,可以为有需求的电商企业提供融资服务,快递企业可以通过垫付货款的方式间接实现为电商企业融资,商品的流转始终处于快递企业的监控下,并且针对部分货物的货到付款方式,快递企业可将收取的货款直接抵扣垫付的货款,快递企业风险较低。

(4)增加了客户的黏性,融仓配一体化服务为客户提供融资、仓储、配送等综合的一体化服务解决方案,不再像过去只提供单个环节的服务,增加了客户的依赖度。

快递企业在服务电商企业时有其天然优势:首先,一些大型快递企业如顺丰、四通一达等先前就积累了大部分电商客户,虽然这些客户黏度不高,但这些快递企业还是在电商物流中形成一定的口碑和知名度;其次,这些快递企业有着全国范围内的配送服务网络,可以依托原有的配送服务网络,建设节点仓储设施,并将仓储和配送环节有效的衔接起来。同时针对有资金需求的电商企业,快递企业可以以仓储环节为保障,为电商企业开展融资服务。

三、快递企业拓展融仓配一体化服务策略分析

快递企业开展融仓配一体化服务,关键是仓储设施网络的搭建、仓储运作的设计和充足的资金支持等。

(一)仓储设施网络规划

快递企业为电商企业提供仓储服务,应首先规划快递公司的仓储设施网络(主要指仓库)。

规划要素包含一级区域配送仓库(CDC)、二级区域配送仓库(RDC)、配送中心仓库(DC),规划内容包括不同区域内的仓储中心的数量、各级仓储中心的地理位置、各级仓储中心的规模等。

快递企业仓储设施建设有两种形式,具体如下:

(1)拓展仓储服务,可以直接利用原有的分拨中心,依附于原有分拨中心建设与分拨中心运作能力相匹配的仓储设施。快递企业分拨中心主要功能是快件短时间的集结、分拣和中转等物流作业,中转库面积较小并不具备储存大量商品的功能。可选择对其进行直接扩容的方式拓展仓储服务,这样做得好处是客户下单后,商品直接进入分拣、配送环节,实现仓储、配送环节的无缝对接,节省人力物力,如果没有预留地,可选择在分拨中心的周围建设仓储设施。

(2)另行选址,重新建设具有仓储、分拨和配送功能的分拨中心,需要分析电商行业的销售数据,合理规划区域,选择节点城市重新建设仓储设施,以仓储设施网络为导向,重构原有的配送网络。例如,结合我国行政区域,可以将全国划分为七大区域,在区域内交通便利、经济发达等节点城市建设一级区域配送仓库,主要功能是商品仓储、分拣、跨区域调仓和配送等功能。在各省会或各省内重要节点城市或直辖市建设二级区域配送仓库,主要负责商品存储、分拣、省内调仓和配送功能,在省内重要节点城市建设配送中心仓库,主要覆盖区域为省内二、三、四线城市和乡镇,主要负责商品存储、分拣和配送职能,具体如表 9-1 所示。

表 9-1 快递企业仓储设施网络构建表

等级规模	覆盖区域	建设城市	仓储中心数量
一级区域配送仓库(CDC)	东北	沈阳	1
	华北	北京	1
	华东	上海	1
	华南	广州	1
	中南	武汉	1
	西南	成都	1
	西北	西安	1
二级区域配送仓库(RDC)	各省区域内	各省省会或重要节点城市	每省个 2 到 3 个,直辖市 1 个
配送中心仓库(DC)	各省区域内	重要节点城市	每省 3 到 4 个

新建仓储设施网络,以仓储设施网络为导向,重构原有的配送网络,需要快递企业投入庞大的资金,快递企业应逐步规划,采用对原有分拨中心扩容和另行选址新建配送中心相结合的方式搭建服务网络。

(二)仓储运作设计

仓储运作设计包括各级仓储中心功能区域规划(各级作业区域、行政办公区域、相关活动区域等)、设施设备规划、基本作业管理运营规划(进货作业、商品存储作业、盘点作业、订单处理作业、拣选作业、补货作业、发货作业等)等。应结合电商企业物流服务需求特点来设计,电商企业销售的商品门类较多,如图书、电子产品、服装衣帽、家电、生鲜食品、日用百货等,不同品类商品的物理属性和化学性质不同,部分商品化学成分较为活泼,具有易腐性,对于运输过程中货物的配载、仓储环节中货物的存放、物流作业全过程的温度和湿度都有一定的要求。仓储设施内应设置不同存储区域存放不同品类的商品,对于化学性质活泼、有温湿度要求的商品,存储区域内应采取一定的措施如温湿度控制、通风等,最大限度地保证商品的品质。另外,电商 B2C 和 C2C 模式中的订单特点是订单频次高,订单数量多,仓储入库、出库特点是整箱入库,零散形式出库,这就对仓储作业中的分拣作业、包装作业和信息处理能力提出了较高的要求,快递企业需要具备一定的自动化水平(自动仓储和自动分拣),通过一些现代化的设施设备缩短拣选时间和提高拣选准确率。同时面对海量的订单处理需求,需要快递企业开发专业与电商客户对接的 IT 系统并涵盖仓储管理系统、配送管理系统、客服中心管理系统,保证商品出入库管理、库存管理、打印订单管理、分拣货物管理、打包管理、退货管理、分仓管理、供应商管理、全程监控管理等,并能及时提供订单 Web 端查询、订单快递信息查询等。

(三)拓展融资渠道

开展融仓配要求快递企业具备充足的资金用于仓储设施建设、信息系统升级、智能化设备改造和为电商企业融资等。而我国快递企业竞争压力大、利润薄,缺乏足够的资金用于自身转型升级,所以快递企业应积极拓展融资渠道。对于达到一定发展规模,具备主体资格、拥有完善的治理能力、健全的财务会计制度的快递企业可以通过上市的方式融资或引入战略投资和风险投资的方式获取资金。对于不具备上市或风投要求的快递企业可以通过对自身固定资产抵押的方式从银行获得资金,快递企业应结合自身的发展阶段选择合适的融资渠道。

学习单元二　农产品物流金融服务模式

一、农产品物流金融的概念与特征

(一)农产品物流金融的概念

农产品物流金融是物流金融在农产品流通领域的应用,是指金融机构(如银行、投资机构等)为农产品物流产业提供与资金融通、结算、保险等服务相关的新型金融业务,是现代农产品物流与资金流的有效融合。它通常涉及农产品生产加工企业、银行,同时还有经销商及少量小型的第三方物流公司。

(二)农产品物流金融的特征

农产品物流金融由于农产品自身相关特殊属性而与工业物流金融及商贸流通下的物流金融有着很大的区别。农产品物流金融具有如下特征:

1.质押品品种的多样性

农产品涉及到农、林、牧、渔等各行业的产品,使得农产品物流金融的质押物品种纷繁复杂,其物理属性也不尽相同。

2.农产品需求的不确定性

由于农业生产的特殊自然环境与经济环境,使得物流需求存在着不确定性。农产品的生产是自然再生产,在农产品变成可用于消费和加工的产品之前还需要一段比较长的周期。某些农产品因季节性、及时性可能导致其在质押期间容易变质,而且随着时间的变化,某些农产品的市场价格、销售状况等也都会发生变化,从而导致质押农产品的变现能力改变。

3.运作过程的相对复杂性

农产品大部分都是有生命的植物或动物,或者是其他生命体的载体。因此,加工、保管、储存和运输等特殊因素的影响是农产品物流金融业务的运作过程中必须考虑到的。

4.生产与消费在时间和空间上的不一致性

虽然农产品的生产具有季节性,但是每天都会产生农产品的消费,这就对物流金融服务提出了更加严格的要求。由于农产品鲜活量多,生产的季节性强,不容易储存运输,因此需要有更加完善的物流体系为载体来解决农产品的集中生产与均衡消费、季节生产与全年消费之间的矛盾。

二、农产品物流金融服务模式

农产品物流金融的融资方式不同于一般的贷款抵押,它改变了传统金融贷款模式中银行与申请贷款单位一对一的局面,它的运作更侧重第三方物流企业。目前,农产品物流金融的业务可以分成两类:一类是基于存货的农产品物流金融业务模式,另一类是基于贸易合同的农产品物流金融业务模式。在农村地区,农业企业最迫切需要解决的问题是如何把流动性较差的存货变为货币资金,因而基于存货的农产品物流金融业务模式更适合农村中小企业的需求。

1.基于存货的农产品物流金融的运作模式

基于存货的农产品物流金融的运作模式为:需要融资的企业将其拥有的动产或者是存货作为向银行等金融机构贷款的质押担保品;但是,该担保物品不直接交给贷款机构,而是由资金提供方将物品转交给具有合法保管动产资格的中介公司(第三方物流企业)进行保管,银行根据第三方物流企业对质押品的担保给企业放款,从而实现农业企业的融资活动。这种业务活动既可以在企业的销售环节进行,也可以在企业的采购环节进行。这种新型融资模式使融资业务从传统的只有两方参与的方式发展成为了有物流企业参与的三方契约关系。在这种融资模式下,由于质押物是流动货物或是存货,它不会被冻结,因此,商家可以通过不断"追加部分保证金——赎出部分质押物"的方式满足其正常经营的需要,不但不会影响贷款企业的商品流通,还能顺利解决其融资和资金占用的问题。

2.农产品物流金融的业务模式

常见的农产品物流金融业务又可以分解为三种模式,具体如下:

(1)仓单质押融资业务模式。

在这种业务模式下,融通仓不仅为金融机构提供了可信赖的质押物监管,还帮助质押贷款主体双方良好地解决质押物价值评估、拍卖等难题。在实际操作中,货主一次或多次向银行还贷,银行根据货主还贷情况向货主提供货单,融通仓根据银行的发货指令向货主交货。

(2)存货质押融资业务模式。

在存货质押融资模式下,在货物运输过程中,发货人将货权转移给银行,银行根据市场情况按一定比例提供融资,当提货人向银行偿还货款后,银行向第三方物流供应商发出发货指示,将货权还给提货人。

(3)保兑仓业务模式。

在保兑仓业务模式下,农业企业、农产品经销商、银行、第三方物流供应商4方签署《保兑仓业务合作协议书》,经销商根据与农业企业签订的《购销合同》向银行交纳一定比率的保证金,款项不少于此次提货的价款,申请开立银行承兑汇票,专项用于向农业企业支付货款,由第三方物流供应商提供承兑担保,农产品经销商以货物对第三方物流供应商进行反担保,银行给农业企业开出承兑汇票后,农业企业向保兑仓交货,此时转为仓单质押。

三、现代农产品物流金融组织形式创新

目前,我国现代农产品物流金融组织严重缺失,具体表现为独立性的农产品物流金融组织空缺、专业化农产品物流金融组织欠缺,以及农村金融机构目前也难以开展农产品物流金融业务。现代农产品物流金融发展,不仅要创新现代农产品物流金融产品与发展模式,还有待于创新农村金融组织形式,建立新型的"现代农产品物流金融中心",由多个利益主体共同参与来完成。

农产品金融一个关键因素是银行,加大银行对农产品的支持力度,可以从下面几点来操作:

(一)积极调整优化信贷结构

农村金融机构要围绕支持农产品出口、促进提高农业产业化的层次和水平,有针对性地调整农业信贷结构。在贷款投向上,要重点扶持在国际市场上具有竞争优势的产业和产品。要积极支持加工出口龙头企业引进先进技术和设备,进行精度、深度加工,进一步提高农产品的档次和附加值。要善于发现和捕捉农业领域新的经济增长点,对农产品生产、加工、储运、流通等各个环节的合理资金需求,都要尽力予以满足,不断拉长农业产业链条。

(二)扩大支持对象

既要扶持从事种养业特别是实行合同种植的农户,也要积极支持分布于农业产业化各个环节的外资企业、股份制企业、合作组织以及农村个体工商户。同时,农村金融部门要注重发挥信贷资金的引导作用,按照区域布局,专业化生产的要求,支持农民根据各自优势发展特色高效农业,大力扶持"专业村""专业户"。

(三)做好金融业务的创新

1.进行技术创新

要不断完善金融机构的信息管理系统,提高业务管理的技术含量。支持农产品出口企业参加国际专业展览和新市场、新产品的推销活动;加强与取得国际认证的相关组织的技术交流与合作;借鉴国外先进经验,有效整合信息资源,提高信息服务水平,为农产品出口企业提供市场、商品、技术标准、贸易政策等各类信息,帮助企业开拓国际市场。

2.进行业务创新

在尽力满足客户多样化需求的基础上,发挥财政和金融的合力,加大对农业企业的政策和资金支持力度。加大出口退税和税收减免优惠政策扶持力度,提高果蔬和禽肉产品出口退税率,对一部分企业减免或返还所得税,暂缓或免收有关费用。

3.农村金融机构应建立起以市场为导向的新型经营方式

加快金融产品创新,简化贷款手续,优化业务流程,为客户提供更加便捷的服务。同时,监管机构应扩大村镇银行、小额贷款公司等农村金融机构的试点范围,建立起充分竞争、富有效率的农村金融市场体系。

案例9-1

现代农产品物流中心金融服务

R物流发展(集团)有限公司成立于2006年,主营食品物流服务,以冷库为中心,物流配送服务为链条,交易批发市场及大型超市为终端的销售网络,整合食品物流产业链,为食品企业提供冷冻冷藏、产品交易市场、物流配送、食品代工、物流方案设计、金融服务、电子商务等一系列的服务,提升食品的物流,特别是冷链物流整体产业链的价值,目前该公司是华东地区最大的食品集散中心之一。其具体的运行功能包括四个方面:一是展示中心和交易中心的职能,亦即按不同的食品划分不同的功能区,并由农产品生产基地通过交易平台和终端配送体系直连采购者,去除原来过多的中间环节,实现产销对接;二是冷藏、搬运和检测检疫的职能,即通过建立检测检疫系统和农产品的溯源系统,从源头保障农产品安全,并且通过冷链实现从农副产品生产和原料加工到市场销售全供应链环节的温度处于受控状况,并且对入园产品实施抽检,以保证食品安全;三是第三方配送服务以及物流系统和方案设计职能,该物流中心一方面整合上游供应商(经纪人与农户)、下游采购商,另一方面组织协调第三方物流和自身建设的冷链,提供物流的解决方案和冷链物流管理;四是针对目前农产品供应商难以及时获得资金的问题,该物流中心通过电子交易和电子结算,降低商家的财务成本和交易风险,保障资金安全,同时提供存单、保单、担保、贴现等供应链金融业务。

在供应链物流金融方面,其具体的方案是由物流中心与金融机构形成紧密的合作关系,并由前者推介合格的经纪人(农户)和市场商户(采购商)。之后金融机构对推介的企业尽职调查,作出信用评估,并且签订合作意向。经纪人(农户)通过物流中心的电子交易平台与市场商户进行交易,并向金融机构申请融资。物流中心为买卖双方提供物流方案,运用冷链系统对货物实施监管,并且选定第三方物流提供物流服务。金融机构根据物流中心的担保向经纪人(农户)贴现融资。到期后市场商户通过物流中心的结算平台归还货款,金融机构扣除本金和利息后,将剩余的款项通过平台返还给经纪人(农户)。在这一物流金融模式中,物流中心不仅及时的融通了上游供应商,将原来分散的经纪人和农户与大市场有效地对接,而且借助于电子化的交易平台和结算平台,加之冷链物流系统和第三方物流之间的密切合作,有效地控制了农业供应链中信用体系不足造成违约的潜在风险。

R物流发展(集团)有限公司农产品物流中心主导的金融服务如图9-3所示。

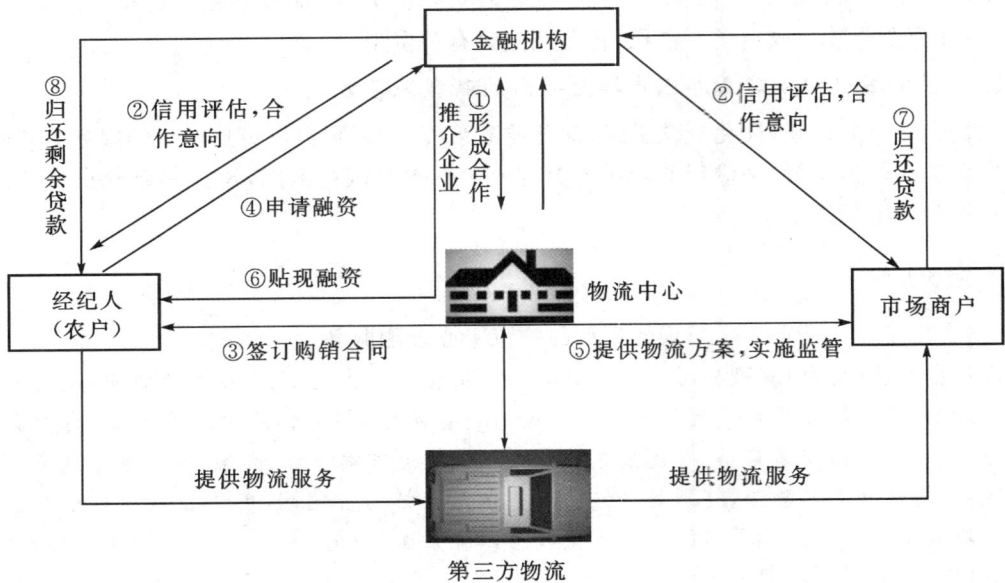

图 9-3　农产品物流中心主导的金融服务

学习单元三　线上供应链金融

一、线上供应链金融的含义和原理

　　线上供应链金融是指通过银行服务平台与供应链协同电子商务平台、物流仓储管理平台无缝衔接,将供应链企业之间交易所引发的商流、资金流、物流展现在多方共用的网络平台之上,实现供应链服务和管理的整体电子化,为企业提供无纸化、标准化、便捷高效、低运营成本的金融服务。线上供应链金融这一创新的在线服务平台,将物化的资金流转化为在线数据,可以无缝嵌入核心企业的电子商务平台,从而在线连接供应链核心企业、经销商、供应商、物流公司和银行,把供应链交易所引发的资金流、物流、信息流实时传输与展现在共同的数据平台上并可授权共享,银行从而在线提供电子银行服务,构建对企业客户全方位、全流程、多层次的线上服务体系。上下游企业在银行有多少授信额度、还有多少库存、销量流转如何等,在网络平台上清晰罗列,一切都是可见的、实时的,并且可以授权共享。在线上供应链金融系统与核心企业电子商务平台对接之后,供应链企业即可在线下订单、签合约(包括贸易合约和授信合同)、选择融资与否、在线出账、支付结算和还款。同时线上供应链金融系统还与物流公司对接,对于那些采用了动产与货权质押授信的客户,还可以在线办理抵／质押品入库、赎货,而物流监管公司则可以通过线上供应链金融系统实现全国各处分散监管驻点的统一管理,在线统计和管理抵／质押品,而且这些商品的信息(品名、规格和价格等)还可以从核心企业发货时自行取得,非常方便。概括地讲,通过线上供应链金融的对接嵌入,供应链协同电子商务得以完整实现"商流—资金流—物流—信息流"的所有功能在线提供、在线使用,这种将金融功能无缝嵌入供应链实体经济流转流程的安排,对于供应链管理实践和电子商务的应用具有革新意义。

知识链接

互联网＋物流金融

近年来,随着我国经济规模的扩大,物流行业的体量不断膨胀。而凭借着去中间化的绝技"大杀四方"的互联网也成为各行各业纷纷追捧的对象。特别是在政府发声,将"互联网＋"作为国家战略之后,互联网更是如虎添翼,助力社会经济产业的升级和转型。物流与它的结合也成了行业发展的一大趋势。有了互联网的帮助,物流业务变得更加高效、便捷,借助大数据分析等高新技术,智能化在物流服务中也有了更多体现。而在物流中涉及最多的金融业务——支付环节更是成为了智能化物流信息平台提升服务品质的重要着力点。互联网＋物流金融就是让流通更便捷,这其中既包括货物流通,也包括信息和资金的流通。通过开发互联网＋物流金融平台可以实现企业、三方、专线、司机和收货人的对接。它就好比是物流界的滴滴打车,比如企业有货要发,需要找三方,或者反过来,货车司机寻找货源,都可以在这个平台上实现。

二、线上供应链金融的运作组织架构

线上供应链金融运作架构由四大平台、外部监管者和五大参与主体构成。平台为线上供应链金融交易平台、电子商务平台、在线支付交易平台、物流与供应链管理平台。外部监管者包括工商企业和政府机构。参与主体包括商业银行、核心企业、物流企业、供应链上下游企业。线上供应链金融通过四大平台协同运作,使企业的商务活动和银行的金融服务实现了线上整合,既为各个参与主体提供了多方协作的平台,也为外部监管者提供了更有效的监管通道,如图9-4所示。

线上供应链金融各运作组织在线上供应链金融协同运作中的角色及作用分析如下:

1.核心企业

核心企业在电子商务平台上与上下游中小企业进行真实的贸易活动,提高了贸易效率;同时在线上供应金融交易平台中为链条上的节点企业提供融资相关的确认和担保,实现与银行的协作;并利用物流及供应链管理平台了解上下游企业的货物库存管理和物流运输情况,合理地安排产供销进度,提高供应链管理效率。

2.上下游企业

供应链中的上下游企业通过电子商务平台与核心企业进行真实的线上贸易活动以后,可以在线上供应金融交易平台上申请银行的授信支持,并利用线上支付交易平台进行支付结算活动,还可在物流与供应链管理平台上及时了解货物发送和存货质押管理情况。

3.物流企业

物流企业通过线上物流与供应链管理平台实现电子化物流运输管理及存货监管,最大程

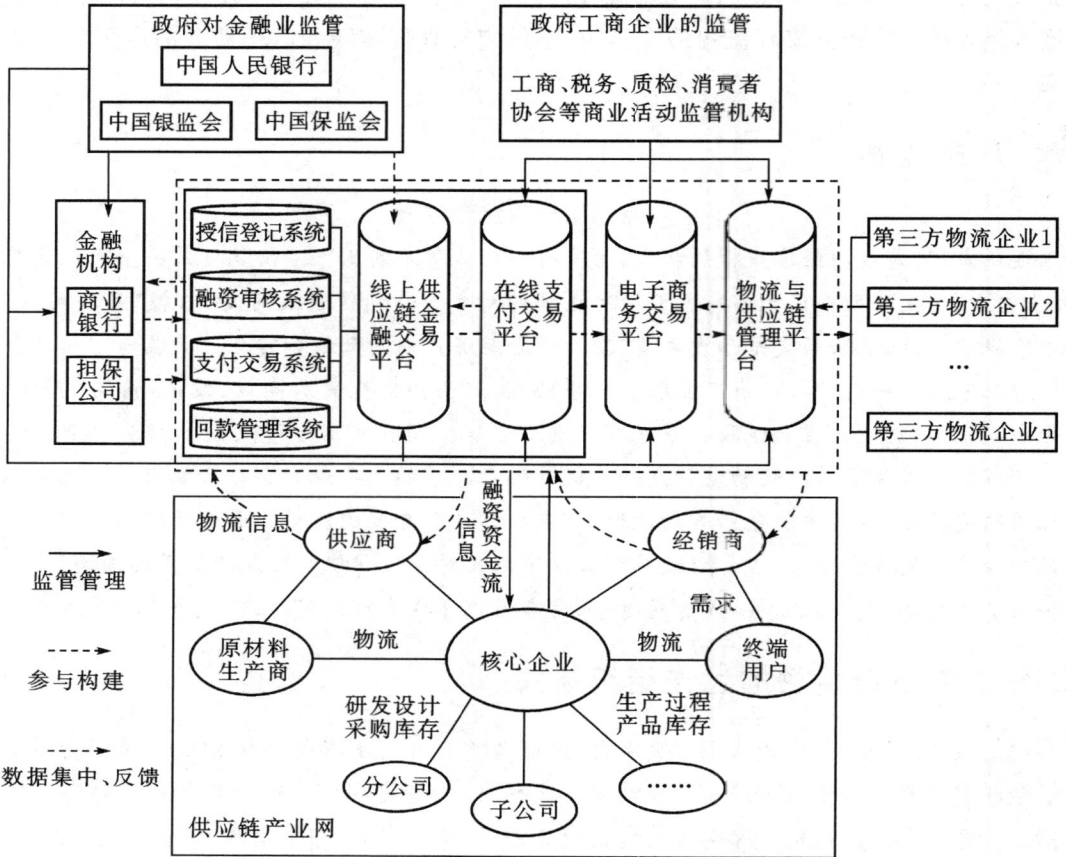

图 9-4　线上供应链金融运作组织架构

度发挥自身与供应链之间的协同效应,为线上供应链金融中的参与主体提供全方位的物流信息服务。

4.商业银行

商业银行在线上供应链金融系统中为各企业提供综合金融服务,具体包括融资、结算、支付、财务咨询、账户管理等,并实时监控线上供应链金融的资金流及信息流,及时掌握供应链的运营情况,保障供应链金融循环运作的安全和稳定。

5.外部监管者

外部监管者主要包括中国人民银行、银监会、保监会和工商、质检、税务、消费者协会等,通过接入线上供应链金融的四大平台,可以完成对整个线上供应链金融的监管,如图 9-5 所示。

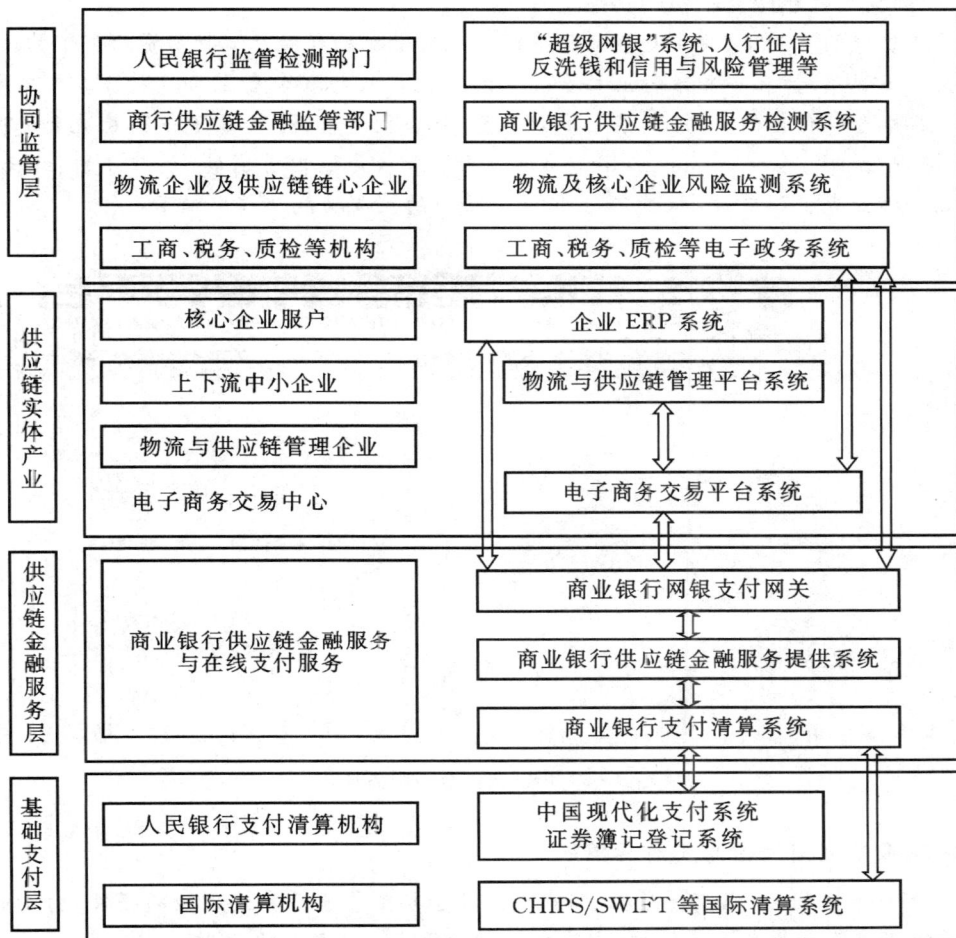

图 9 - 5 线上供应链金融运作支持系统架构

知识链接

中国物流金融服务平台

一、中国物流金融服务平台的创立背景

2011 年来,物流业与金融业的融合愈加深化,物流金融业务取得了突飞猛进的发展,市场规模迅速扩大,2012 年已达到 3 万亿元的规模。然而,该业务在迅速崛起的同时,也暴露出了一系列的问题,特别是 2012 年以来华东地区连续爆发多起虚开仓单、重复质押等危机案件,给银行业、物流企业等造成重大损失。这给物流金融业务的发展带来了巨大压力,亟须一个有效的方案和途径,来解决该业务存在的上述突出问题。

出现上述危机后,市场上由于没有有效的解决方案,带来了物流金融业务的下滑。出于风险的考虑,众多银行与物流企业都缩减了业务规模,使得中小企业融资难的问题更加突出。国家有关部门对物流金融业务十分关注,要求针对行业危机寻找切实可行的解决方案。

二、中国物流金融服务平台的功能及作用

正是在这样的背景下,为了更好地防范银行业金融机构在动产质押融资业务中的风险,解决中小企业融资难题,在中国银行业协会、中国物流与采购联合会联合支持下,中国仓储协会等作为战略合作伙伴的努力下,集中多方力量,整合优势资源,构建了中国物流金融服务平台(平台网址:http://www.chinawljr.com/),这个平台是国内首创的、第三方的、统一的、全国性物流金融业务服务平台,如图9-6所示。平台的主要功能及作用如下:

图9-6 中国物流金融服务平台

1.解决银企之间的信息不对称问题

2012—2013年间,华东钢贸危机中,出现大量仓单重复质押导致风险的事件,由于联保互保该类风险在钢贸行业内迅速传导,这其中根本的原因在于银行与物流企业之间的信息不对称,该平台的投入使用可以有效地解决信息不对称的问题。

2.提高物流金融业务信息化建设水平

现阶段物流金融业务的电子信息化程度不高,该平台的投入使用可以有效地促进物流金融业务的信息化建设,同时以该平台为蓝本设立物流金融业务的信息化标准,推出软件设计和运营咨询服务。

3.建立全国统一的业务风险监控体系

作为第三方的物流金融业务的平台,统一收集各类数据,设立风险监管指标,提供风险解决方案和手段,实现对整个物流金融业务的全过程管理,规避物流金融业务风险。

4.提供物流金融业务迅速发展的通道

因为中小企业普遍缺少不动产作为抵押物,所以在解决中小企业融资难的方法中,物流金融就成为重要举措。通过该平台的全过程管理和增值服务功能,可以有效地规避该类业务的风险,消除当前物流金融各参与方的风险困惑,促进物流金融业务的迅速发展,有利于解决中小企业融资难的问题。

三、物流金融业务风险管控的全过程管理

中国物流金融服务平台致力于通过涵盖事前、事中、事后的全过程管理和增值服务，通过六大功能系统（存货担保登记系统、智能仓储管理系统、仓单流转交易系统、在线融资服务系统、增值服务系统、质物资产处置系统）为物流金融业务主要风险提供有效解决方案。

1. 信用风险管理

物流金融的信用风险，通过对监管企业和出质企业建立"失信人"名单来解决。

2. 权属风险管理

借款人提供的质押动产，通过有公信力的渠道证实是合法取得所有权的担保品。

3. 价值风险管理

价格波动带来的市场风险，通过提供实时市场动态信息来预警。

4. 操作风险管理

物流与金融操作流程不规范而引发的操作风险，通过建立统一的流程标准来化解。

5. 意外风险管理

质押物在保管期内需要足额的保险，且保证投保受益人是银行。

6. 保管风险管理

质押物押给银行后，由银行委托第三方物流监管方进行保管，并对保管过程进行有效跟踪。

7. 处置风险管理

帮助银行在处置不良质押物时，提高处置效率，缩短处置时间。

8. 法律风险管理

重复质押带来的法律风险，通过有公信力的平台登记和公示来进行管理。

中国物流金融服务平台涵盖了存货担保质押登记、公示、查询的服务，并在此基础上强化物流金融业务过程管理，包括：仓储管理、仓单管理、在线供应链融资、不良资产处置，以及物流金融业务相关方的标准发布、标准认证、评估培训、信息推送等服务。

其中，与战略合作伙伴中国仓储协会共同建设的"全国担保存货管理公共信息平台"，是一个针对担保存货第三方管理企业的备案、资质、仓储管理与仓单管理的公共信息平台，作为中国物流金融服务平台的信息服务子系统之一。

中国物流金融服务平台主要服务于所有开展物流金融业务的银行业金融机构、融资担保企业、金融财务公司、大型流通企业、物流仓储企业等供应链上的各参与方，定位为全国范围内的物流金融业务全过程管理与增值服务平台。

三、线上供应链金融的运作支持系统

线上供应链金融的运作技术支持系统由四个层面构成，即协同监管层、供应链实体产业层、供应链金融服务层和基础支付层，这四个层次结构既相互联系又相互独立。各信息系统之间对接的保障是信息交互和信息共享，系统对接的基础是接口报文的标准。而接口的标准化问题要解决两个关键问题：一是人民银行的现代化支付系统与各商业银行的资金清算系统接

口的标准化;二是商业银行供应链金融服务系统与企业 ERP 系统、电子商务交易系统、物流与供应链管理系统及相关协同监管系统之间接口的标准化。

1.协同监管层

协同监管层的作用是规范金融市场秩序,提高政府管理效率,便于各外部监管者实现协同监管,着重金融监管、税务监管和质量监管,它有利于金融和政府监管部门职责与功能的划分以及利益分配机制的体现。

2.供应链实体产业层

该层是线上供应链金融的主要参与层。主要由实体企业构成,包括核心企业、上下游企业、物流与供应链管理企业及电子商务交易中心。它们将各自的应用系统,接入线上供应链金融的服务系统,能满足各参与主体的信息需求,能够将企业的 ERP 系统、电子商务交易平台系统、物流及供应链管理系统等交易支付信息流进行汇总整合,形成有序的信息共享。

3.供应链金融服务层

该层是供应链金融服务以及在线支付服务的提供商,主要是商业银行,也可以是第三方独立机构。该层结构主要由商业银行的网银支付网关、供应链金融服务系统和商业银行的支付清算系统组成,是线上供应链金融的核心。

4.基础支付层

基础支付层包括国内的中国人民银行清算机构和国际支付清算组织。人民银行清算机构提供支付服务的系统是中国现代化支付系统。国际支付清算组织提供 CHIPS,SWIFT 等清算系统。基础支付层是线上供应链金融支付功能顺利实现的保障,主要功能是规范、链接国内外的支付系统。

四、线上供应链金融的融资模式

线上供应链金融,是一种基于电子商务交易过程的在线融资服务,这种高效协同的融资模式将上游供应商企业、核心企业和下游经销商企业紧密结合在一起,对供应链的"商流—物流—信息流—资金流"进行全程掌控。在供应链营运的周期中,真实的商流作为一种融资驱动力,引发资金的流动以及真实的物流运作,使资金流在各方的监控下闭环运作。线上供应链金融的融资产品,是针对供应链上交易运作流程的各个环节进行设计的,用以解决供应链上节点企业的不同需求,它贯穿在生产经营的全过程和各环节中。

图 9-7 是线上供应链金融的全程资金融通模型,它将供应链的营运周期分为两个阶段:供应商营运阶段和经销商营运阶段。

供应商营运阶段的融资模式有订单融资、动产融资或仓单融资、保理或应收账款融资。订单融资发生在供应商收到核心企业订单时,动产融资或仓单融资一般是在产品生产阶段,而在供应商完成交货,并收到核心企业的验货单以后,供应商可以进行保理融资或者应收账款融资。当核心企业付款给供应商时,这一阶段的资金融通过程结束。

经销商营运阶段的短期资金周转困境是由于核心企业的强势地位导致经销商需要支付预付账款造成的,就形成了经销商的线上供应链金融融资需求。

在经销商营运阶段,融资企业可以从发出订单开始申请保兑仓融资,收到货物后,经销商

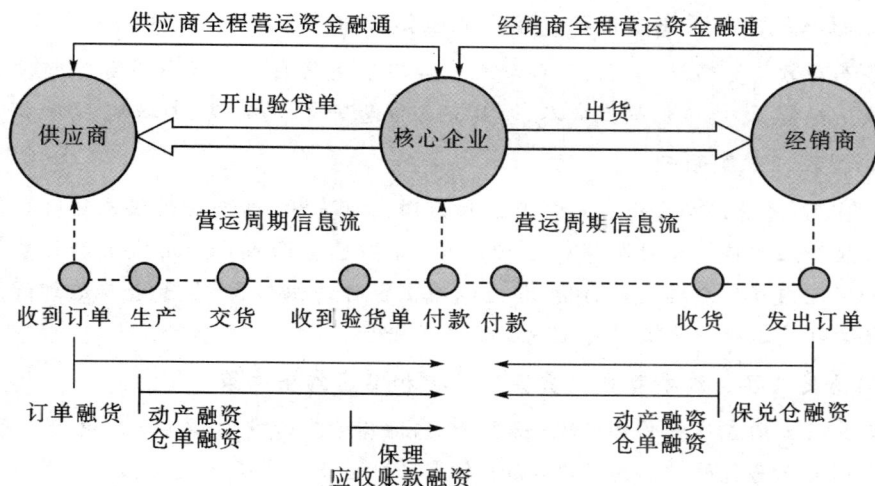

图 9-7 线上供应链金融全程资金融通模型

企业还可以进行动产融资或仓单融资。供应商营运阶段和经销商营运阶段最终形成了一个营运周期,线上供应链金融可覆盖供应链生产营运的所有环节,能满足不同客户的资金需求。线上供应链金融的闭环运行于可获得完整的信息流,银行可以加强对资金流的监控,降低其风险。

知识链接

平安银行电子仓单质押线上融资

电子仓单质押线上融资业务是平安银行与现货类电子交易市场合作,通过线上融资平台、市场电子交易平台和仓单管理平台等多方平台的互联互接,为市场交易会员特别订制的一项全流程在线融资产品/服务,包括拟交收电子仓单质押线上融资、已有电子仓单质押线上融资两种业务模式,买方交易会员和卖方交易会员的线上融资需求得以全覆盖。买方交易会员,可以预先利用银行融资购得仓单;卖方交易会员,则可以以经市场注册的电子仓单在平安银行"贴现",快速获得流动资金。

平安银行电子仓单质押线上融资产品的特点和优势有以下几方面:

1. 买方客户无须先行提供担保即可实现融资

不仅能解决卖方会员因电子仓单占压资金所面临的流动资金需求;也能满足买方会员因支付仓单交收款项所需的融资需求,且无须先行提供任何抵/质押担保。

2. 交易行为与融资服务无缝嵌入

线上融资平台通过与电子交易市场电子交易平台和仓单管理平台的互联互接和数据协同,已成功实现了会员交易、交收、支付行为与银行结算、融资服务的无缝衔接和高效融合。

3. 首推电子仓单质押在线

实现了电子仓单质押、冻结、解除的全线上操作,客户无需再办理传统质押操作的繁琐手续。

4. 全流程在线操作、高效便捷，客户最佳体验

各业务参与方均可通过相应的业务处理平台轻松实现自身的各种业务操作处理，大大降低了手工线下操作压力，不仅降低成本，而且交易信息安全、易存储、易跟踪、易查证。

5. 系统稳定，业界领先

线上操作，系统稳定与安全尤为重要。作为国内领先的、最专业的供应链金融服务银行，也是最早开展线上供应链金融服务的银行，2009 年即已全面推广应用线上融资系统，也是迄今为止唯一实现内外部系统全部打通、全流程线上操作的银行。"电子仓单质押线上融资"服务功能依托的即是这样一个成熟稳定的融资服务平台。

6. 数据高度共享，清晰可见，易实时掌控和迅速作出决策

所有交易行为均在线操作和实现，信息透明，供各方实时查询和共享。电子交易平台与线上融资平台有关交易价格信息的共享，便于会员客户迅速作出买入或卖出的决策，并可利用银行结算和融资服务，迅速达成决策所期待的效果。

学习单元四 物流金融移动支付平台

移动支付平台系统一般指的是为移动电子商务支撑的一种支付方式。由于物流与移动电子商务二者的关系密切且相互关联，二者支付系统均属同一个范畴，应用于同一类软件和支付平台，电子商务支付平台即是物流支付平台。

一、支付模式

目前主流的 B2C 物流支付模式有第三方支付账户、货到付款、网银等业务形式。

1. 第三方支付账户

目前第三方支付账户占的市场份额最大，主要代表有支付宝、财付通、快钱、IPS、首易信等。其本质是一个拥有充值、取现接口的网银网关加一个后台账户系统，添加上一定的信用、资金担保功能。

目前第三方支付公司没有依靠支付赚钱的，更准确地说是没有盈利的。主要原因在于中国的金融监管政策。第三方支付公司不能做银行相关业务，不能靠存贷差盈利，如小额的信用贷款、用户账户的充值、套现都有很大的制约。具体以账户充值为例，一般都有手续费以及充值金额的限制，其中银行卡向账户充值、账户取现有额度控制，一般充值手续费是 5%。大的第三方支付公司采取向银行一年支付几十万手续费打包买断的方式，摊薄单笔充值手续费。没有其他的增值应用，纯做账户只是一个亏多少的问题。支付宝号称每年有千亿之多的交易量，主要盈利是靠跟商户收取打包手续费。快钱靠 B to B 的资金归集及神州付业务、点卡业务。首易信是外币方面有些突破。

2. 货到付款

货到付款（to cash on delivery，COD）是指快递送货员进行收费，货先送到后，同时客户把钱给快递送货员，也就是我们常说的"一手交钱一手交货"。

货到付款是中国特色的产物，号称第三方支付最大杀手。目前存在的主要问题是中国的物流体系发展不均衡，中小城市的覆盖能力有限；1％～2％的手续费及用户账期导致的资金占压。物流方面，随着圆通、宅急送等物流公司的发展及全国直营、直管的不断覆盖，相较以往的物流公司层层转包、货物出问题无人负责的情况已经有了较大的改善。1％～2％的手续费因为对用户的体验及自建物流体系的诸多问题，电子商务公司还是愿意买单的。

3. 网银

网银的繁荣主要归根于企业的对公账户，网银对 B2C 的好处在于可以给第三方账户充值。银行受限自身体制，主要还是专注传统的对公、零售方面的转账、理财等产品，不会大力发展 B2C。前几年做网银、网关的公司太多，一般的 B2C 商户随便接一个网银网关就好，没必要主动去接银行。

4. 邮局汇款

邮局汇款是客户将订单金额通过邮局汇到电子商务网站账户的一种结算支付方式。

5. 公司转账

公司转账是不直接使用现金，而是通过银行将款项从付款公司账户划转到收款公司账户完成货币收付的一种银行货币结算方式。

6. 分期付款

分期付款方式通常由银行和电子商务公司（分期付款供应商）联合提供。银行为消费者提供相当于所购物品金额的个人消费贷款，消费者用贷款向电子商务公司支付货款，同时电子商务公司为消费者提供担保，承担不可撤销的债务连带责任。

7. 在线支付

在线支付是指卖方与买方通过互联网上的电子商务网站进行交易时，银行为其提供网上资金结算服务的一种业务。

二、在线支付方式

在线支付是一种通过第三方提供的与银行之间的支付接口进行支付的方式。这种方式的好处在于可以直接把资金从用户的银行卡中转账到网站账户中，汇款马上到账，不需要人工确认。

1. 支付宝

支付宝最初作为淘宝网为了解决网络交易安全所设的一个功能，该功能为首先使用的"第三方担保交易模式"，由买家将货款打到支付宝账户，由支付宝向卖家通知发货，买家收到商品确认后指令支付宝将货款放于卖家，至此完成一笔网络交易。

2. 贝宝

贝宝是由上海网付易信息技术有限公司与世界领先的网络支付公司——PayPal 公司通力合作为中国市场量身定做的网络支付服务。贝宝利用 PayPal 公司在电子商务支付领域先进的技术、风险管理与控制及客户服务等方面的能力，通过开发适合中国电子商务市场与环境的产品,为电子商务的交易平台和交易者提供安全、便捷和快速的交易支付支持。

3. 网银在线

网银在线以"电子支付专家"为发展定位,联合中国银行、中国工商银行、中国农业银行、中国建设银行、招商银行等国内各大银行,以及 VISA、MasterCard、JCB 等国际信用卡组织,致力于为国内中小型企业提供完善的电子支付解决方案。

4. 快钱

快钱是国内领先的独立第三方支付企业,旨在为各类企业及个人提供安全、便捷和保密的综合电子支付服务。目前,快钱是支付产品最丰富、覆盖人群最广泛的电子支付企业,其推出的支付产品包括但不限于人民币支付、外卡支付、神州行卡支付、联通充值卡支付、VPOS 支付等众多支付产品,支持互联网、手机、电话和 POS 等多种终端,满足各类企业和个人的不同支付需求。

5. 财付通

财付通致力于为互联网用户和企业提供安全、便捷、专业的在线支付服务,构建全新的综合支付平台,业务覆盖 B 2 B、B 2 C 和 C 2 C 各领域,提供卓越的网上支付及清算服务。针对个人用户,财付通提供了安全可靠的支付清算服务和极富特色的 QQ 营销资源支持。

6. 环迅支付

环迅支付是中国银行卡受理能力最强的在线支付平台,环迅支付集成了银行卡支付、IPS 账户支付及电话支付等几大主流功能,并自主研发了包括酒店预定通、票务通等新产品,为消费者、商户、企业和金融机构提供全方位、立体化的优质服务。

7. 手机支付

手机支付,也称移动支付(mobile payment),就是允许用户使用其移动终端(通常是手机)对所消费的商品或服务进行账务支付的一种服务方式。

案例 9 - 2

天天快递"互联网+物流金融"首次成功试水

2015 年 10 月 26 日,天天快递与萧山农商银行共同尝试"互联网+物流金融"首次成功试水,发放首笔"天天云仓贷",贷款额为 500 万元,打造真正的"银行+物流+电商"的金融模式。

天天云仓项目是由天天快递与萧山农商行联合推出,突破银行传统借贷模式,助力电商企业,特别是跨境电商企业的发展,打造真正的"银行+物流+电商"的金融模式。天天云仓电商园区利用强大的大数据资源,统计入园电商销售数据,农商行以此为审贷依据,由其提供连带保证责任,向仓内电商提供融资服务,入仓电商在萧山农商行开立账户且没有不良交易记录即可申请贷款,从提供完整资料到贷款流程审核、到放款入账最快 1 个工作日就可完成。此举增强了客户的黏性,同时印证了"互联网+物流金融"模式强大的生命活力。银仓合作,不仅可以打通电商金融血脉,破解电商融资难题,而且还可以利用互联网技术和"天天云仓"的数据开拓电商金融服务的新渠道,降低电商融资成本,实现物流、电商和银行共赢。

传统供应链金融模式,金融机构为代理商、销售商提供融资支持,销售商通过货物质押、应收账款转让等方式从金融机构取得资金,物流企业则提供物流和仓储服务,同时为银行等金融机构提供货押监管服务。而天天云仓打造的是全国一站式供应链互联仓储平台,利用大数据应用分析和物联网感知技术等先进手段,在全国九大区域战略布局,搭建深度感知仓储系统体系,为电商提供智能一体化的仓储物流 3PL 服务。

天天快递凭借发达的商业体系和强大的地面物流体系,借助先进的信息化系统,将"资金流、商流、物流、信息流"资源整合,全程参与或监控供应链管理、物流金融过程管理,保证整个过程透明、风险可控。而目前,天天快递拥有多家合资、全资子公司及 2000 多家加盟商,拥有网点 10000 多个,全国从业人员 70000 多人,网络遍布国内 300 多个地级市和 2800 多个县(含县级市、区),基本覆盖发达地区县级以上城市,覆盖全国大部分地级市,拥有班车 30000 多辆,航空线路 400 多条,建立了东北、华北、华中、华东、华南等 100 多个集散分拨中心,保证了货物的全天候运输,建立了北京、上海、东莞、成都、武汉、泉州六大电子商务仓,建立了法国、德国、英国、比利时、澳大利亚、新西兰等海外仓,美国、南美海外仓正在建设中,这些战略的布局为打造"互联网＋物流金融"提供了强有力的保障,意义深远。

情境小结

本情境从快递企业融仓配一体化服务、农产品物流金融服务模式和现代农产品物流金融组织形式创新、线上供应链金融的运作组织架构、支持系统及融资模式创新以及物流金融移动支付平台等方面介绍了目前物流金融服务创新的模式。

实训项目

1. 训练目标:通过策划快递企业融仓配一体化服务方案,进一步了解快递企业融仓配一体化服务的模式和服务策略。

2. 训练内容:为某一快递企业转型升级为融仓配一体化服务商做一份策划方案,包括快递企业开展融仓配一体化服务的服务模式分析,仓储设施网络的搭建方式、仓储运作的设计等策略的分析。

3. 实施步骤:

(1)借助于实地调研、网络等手段了解快递企业现有的服务及市场需求状况,搜集相关融仓配一体化服务的背景资料;

(2)以 4~6 人小组为单位进行操作,并确定组长为主要负责人;

(3)搜集资料,将各个环节操作流程、内容和工作要点填入下表,完成工作计划表;

序号	工作名称	工作内容	工作要点	责任人	完成日期

(4)组织展开讨论,确定企业推出融仓配一体化服务产品的可行性、服务模式及相关策略;

(5)整理资料,撰写总结报告并制作PPT进行汇报。

4.检查评估:

能力		自评 (10%)	小组互评 (30%)	教师评价 (60%)	合计
专业能力 (60分)	1.调查结果的准确性(10分)				
	2.业务内容的准确性(10分)				
	3.业务流程操作的准确性(10分)				
	4.调查表格或调查提纲设计的合理性(10分)				
	5.总结报告的撰写或PPT制作(20分)				
方法能力 (40分)	1.信息处理能力(10分)				
	2.表达能力(10分)				
	3.创新能力(10分)				
	4.团体协作能力(10分)				
综合评分					

思考与练习

1.简述快递企业融仓配一体化服务的基本含义。

2.农产品物流金融服务有哪些运作模式?

3.谈谈如何推进现代农产品物流金融组织形式创新。

4.谈谈线上供应链金融是如何运作的。

5.物流金融移动支付有哪些支付方式?

附 录

附录1 仓单质押监管合作协议(范本)

编号:_____

甲方(质权人):_____银行　　　住　　所:

邮政编码:　　　　　　　　　　　　　法定代表人/主要负责人:

电　　话:　　　　　　　　　　　　　传　　真:

乙方(出质人、借款人):　　　　　　住　　所:

邮政编码:　　　　　　　　　　　　　法定代表人:

电　　话:　　　　　　　　　　　　　传　　真:

丙方(保管人、监管人):　　　　　　住　　所:

邮政编码:　　　　　　　　　　　　　法定代表人:

电　　话:　　　　　　　　　　　　　传　　真:

为保障甲方与乙方签订的编号为____的《_____合同》的履行,经甲、乙、丙三方平等协商,依法订立本协议。

第1条　法律关系

1.1 在融资合同项下仓单质押期间,甲方为质权人,乙方为出质人,丙方为保管人,由丙方出具仓单并监管指定仓单项下货物。

第2条　仓单质押成立

2.1 乙方将其货物存入丙方仓库,丙方据此开出以乙方为存货人的仓单。乙方将仓单背书质押,经丙方确认后移交给甲方。甲方自占有该由丙方确认的经背书质押的仓单时开始享有质权,以担保甲方为乙方提供的融资合同项下的融资。丙方按照本协议监管该仓单项下的货物。

2.2 合法成立质权的仓单项下货物以编号为_____的仓单列明的为准。

第3条　货物监管

3.1 在仓单质押期间,丙方承担如下监管义务与责任:

3.1.1 保证仓单的真实性、有效性和唯一性。

3.1.2 按照《中华人民共和国合同法》的规定和保管合同的约定妥善、谨慎处理货物。

3.1.3 仓单质押期间,如发生货物被查封、扣押或变质、毁损等情况,丙方承诺立即通知甲方和乙方并采取有效措施防止损失扩大。

3.1.4 接受甲方对货物的勘验、检查、查询,在甲方依法行使质权时,丙方承诺予以协助、配合并提供便利。

3.1.5 未经甲方书面同意,丙方不得以任何理由接受乙方对仓单的任何挂失、更改、注销等申请。

3.1.6 依照《中华人民共和国合同法》的规定和本协议的约定丙方应当承担的其他义务与责任。

3.2 仓单质押及货物监管的存续期间,自仓单交付给甲方之时起至甲方背书解除仓单质押之时为止。

第 4 条　提货规定

4.1 仓单是提取货物的唯一有效凭证。仓单质押给甲方后,直到甲方在仓单上作出了解除质押的背书并交还给乙方,乙方方有权凭仓单提取货物。

第 5 条　价格规定

5.1 当货物市场价格与仓单质押成立时货物的价格相比较跌幅大于5%,乙方应在甲方发出《追加质物/保证金通知书》之日起五日内按照市价跌幅的比率追加保证金或追加质物;若甲方发出通知书后五个工作日内乙方不能追加质物或者提供新的担保,或者发出通知后质物价格继续下跌,总跌幅超过10%且乙方未追加质物或者提供新的担保的,视为乙方在整个融资额度项下的违约,甲方有权行使不安抗辩权、宣布融资额度提前到期,并要求乙方提前偿还已使用额度。

第 6 条　费用及支付方式

6.1 甲、乙、丙三方一致同意仓单项下货物的监管费、仓储费、运杂费、装卸费、检验费、印花税等因仓储保管和监管产生的相关费用由乙方承担。费用标准、支付时间和支付方式见《费用约定书》。

6.2 乙方如未按照本协议约定支付6.1款所列相关费用,丙方应书面通知乙方付款,如乙方未在丙方发出通知之日起七(7)日内付清所欠款项,丙方应书面通知甲方,甲方可督促乙方支付经核实欠交的相关费用。

上述约定并不视为甲方有义务代乙方支付上述费用,乙方如未按照本协议约定支付相关费用仍构成违约行为。

第 7 条　留置权

7.1 丙方未足额收取本协议第6条规定的相关费用前,享有对仓单项下货物的留置权。

第 8 条　保险

8.1 乙方应办理仓单项下货物的保险,保险费用由乙方负担;投保的被保险人为甲方,保险单和保险合同由甲方保管;投保的险种为企业财产一切险和甲方认为必要的其他险种,投保的价值不得低于货物的价值,保险期限不得低于融资到期期限后三个月,并在偿清融资债务前连续办理保险;发生保险事故时,乙方、丙方应当及时通知甲方;保险赔偿金直接用于偿还融资本息费用。

第 9 条　违约责任

9.1 一方违反本协议的约定,应当向守约方支付违约金或损害赔偿金。迟延履行给付金钱义务的,应当按照未给付金额的每日万分之二点一向守约方支付滞纳金。违反其他合同义务给守约方造成损失的,应负责赔偿(乙方在融资合同项下的违约行为,依照融资合同的相关约定承担违约责任)。赔偿损失的范围包括但不限于本金、利息损失等。

9.2 乙方、丙方违反本协议,甲方有权宣布全部融资提前到期、停止乙方使用融资或削减融资额度,并有权采取相应的救济或补救措施,要求乙方及其担保人提前偿还已使用融资额度。

第 10 条　不可抗力

10.1本协议的任何一方因不可抗力而未能完全适当地履行其义务时,应在不可抗力发生后五个工作日内向另外两方书面通知有关情况,并于不可抗力发生后十五个工作日内向另外两方提供当地公证部门或有权国家机关出具的证明文件。任何一方在遭受不可抗力后未能按本协议履行其义务的,无需承担责任。

第 11 条　协议生效

11.1本协议于三方当事人签章后生效。本协议一式三份,每方各执一份,每份均具同等的法律效力。

第 12 条　争议的解决

12.1甲、乙、丙三方之间因本协议发生的一切争议,应协商解决;协商不成的,三方选择按以下方式解决:

□　　向甲方住所地人民法院起诉;

□　　向＿＿＿＿＿＿＿＿＿＿＿＿仲裁委员会申请仲裁。

甲方:(盖章)　　　　　　　　法定代表人/主要负责人:(签字或盖章)

　　　　　　　　　　　　　　　　　　＿＿＿＿年＿＿月＿＿日

乙方:(盖章)　　　　　　　　法定代表人:(签字)

　　　　　　　　　　　　　　　　　　＿＿＿＿年＿＿月＿＿日

丙方:(盖章)　　　　　　　　法定代表人或授权人:(签字)

　　　　　　　　　　　　　　　　　　＿＿＿＿年＿＿月＿＿日

附录2 存货质押监管合作协议(范本)

编号:_____

甲方(质权人):银行　　　　　　　法定代表人/主要负责人:
电　话:　　　　　　　　　　　　传　真:
乙方(出质人、借款人):　　　　　法定代表人:
电　话:　　　　　　　　　　　　传　真:
丙方(保管人):　　　　　　　　　法定代表人:
电　话:　　　　　　　　　　　　传　真:

第1条　法律关系

1.1 在融资合同项下货物质押监管期间,甲方为质权人,乙方为出质人,丙方为甲方的代理人,按本协议的约定代理甲方接收、占有、保管、监管质物。

第2条　质物

2.1 乙方提供为甲方所认可的质物,作为甲方所提供融资的动产质押担保,由丙方按照本协议代理甲方进行占有,履行监管责任。

2.2 质物为乙方合法所有的货物,乙方应当提供足以证明货物所有权及数量、质量(品质)的资料(包括但不限于购销合同、增值税发票、报关单、货运单、质量合格证书、商检证明等),并对所提供资料的真实性、有效性负责。

2.3 乙方应保证所提供的质物不存在任何法律上的瑕疵,包括但不限于税务、海关、工商、商检以及环保等方面。若质物出现上述瑕疵,甲方有权立即停止乙方融资额度的使用,并要求乙方以及担保人立即偿还已使用的融资额度。

2.4 在符合本协议约定的前提下,乙方可以增加、置换、提取质物。

第3条　质物移交和置换

3.1 质权自乙方将货物交付甲方时成立,甲方委托丙方代为接收、占有乙方交付的质物,乙方将质物交付给丙方、由丙方接收、占有后,视为乙方向甲方交付质物。

3.2 甲方在与乙方交接首笔质物前,应向丙方签发《接货通知书》通知丙方接货。丙方代甲方接收首笔质物时,应将质物与甲方提供的《接货通知书》核对无误后方可接收入库,同时丙方、乙方在《质物清单》上签章确认并返还甲方,作为丙方已经代甲方接收、占有质物的凭据。

3.3 丙方代甲方接收首笔质物后,乙方再向丙方交付其他质物时,丙方经审核质物符合甲方向丙方出具的《质物品种、价格确定/调整通知书》中确定的质物范围的方可接收入库,乙、丙双方的货物交接凭证均是丙方代甲方接收、占有质物的凭证,该些凭据由丙方代甲方保存。甲方可随时向丙方出具《查询通知书》,乙方、丙方核对无误后予以确认,向甲方出具最新的《质物清单》,作为丙方代甲方已经接收、占有质物的凭证。

3.4 在全部偿清融资合同项下的债务前,不论乙方是否置换、提货,质物的价值不得低于由甲方向丙方出具的最新的《质物最低价值通知书》确定的质物最低价值(质物最低价值通知书中质物最低价值不得为零)。质物的品种和单价由甲方向丙方出具的最新的《质物品种、价格确定/调整通知书》确定。

质物的价值由甲方确定的单价乘以质物的库存数量确定。

第 4 条　仓储保管

4.1 仓储保管要求

4.1.1　货物

名称：＿＿＿＿＿＿＿＿＿＿＿　　规格：＿＿＿＿＿＿＿＿＿＿＿＿＿＿＿

包装：＿＿＿＿＿＿＿＿＿＿＿　　标记：＿＿＿＿＿＿＿＿＿＿＿＿＿＿＿

具体货物(或质物)见《接货通知书》《质物清单》。

4.1.2　仓储地点

甲方同意丙方在＿＿＿＿＿＿＿＿＿＿＿＿＿＿仓库或场地为甲方进行仓储、监管,丙方对该仓库或场地中存放质物的区域拥有排他的使用权或者所有权。

4.1.3　质物验收

验收内容:首笔质物,以甲方提供的《接货通知书》中列明的内容为准;其后的质物,以甲方提供的《质物品种、价格确定/调整通知书》中确定的质物范围、乙方提供的质物数量为准。

验收标准：＿＿＿＿＿＿＿＿＿＿＿　验收方式：＿＿＿＿＿＿＿＿＿＿

单据验收：＿＿＿＿＿＿＿＿＿＿＿＿＿＿＿＿＿＿＿＿＿＿＿＿＿＿＿

4.1.4　储存保管

储存条件：＿＿＿＿＿＿＿＿＿　保管要求：＿＿＿＿＿＿＿＿＿＿＿＿＿

4.1.5　损耗标准

仓储期间货物的合理损耗标准为：＿＿＿＿＿＿＿＿＿＿＿＿＿＿＿＿＿＿

在损耗标准内货物发生短少的,甲方、丙方不承担责任。

4.1.6　提货出库

乙方提取货物时,应提前＿＿＿小时向丙方发出提货通知。

第 5 条　质物监管

5.1 甲方委托丙方代为保管、监管质物,丙方代甲方接收、占有本协议项下的质物后,即承担对本协议项下的质物保管、监管义务。

5.2 甲方、丙方之间的保管关系自丙方收到本协议项下质物时成立,同时乙方、丙方之间涉及质物的保管关系(若有)终止。

5.3 在货物监管期间,丙方承担如下监管义务与责任:

5.3.1　按照《中华人民共和国合同法》的规定和本协议的约定妥善、谨慎处理质物。

5.3.2　接受甲方对质物的勘验、检查、查询,在甲方依法行使质权时,丙方承诺予以协助、配合并提供便利。

5.3.3　按照甲方的书面指示和本协议的约定为乙方办理提货或换货。

5.3.4　审核质物的品名、规格、数量、外包装状况,保证提货、换货后剩余质物的价值符合本协议 3.4 款的规定。

5.3.5　甲方可要求丙方每天＿＿＿＿时将库存质物的电子数据传送给甲方,丙方可自行做好数据备份,在监管人员变动时及时通知甲方。

5.3.6　丙方应当建立完善的出入库台账登记制度,登记、核实乙方提货或换货后的质物最低价值是否符合本协议 3.4 款的规定。

5.3.7 依照本协议的约定、合同法或行业惯例应当承担的其他义务与责任。

第 6 条　价格规定

6.1 质物单价按照甲方送达乙方、丙方的《质物品种、价格确定/调整通知书》列明的价格确定。

6.2 甲方有权按照对货物最新价格的了解,向丙方提交新的《质物品种、价格确定/调整通知书》,并取代旧的《质物品种、价格确定/调整通知书》。当货物的现时市场价格与递交乙方、丙方的最后次序的《质物品种、价格确定/调整通知书》确定的质押物价格相比较涨幅大于或跌幅大于一定比例时,甲方有权向乙方和丙方提交新的《质物品种、价格确定/调整通知书》。

第 7 条　提货及补充担保

7.1 在本协议履行过程中的任何时间,按照甲方提交给丙方的当期有效的《质物品种、价格确定/调整通知书》所确定的价格计算,丙方保管的质物价值超出最新的《质物最低价值通知书》规定的质物最低价值的,乙方可以直接就超出部分提货或者换货,并无需追加或补充保证金。丙方应当严格按照本协议的约定予以办理,并保证提货或换货后处于丙方占有、监管下的质物价值始终不得低于质物的最低价值。

7.2 在本协议履行过程中的任何时间,按照甲方提交给丙方的当期有效的《质物品种、价格确定/调整通知书》所确定的价格计算,丙方保管的质物价值等于最新的《质物最低价值通知书》规定的质物的最低价值的,乙方提货时,应当事先提出提货申请,经甲方同意后,追加或补充保证金,或清偿借款本息后,甲方向丙方签发《质物最低价值通知书》,下调质物最低价值。

7.3 甲方新提交给乙方和丙方的当期有效的《质物品种、价格确定/调整通知书》与上一期的《质物品种、价格确定/调整通知书》确定的质押物价格相比较跌幅大于 5% 而且质物的价值低于最新的《质物最低价值通知书》中所确定的质物最低价值时,乙方应在甲方发出《追加质物/保证金通知书》之日起五个工作日内按照市价跌幅的比率追加保证金或追加质物;若发出通知书五个工作日内乙方不能追加质物或者提供新的担保,或者发出通知后质物价格继续下跌,总跌幅超过 10% 且乙方未追加质物或者提供新的担保的,视为乙方在整个融资额度项下的违约,甲方有权行使不安抗辩权、宣布融资额度提前到期,并要求乙方提前偿还已使用额度。

第 8 条　费用及支付方式

8.1 甲、乙、丙三方一致同意本协议项下对质物的监管费、仓储费、运杂费、装卸费、检验费、印花税等因质物仓储保管和监管产生的相关费用由乙方承担。费用标准、支付时间和支付方式见《费用约定书》。

第 9 条　留置权

9.1 丙方未足额收取本协议第 8 条规定的相关费用前,享有对质物的留置权。

第 10 条　保险

10.1 占有监管期间,乙方应办理质物的保险,保险费用由乙方负担;投保的被保险人为甲方,保险单和保险合同由甲方保管;投保的险种为企业财产一切险和甲方认为必要的其他险种,投保的价值不得低于质物的价值,保险期限不得低于融资期限届满后三个月,并在偿清融资合同项下的债务前连续办理保险;发生保险事故时,乙方、丙方应当及时通知甲方;保险赔偿金直接用于偿还融资本息费用。

第 11 条　违约责任

11.1 丙方违反本协议约定造成质物短损灭失、甲方质权落空导致质物价值不足质物最低价值造成甲方发生实际损失的,根据货物短损灭失或质权落空的价值在实际损失范围内对甲方承担赔偿责任。若丙方举证证明该损失非因丙方过错造成,则丙方不承担该损失赔偿责任。

11.2 货物首次出质时,如丙方认可乙方提供的货物数量和重量与实际数量和重量之间发生短损,则乙方应首先承担还款责任,在乙方不能清偿的情况下如对甲方的融资造成实际损失,丙方根据货物短损价值在甲方融资损失范围内对甲方承担一般赔偿责任。

11.3 乙方违反融资合同或者本协议,丙方违反本协议,甲方均有权宣布全部融资额度提前到期、停止乙方使用融资额度或削减融资额度,并有权采取相应的救济或补救措施,要求乙方及其担保人提前偿还已使用融资额度。

11.4 乙方串通丙方损害甲方利益的,乙方、丙方对融资合同项下的债务本息、费用承担赔偿责任。

第 12 条　责任豁免

12.1 甲方、丙方责任豁免,应由乙方承担相应责任与损失;

发生下列事项时,甲方、丙方不承担相应责任:

(1)因货物的自然性质、内在质量瑕疵或缺陷、合理损耗而造成的损失。

(2)外包装完整,封闭无异状而内件短少、毁损或与标记不一致的。

(3)货物首次出质时,乙方声明无须按照验收要求对货物数量、重量进行实际验收,而以乙方提供并经丙方认可的数量、重量为准发生货物短损但未对甲方融资造成实际损失的。

第 13 条　争议的解决

13.1 甲、乙、丙三方之间因本协议发生的一切争议,应协商解决;协商不成的,三方选择按以下方式解决:

☐　向甲方住所地人民法院起诉;

☐　向_____仲裁委员会申请仲裁。

甲方:(盖章)　　　　　　　　　　法定代表人/主要负责人:(签字或盖章)

　　　　　　　　　　　　　　　　_____ 年____月____日

乙方:(盖章)　　　　　　　　　　法定代表人:(签字)

　　　　　　　　　　　　　　　　_____ 年____月____日

丙方:(盖章)　　　　　　　　　　法定代表人或授权人:(签字)

　　　　　　　　　　　　　　　　_____ 年____月____日

附录 3 "保兑仓"业务四方协议(范本)

编号_____
甲方:(卖方/供应商)　　　　　　　　地址:
法定代表人:　　　　　　　　　　　　开户行:
账号:　　　　　　　　　　　　　　　电话:
乙方:(买方/采购商)　　　　　　　　地址:
法定代表人:　　　　　　　　　　　　开户行:
账号:　　　　　　　　　　　　　　　电话:
丙方:(银行)　　　　　　　　　　　地址:
负责人:　　　　　　　　　　　　　　电话:
丁方:(监管方)　　　　　　　　　　　地址:
负责人:　　　　　　　　　　　　　　电话:

甲、乙、丙、丁四方一致同意合作开展"保兑仓"业务,为明确各方在"保兑仓"业务中权利和义务,经各方自愿平等协商一致订立本合同,以共同遵守。

第1条　本合同中所用术语含义

1.1 "保兑仓"业务是指丙方应甲乙双方的申请,根据甲乙双方签订的购销合同,开出付款人为乙方、收款人为甲方的银行承兑汇票,专项用于该购销合同项下乙方向甲方支付货款,收到货款后甲方将货物发运至丁方保管。乙方每次申请提货必须先向丙方缴存保证金,丙方按乙方缴存的保证金金额向丁方签发《发货通知书》,丁方按照《发货通知书》的要求向乙方发货。如此循环操作,直至保证金账户余额达到银行承兑汇票金额。在承兑汇票到期时由乙方承担付款,如丁方发货累计金额没有达到银行承兑汇票票面金额,则甲方承担未发货部分的退款责任。

1.2 购销合同:是指甲乙双方于____年____月____日签订的编号为____的《　　　　　购销合同》(以下简称《购销合同》),总价为____元。

1.3 银行承兑汇票:是指丙方应乙方申请,并根据甲乙双方签订的购销合同承兑的付款人为乙方、收款人为甲方的商业汇票。

1.4 保证金:是指在对应的银行承兑汇票项下,乙方向丙方缴存的承兑备付金,丙方据此确定通知丁方向乙方发货的金额。

1.5 发货通知书:是指在乙方申请下,丙方根据乙方缴存保证金的数额向丁方开具的凭以发货的凭据。

第2条　申请"保兑仓"业务

2.1 甲乙双方根据购销合同填写《"保兑仓"业务申请书》,并向丙方提供甲方、乙方及业务贸易背景等资料。

2.2 乙方申请的金额、期限等条件应与购销合同的内容相应。

第3条 "保兑仓"业务项下银行承兑汇票

3.1 承兑申请人为乙方、收款人为甲方。甲方收到后,应向丙方出具《银行承兑汇票收到确认函》。

3.2 银行承兑汇票有关信息有:汇票号码签发日期、到期日期、票面金额、首次保证金金额。

3.3 银行承兑汇票手续费按票面金额的万分之五计算,由乙方在丙方签发银行承兑汇票时一次支付给丙方。

3.4 首次缴存保证金比例为____%,金额为____,由乙方在丙方签发银行承兑汇票前缴存至乙方在丙方开立的保证金账户。

3.5 保证金只进不出,只能用于兑付到期银行承兑汇票。

第4条 货物保管及提货

4.1 甲方收到乙方签发的银行承兑汇票后,将承兑汇票项下货物发运至丁方仓库,甲方承担货物在运输至丁方仓库过程中受到任何损失的赔偿责任。

4.2 货物的描述:主要有货物的名称、规格、数量、质量等方面。

4.2.1 货物名称:_____

4.2.2 品种规格:_____

4.2.3 数量:_____

4.2.4 质量:_____

4.2.5 货物包装:_____

丁方将严格按照规定的包装外观、货物品种、数量和质量,对入库货物进行验收,如果发现入库货物与以上规定不符,应及时通知协议其他三方。货物在储存期间,由于保管不善而发生货物灭失、短少、变质、污染、损坏的,丁方负责赔偿损失。

4.3 乙方每次提取合同项下的货物时,须提前一个工作日向丙方提出申请,并填写《提货申请书》。同时向乙方在丙方开立的保证金账户中存入相当于该次提货金额的保证金,首次保证金可以用于第一次提货申请。

4.4 丙方核对乙方缴存的保证金数额与《提货申请书》中的提货金额相符后,根据缴存保证金的数额在一个工作日内向丁方发出《发货通知书》。丙方累计通知发货的金额不能超过乙方在丙方开立的保证金账户中保证金的余额。

4.5 丁方收到丙方加盖印鉴的《发货通知书》后,向丙方发出《发货通知书收到确认函》,同时按照通知金额向乙方发货。丙方出具的《发货通知书》是丁方向乙方发货的唯一凭证。丁方保证其向乙方发货只凭丙方开具的《发货通知书》,并严格按照《发货通知书》的内容发货,其累计实际发货金额不能超过丙方累计通知发货金额。

4.6 乙方收到丁方的发货后,应向丙方出具《货物收到告知函》。

4.7 为了确保提货环节的准确无误,甲乙丙丁各方约定:

4.7.1 指定专人负责联系和操作本合同项下的业务。如有变动,应当立即书面通知对方,在对方收到书面通知之前,原经办人员所办理的业务仍然有效。

4.7.2 各方在业务发生前预留印鉴和签字样本,业务办理过程中,收到《银行承兑汇票收到确认函》《提货申请书》《发货通知书》《发货通知书收到确认函》《货物收到告知函》等文件后,应认真核对印鉴和签字是否与预留样本相符,并对核对结果负责。

4.7.3《发货通知书》《发货通知书收到确认函》《货物收到告知函》等重要文件应派专人直接送达。不能专人直接送达的,应采用快递或挂号信等稳妥方式传递,同时应电话通知对方。

4.8 甲、乙、丙、丁各方应视提货发生频率定期对账(但每月不能少于一次),任何一方都应无条件给予配合。各方如出现核对不一致的情况时,应立即停止办理发货手续,查明原因并解决后,由丙方书面确认后方可重新开始办理发货手续。

第 5 条 银行承兑汇票到期

5.1 银行承兑汇票到期前,如果银行承兑汇票对应的保证金金额达到100%,即丙方累计出具的《发货通知书》货款总金额达到银行承兑汇票总金额时,则银行承兑汇票到期承兑后,该笔银行"保兑仓"业务正常结束。

5.2 银行承兑汇票到期前10天,如果银行承兑汇票对应的保证金金额不足100%,即丙方累计出具的《发货通知书》货款总金额小于银行承兑汇票总金额时,丙方向甲方发出《退款通知书》。甲方收到《退款通知书》10个工作日内,必须无条件按《退款通知书》的要求将差额款项以现金形式汇入丙方指定的银行账户,甲方从丁方收回货物。

银行承兑汇票到期兑付时,若甲方未将差额款项退还丙方且乙方未补足保证金致使丙方垫款,则甲方应按日利率向丙方支付垫款罚息。

第 6 条 声明和保证

6.1 甲乙双方保证其双方不存在资本控制和参与关系,在《购销合同》签订之前无任何未决争议或债权债务纠纷。

6.2 甲方向丙方退还差额款项的责任是独立的,甲方和乙方之间、甲方和丙方之间的任何合同或者争议或任何条款的无效都不影响甲方的退款责任。

6.3 甲方声明并保证其向丙方退回差额款项是无条件的,无须丙方先向乙方索偿或丙方先对乙方采取任何法律行动;产品质量、商品价格、交货期限、购销合同等变动不影响甲方无条件退回差额款项的义务。

第 7 条 违约责任

本合同任何一方违反本合同的任何条款(包括声明和保证条款)均构成本合同项下的违约行为,对于其违约行为给守约方造成损失,应负责赔偿,赔偿损失的范围包括但不限于本金、利息、罚息、可以预见的可得利益及实现债权的所有费用。

第 8 条 其他约定
第 9 条 争议解决

本合同项下的和本合同有关的一切争议、纠纷均由各方协商解决,协商不成的,应向所在地的人民法院提起诉讼。

第 10 条 合同生效

本合同经各方授权代表签字并加盖公章后,于乙方签发本合同项下银行承兑汇票之日起生效。

第 11 条 合同文本及附件

本合同涉及的附件是合同不可分割的组成部分。

本合同一式份,每方各执一份,每份具有同等法律效力。

甲方(公章)：   乙方(公章)：

法定代表人(授权代表)：   法定代表人(授权代表)：

  年 月 日   年 月 日

丙方(公章)：   丁方(公章)：

法定代表人(授权代表)：   法定代表人(授权代表)：

  年 月 日   年 月 日

附录 4　海陆仓业务商品融资质押监管协议

甲方(质权人)：

住所：

负责人：　　　　　　　　　职务：

联系人：　　　　　　　　　电话：

乙方(出质人、借款人)：

住所：

法定代表人：　　　　　　　职务：

联系人：　　　　　　　　　电话：

丙方(监管人、物流服务提供方)：

住所：

法定代表人：　　　　　　　职务：

联系人：　　　　　　　　　电话：

鉴于：甲方与乙方签署了编号为＿＿＿＿＿的《商品融资质押合同》(以下简称《质押合同》)，为保障质押合同及所担保的主合同的履行，乙方同意将其享有所有权的货物和货权质押给甲方，甲方和乙方均同意将质物交由丙方监管，并提供相应的物流服务，丙方同意接受甲方的委托并按照甲方的指示监管质物。

为明确三方权利义务，根据《中华人民共和国合同法》《中华人民共和国担保法》等有关法律规定，经三方友好协商，本着诚实信用、互利互惠的原则达成本协议。

第 1 条　法律关系

1.1 甲方为质权人，乙方为出质人，丙方为甲方的代理人，代理甲方在监管期间占有质物和权利凭证，并根据本协议的约定履行保管、监控质物的责任；应甲方要求，丙方接受乙方委托，按照《授权委托书》的约定，办理进口货物项下的国际运输、报关、报检、提货、国内运输、代理运输等物流事宜。

第 2 条　监管范围和货物出质及验收

2.1 承接货物：＿＿＿＿＿与＿＿＿＿＿签订的《　　　　　供货合同》(以下简称《供货合同》)项下所有的货物。

2.2 接货地点：＿＿＿＿＿＿＿＿＿＿。

2.3 卸货港：＿＿＿＿＿＿＿＿＿＿。

2.4 仓库地点：＿＿＿＿＿＿＿＿＿＿。

2.5 货物出质：＿＿＿＿＿＿＿＿＿＿。

甲乙双方应共同向丙方签发《出质通知书》，将要出质的货物信息通知丙方并要求丙方做好接货准备，丙方验收货物后，向甲方签发《质物清单》，完成货物出质。在本协议存续期间，应甲方要求，丙方接受乙方委托负责《质物清单》中所列货物的运输、清关，货物的具体品名、品种、规格、型号、包装、件数、标记等，以丙方开具的《质物清单》记载为准。

2.6 货物验收。

2.6.1 验收方法:货物由丙方依据表面审查、外观检查和单据审查的方法进行验收。甲方或丙方认为必要时,可以指定合格的第三方检验机构核对货物数量、规格及型号,费用由乙方承担。

2.6.2 验收程序。

2.6.2.1 甲乙双方应将货物信息通过《出质通知书》及时书面通知丙方。通知内容应包含货物型号、规格、数量、预计发货日期等信息。

2.6.2.2 丙方负责到接货地点按照《出质通知书》接收货物并于接收完毕当批《出质通知书》项下货物的当日填制《质物清单》,并经监管人员签字确认、盖章后,传真至乙方和甲方。

2.6.2.3 验收过程中发生的所有费用均有乙方承担。

第 3 条　货物运输

3.1 丙方与乙方签订《货物运输合同》,由丙方负责将货物从 2.2 款项下指定地点运输至 2.4 款项下指定仓库地点。

3.2 丙方承运货物所签发的提单或海运单记载的收货人为:空白抬头或空白背书。

3.3 货物交付运输时,由_____(卖方公司名称)和丙方负责交接,丙方应严格按照_____(卖方公司名称)提交的发货清单和甲乙双方签发的《出质通知书》对承运货物的规格、件数、重量进行验收。如发现不符,应及时向_____(卖方公司名称)核实,并及时通知甲乙双方。

3.4 货物运输协议从属于本协议,不得与本协议抵触;如有冲突,以本协议为准。

3.5 监管期限。监管期限自丙方签发《质物清单》时开始,丙方根据本协议约定收到甲方签发的《提货通知书》后,对已释放质物的监管责任解除,丙方收到甲方签发的《解除质押监管通知书》时,丙方监管责任解除。

第 4 条　报关报检

4.1 乙方应甲方要求,委托丙方代为办理货物的报关报检事宜,乙丙双方应签署《代理报关委托书》和《代理申报检验检疫委托书》,《代理报关委托书》和《代理申报检验检疫委托书》的格式根据当地海关等部门的要求确定。

4.2 乙方向丙方提供全部报关所需单证,或甲方有权直接向丙方提供报关所需单证。丙方应在收到甲方或乙方送达相关单据后,向甲方或乙方签发质押单证收取确认书以确认上述单证交接事实。

4.3 乙方应及时支付货物进口关税和增值税及其他相关税费,处理货物在国内外运输过程中的损失。

4.4 协议三方约定,若《质押合同》项下相关单证或货物在报关报检过程中因丙方的故意或过失行为发生丢失、灭失、破损、短少等问题,丙方应承担货物实际损失的赔偿责任,但甲方就赔偿款享有优先受偿权。

4.5 丙方代为清关后,将《中华人民共和国海关进口货物报关单》(以下简称《关单》)、《中华人民共和国出入境检验检疫通关单》(以下简称《商检单》)、进口关税发票、增值税发票等单据直接送交给甲方。

第 5 条　质物监管

5.1 丙方接收货物后,应向甲方签发《质物清单》。丙方签发《质物清单》时,质物转移占有完成,质押生效。

5.2 监管期间,丙方应按照合同法及相关法律规定妥善、谨慎监管质物。

5.2.1 如果对质物的保管有特殊的要求,乙方应当提前书面告知甲方和丙方。

5.2.2 监管期间,因各种原因质物发生短少、损毁、变质、灭失等可能影响甲方权益的情形,丙方应当在 24 小时内通知甲方和乙方,并采取适当的应急措施。

5.2.3 监管期间,国家有权机关要求丙方协助冻结、查封或处置质物或除本协议三方外任何他人就质物主张任何权利的,丙方应当向其告知质物已质押给甲方的事实,并当即通知甲方。丙方应依法审核国家有权机关的相关手续是否符合法律规定,并依法协助办理处置事宜。在取得甲方书面同意前,丙方不得协助除国家有权机关之外的任何第三人处置质物。

5.2.4 丙方接收货物及监管期间,如国外司法机构或其他有权机构对货物采取限制或处置措施,丙方应当向其告知质物已质押给甲方的事实,并当即通知甲方。丙方应依法审核该机构的相关手续是否符合法律规定,并依法协助办理处置事宜。如系乙方原因造成前述情况,乙方应另行补足质物或提供甲方认可的其他担保;如系丙方原因造成前述情况,丙方应承担赔偿责任,甲方就赔偿款有优先受偿权。

5.2.5 监管期间,丙方应接受甲方对质物及相关单证的查询,接受甲方对质物的检查。丙方应给予必要的协助,但丙方由此产生的相关费用由乙方承担。

5.2.6 监管期间,丙方应当建立质物登记统计制度,定期对质物进行查验、核对种类、清点数目、检查包装和标识,对质物的出入库的时间、数量、去向以及质物的现状进行记录。

5.2.7 监管期间,丙方应将乙方质押货物与其他客户货物区分货物堆放,质物移动货位时应及时更新货位标示图。

5.2.8 监管期间,丙方应按照甲方的书面指示和本协议的规定给予乙方提货。

5.2.9 监管期间,丙方建立完善的出入库台账登记记录,登记、核实监管质物(包括进出库的质物)。

5.2.10 丙方应当在甲方享有质权的质物上明显标识甲方的质物标签,但丙方是否按照本条规定对质物标识甲方的质物标签,并不影响有关质押的生效。

5.2.11 丙方在每周一__时前将上一周监管的质物进出库和库存的电子数据以质物库存表的形式传送给甲方指定人员,并自行做好数据备份,如果监管人员有变动,丙方应及时通知甲方。

第 6 条 质物提取

6.1 乙方提货时应当事先向甲方提出《提货申请》,并追加或补充保证金或提前归还相应融资或追加与提货价值相当的甲方、丙方认可的商品作为新的质物。甲方审核确认后,签发《提货通知书》直接交付给丙方。质物的提取凭甲方签发的《提货通知书》办理。

6.2 丙方收到《提货通知书》后,根据《提货通知书》的要求为乙方办理质物的提取手续。质物提取后,丙方向甲方签发相应的《提货通知书(回执)》。

6.3《提货通知书》是提取质物的唯一有效凭证。未有甲方签发的《提货通知书》,丙方无权为包括乙方在内的任何人办理质物的提取。《提货通知书》非加盖甲方预留的印章且经甲方指定人员亲笔签字,质物不得提取。丙方必须按照《提货通知书》上注明的各项要素办理提货。

6.4 监管期间,乙方向甲方申请签发《提货通知书》时,必须事先在甲方存入等值于提货价值的保证金或提前归还相应融资或追加与提货价值相当的甲方、丙方认可的商品作为新的质物。

第 7 条　质权行使

7.1 甲方行使质权的方式为签发以甲方为提货人的《提货通知书》给丙方。

7.2 甲方根据质押合同行使质权时,丙方应当按照甲方的要求给予必要的配合和协助。

7.3 丙方协助甲方行使质权无需事先通知或征询乙方的同意,丙方不对乙方承担任何责任。

第 8 条　通信和联络

8.1 甲乙丙三方互留印鉴及签名式样。各方签发本协议附件的有效印鉴式样以预留印鉴为准。各方的指定人员发生变化时应提前 1 天书面通知其他两方。

8.2 本协议约定的送达可采用直接原件送达或先传真后原件送达的方式,如为直接原件送达方式,须在原件签发日起一日内采用特快专递寄出或在一日内由发件人上门送达或采用收件人上门收取的方式,如采用特快专递方式,收件人签收特快专递视为原件送达;如为先传真后原件送达的方式,收、发件人均应使用指定的传真机,收件人应核对发件人有关印鉴、签字、传真机号码,并与发件人进行电话核实,然后收件人签字后回传发件人,发件人签字后再回传给收件人,原件在该传真发出后五日内采用特快专递方式送达收件人或由发件人上门送达或收件人上门收取。

第 9 条　费用支付方式

9.1 甲、乙、丙三方一致同意本协议项下对质物的监管费、海运费、仓储费、运杂费、装卸费、检验费、查验费、货运代理费等因质物仓储保管运输产生的相关费用由乙方承担。

9.2 乙方应根据本协议约定及时向丙方支付相关费用,费用标准和支付时间见《费用约定书》。

9.3 乙方如未按照本协议约定支付上述相关费用,丙方应在《费用约定书》约定的费用支付日次日将乙方未按约缴付相关费用的情况书面通知甲乙双方。

9.4 在无其他约定的情况下,乙方最迟不得晚于《提货通知书》签发后的 30 天内提货,并与提货前付清所有到期的应付费用,若提取的是全部货物,则费用应计算至提货日,若乙方超过上述 30 天的期限仍未提货的,丙方有权变卖、拍卖货物实现债权。

9.5 丙方未足额收取本条规定的相关费用前,享有对质物的留置权,除本条规定的相关费用外的其他费用或债权,丙方放弃对质物行使抵销权和留置权。

第 10 条　保险

10.1 乙方应当严格按照《质押合同》的规定对质物办理各项保险手续,并将保单正本交由甲方保管。

10.2 保险事故发生时,乙方和丙方应当协助保险公司办理事故审查以及理赔事宜。

第 11 条　声明与保证

11.1 甲乙丙三方为具有完全民事权利能力和民事行为能力的民事法律主体。

11.2 甲乙丙三方签署本协议是自愿的,是自身的真实意思表示。乙方、丙方已悉知本协议的全部内容和条款,并清楚地认识到签署和履行本协议的法律后果,甲方已采取合理方式提请注意本协议的全部条款和内容。

11.3 乙方保证质物为乙方合法所有的财产,在丙方接收质物时,质物所有权归乙方所有,且无其他权利限制;在订立本协议前或订立本协议后质物不被抵押、质押、租赁给其他人,也不存在影响或妨碍甲方质权的其他情况,未经甲方书面同意,乙方不得转让质物的所有权。

11.4 甲、乙、丙三方应诚实信用地履行本协议,并为他方行使本协议权利提供必要、充分的协助与配合。

11.5 甲方、乙方、丙方不得以其任何双方之间的任何约定或其内部权限的限制或其与其他任何民事主体之间的约定来对抗本协议项下义务的履行或者对本协议的效力提出异议。

第12条 违约责任

12.1 丙方因以下情形给甲乙双方造成损失的,承担质物实际损失的赔偿责任,但甲方对赔偿款项享有优先受偿权:

12.1.1 在监管期间,除不可抗力的事件、自然损耗以及乙方未按照本协议第5.2条告知丙方质物的特殊保管要求的情况外,质物毁损灭失或由于丙方未尽到保管责任导致质物变质、短少、受污染的;

12.1.2 丙方未按本协议的约定无故不办理放货的;

12.1.3 因丙方原因,存放仓储质物的仓库受到司法机关或任何管辖机构的限制或禁止的;

12.2 乙方因以下情形对甲方和丙方造成损失的,应承担全额赔偿责任:

12.2.1 质物进仓混有易燃、易爆、易渗漏、有毒及易腐等特殊货物,造成仓储物或仓库损坏,人员伤亡的;

12.2.2 因未能及时投保,在监管期间出现不可抗力原因造成质物毁损灭失、变质、短少、受污染等的;

12.2.3 质物未按国家或专业标准规定要求进行必要的包装的,对于有特殊存储要求的质物未能事先向丙方声明的;

12.2.4 因乙方原因,质物本身受到司法机关或政府或任何管辖机构的限制或禁止的;

12.2.5 因乙方原因未能及时提供全套报关、报检所需单证或未能及时支付进口关税、增值税导致损失的;

12.2.6 因乙方违反本协议给甲方和丙方造成损失的其他情况。

12.3 甲方因违反本协议对乙、丙方造成损失的,承担乙、丙方实际损失的赔偿责任。

第13条 其他约定

13.1 三方做出的其他约定(本条约定与本协议的其他条款不一致的,以其他条款为准):

_____

_____

_____

第14条 协议效力

14.1 如果本协议项下任一条款被司法机关认定无效,该无效条款不影响其他条款以及整个协议的有效性。

14.2 丙方收到甲方出具的《解除质押监管通知书》时,本协议终止,丙方监管责任解除。

14.3 当本协议终止或失效时,丙方有配合甲方妥善处置质物的义务。

第15条 争议解决

15.1 本协议项下争议依下列第____种方式解决。争议期间,双方仍应继续履行未涉争议的条款。

15.1.1 向甲方所在地有管辖权的法院起诉;

15.1.2 由＿＿＿＿＿＿＿＿＿＿＿＿＿ 仲裁委员会依申请仲裁时该会现行有效的仲裁规则仲裁,仲裁裁决是终局的,对各方均有约束力。

本协议正本一式＿＿＿份,签约三方各执＿＿＿份,每份具有相同的效力。

甲方(单位印章):

负责人或授权签字人(签章):

乙方(公章):

法定代表人/负责人或授权签字人(签章):

丙方(公章):

法定代表人/负责人或授权签字人(签章):

＿＿＿＿＿＿年＿＿＿月＿＿＿日签订于＿＿＿＿＿＿＿＿＿＿

参考文献

[1]夏露,李严锋.物流金融[M].北京:科学出版社,2008.

[2]何娟,冯耕中.物流金融理论与实务[M].天津:清华大学出版社,2014.

[3]齐恩平,王立争.物流法律制度研究[M].天津:南开大学出版社,2009.

[4]王宇熹.物流金融[M].上海:上海交通大学出版社,2013.

[5]刘意文.物流金融实务[M].长沙:湖南大学出版社,2014.

[6]王子良.商业银行创新物流金融服务的发展策略研究[D].长春:东北师范大学,2010.

[7]熊小芬.物流金融业务模式及风险管理研究[D].武汉理工大学,2007.

[8]宋华.供应链金融[M].北京:中国人民大学出版社,2015.

[9]宝象金融研究院,零壹研究院.互联网+供应链金融创新[M].北京:电子工业出版社,2016.

[10]廖鑫凯,赵波,许仲生.出口海陆仓供应链融资模式探析[J].青岛远洋船员职业学院学报,2012(1).

[11]李碧珍.农产品物流模式创新研究[D].福州:福建师范大学,2009.

[12]汤曙光,任建标.银行供应链金融[M].北京:中国财政经济出版社,2014.

[13]冯耕中,何娟,李毅学,汪寿阳.物流金融创新:运作与管理[M].北京:科学出版社,2014.

[14]王阳军.快递业务操作与管理[M].北京:化学工业出版社,2014.

全国高职高专"十三五"物流类专业系列规划教材

物流管理概论   物流经济地理

物流信息管理   现代物流技术

物流成本管理   物流信息技术

物流企业管理   物流设施设备认知与操作

供应链管理   物流装卸搬运设备与技术

仓储与配送管理   物流系统规划与设计

采购管理实务   物流管理信息系统

第三方物流管理   物流管理软件应用

客户关系管理实务   连锁经营管理

物流中心运营与管理 特许经营实务

物流运输组织与管理 连锁企业促销管理

运输设备与管理   连锁企业采购管理

集装箱运输与管理   连锁企业配送管理

物流案例教程   连锁企业门店营运管理

物流服务营销   连锁企业总部运营管理

物流电子商务   连锁企业财务管理

物流经济学   连锁企业信息系统管理

物流市场营销   连锁企业人力资源管理

物流法律法规   零售管理

物流专业英语   物资采购

物流应用写作   工程物资成本核算与控制

国际物流与货运代理 物流金融业务操作与管理

欢迎各位老师联系投稿！

联系人：李逢国

手机：15029259886 办公电话：029—82664840

电子邮件：1905020073@qq.com lifeng198066@126.com

QQ：1905020073（加为好友时请注明"教材编写"等字样）

图书在版编目(CIP)数据

物流金融业务操作与管理/王阳军主编. —西安:西安
交通大学出版社,2016.12(2020.12 重印)
ISBN 978 - 7 - 5605 - 9259 - 6

Ⅰ.①物…　Ⅱ.①王…　Ⅲ.①物流-金融业务-教材
Ⅳ.①F252②F830.9

中国版本图书馆 CIP 数据核字(2016)第 308903 号

书　　名	物流金融业务操作与管理
主　　编	王阳军
责任编辑	李逢国

出版发行	西安交通大学出版社
	(西安市兴庆南路 1 号　邮政编码 710048)
网　　址	http://www.xjtupress.com
电　　话	(029)82668357　82667874(发行中心)
	(029)82668315(总编办)
传　　真	(029)82668280
印　　刷	西安明瑞印务有限公司

开　　本	787mm×1092mm　1/16　印张 15　字数 364 千字
版次印次	2017 年 1 月第 1 版　2020 年 12 月第 4 次印刷
书　　号	ISBN 978 - 7 - 5605 - 9259 - 6
定　　价	34.80 元

读者购书、书店添货,如发现印装质量问题,请与本社发行中心联系、调换。
订购热线:(029)82665248　(029)82665249
投稿热线:(029)82668133
读者信箱:xj_rwjg@126.com